博士生导师学术文库

A Library of Academics by
Ph.D.Supervisors

供应链管理与实证研究

张 潜 著

光明日报出版社

图书在版编目（CIP）数据

供应链管理与实证研究 / 张潜著. --北京：光明
日报出版社，2023.12
ISBN 978－7－5194－7687－8

Ⅰ.①供… Ⅱ.①张… Ⅲ.①供应链管理 Ⅳ.
①F252.1

中国国家版本馆 CIP 数据核字（2023）第 250115 号

供应链管理与实证研究
GONGYINGLIAN GUANLI YU SHIZHENG YANJIU

著　　者：张　潜	
责任编辑：刘兴华	责任校对：宋　悦　董小花
封面设计：一站出版网	责任印制：曹　净

出版发行：光明日报出版社

地　　址：北京市西城区永安路 106 号，100050

电　　话：010-63169890（咨询），010-63131930（邮购）

传　　真：010-63131930

网　　址：http://book.gmw.cn

E － mail：gmrbcbs@gmw.cn

法律顾问：北京市兰台律师事务所龚柳方律师

印　　刷：三河市华东印刷有限公司

装　　订：三河市华东印刷有限公司

本书如有破损、缺页、装订错误，请与本社联系调换，电话：010-63131930

开　　本：170mm×240mm			
字　　数：245 千字		印　　张：14.5	
版　　次：2024 年 5 月第 1 版		印　　次：2024 年 5 月第 1 次印刷	
书　　号：ISBN 978－7－5194－7687－8			
定　　价：89.00 元			

前　　言

　　中国的文化产业在不断成熟、发展，逐渐形成一个完整的产业链，我们将供应链的概念融合进文化产业中，采用供应链的基本思想对文化产业进行资源整合，实现了文化产业的高效运作，从而创造时间价值、场所价值以及其他附加价值，同时实现文化产业结构调整，优化产业结构、改善城市用地功能组织、改善投资环境、保护城市环境等。文化创意产业作为一种经济、文化与创新思维深度融合的产业，已经成为当今社会发展新的经济增长点，在国民经济中占有重要的比例，被誉为"未来支柱产业"。因此，提升文化创意产业的地位、重视文化创意产业的发展是拉动区域经济增长的必然，发展文化创意产业是福建经济发展的必然选择。书中将文化创意供应链管理、供应链增值管理、供应链金融理论与优化方法应用到文化创意的供应链管理实践中。

　　本书将系统论与优化技术相结合，进行解决文化创意的供应链、闭环供应链管理与定价经济学分析，从而对文化产品的增值服务管理、文化供应链金融运作模式及我国舞台艺术商业运作模式及博弈构建方法等问题的相关理论与实证进行研究。书中对文化创意产品的供应链整合与优化方法进行了探索，提出国有院团改制后我国舞台艺术的商业创新运作模式，这具有一定的前瞻性。本书将区域物流理论知识和系统论方法相结合，全书注重理论联系实际，重点解决文化创意的供应链管理、闭环供应链管理与控制、供应链金融协同发展机制、我国舞台艺术商业运作模式、文化产业供应链金融管理模式，通过实证和案例分析对实际问题进行了具体说明。全书通俗易懂、结构严整，读者不但能理解文化创意产品的供应链管理、供应链金融协作与控制、我国动漫产业未来增值服务管理、我国舞台艺术及国有院团改革的商业运作模式的理论知识从而掌握基本技能，而且能够学会如何运用理论知识解决实际应用问题。

　　本书分为现代服务业与文化创意管理、经典闭环供应链管理及应用举例、闭环供应链定价经济学分析和协作机制、文化产品供应链增值管理与举例、基于 Agent 的供应链金融协同机理、供应链金融协同模型建立及实证、文化产业供应链金融模式构建与举例七个部分。该书是作者多年从事物流管理科研工作的总结和归纳，对从事文化创意、闭环供应链管理理论研究和文化产权市场的供应链金融实践的人员有参考价值。它主要涉及文化创意产品供应链管理、闭环供应链建模与实证、供应链金融 Agent 协作模式与机理及我国文化企业供应链商业创新模式、我国动漫产业的增值服务管理等几个方面的问题，书中对文化创意与现代服务业交叉学科做了开拓性创新性探索，提出我国文化创意产业的闭环供应链创新管理模式，同时结合例证、实证进行分析比较，对于加强中国与海外文化创意产品的双向交流，建立健康、有序的公共文化外交关系，维护地区与世界和平有参考价值。

本书主要由张潜著，书中的实证案例是物流系统工程研究所的教学科研及应用实践，对创新性团队建设的探索，是近年最新科研工作部分成果的总结。专著的如期出版是大家辛勤劳动与智慧的集中体现，华侨大学工商管理学院与经济金融学院的研究生和本科同学进行收集、整理与讨论工作，作者对他们的帮助表示感谢。在文化和旅游部文化科技司工作期间，特别感谢部里的相关领导对作者研究工作的指导，感谢华侨大学相关领导对作者科研工作的帮助与鼓励，感谢光明日报出版社编辑的辛勤工作。

本书的出版承蒙光明日报出版社博士生导师文库基金的资助。还获得华侨大学交叉学科资助。

在本书的撰写过程中，作者参考了大量的国内外文献，向有关专家学者表示诚挚的感谢，对培养和关心作者学术成长的老师和朋友们表示衷心的感谢。由于作者研究水平有限，有疏漏与不妥之处在所难免，恳请有关专家和读者批评、指正。

张 潜

2023 年 1 月于华侨大学

目 录
CONTENTS

第1章　现代服务业与文化创意管理 ············ **1**

1.1 现代服务业与文化创新管理 ············ 1

1.2 福建文化创意产业与区域物流的相关性研究 ············ 15

1.3 文化产品供应链优化方案研究——以武夷山岩茶为例 ············ 23

第2章　闭环供应链管理及应用举例 ············ **35**

2.1 随机需求下闭环供应链定价模型研究 ············ 35

2.2 我国废旧电子产品运营模式及回收实证分析 ············ 43

第3章　闭环供应链定价经济学分析和协作机制举例 ············ **57**

3.1 三级闭环供应链渠道设计和差别定价经济学分析 ············ 57

3.2 漳州花卉产业供应链协作机制与建立 ············ 66

第4章　品牌创意供应链增值管理与举例 ············ **82**

4.1 时尚消费品文化供应链增值管理及应用探析 ············ 82

4.2 中国动漫产业供应链增值管理及举例 ············ 95

4.3 陶瓷工艺品战略伙伴型供应商的选择与评价 ············ 112

第5章　基于 Agent 的供应链金融协同现状分析 ············ **132**

5.1 问题的提出 ············ 132

5.2 供应链金融协同的理论分析 ············ 143

5.3 供应链金融协同关系研究 ············ 149

5.4 我国供应链金融主体的发展现状 ……………………………… 154

5.5 我国供应链金融参与主体的特点 ……………………………… 163

第6章 供应链金融协同的实证分析 …………………………… **165**

6.1 基于 Agent 的供应链金融协同分析 …………………………… 165

6.2 基于 VAR 模型的供应链金融协同实证 ……………………… 169

6.3 实证结果分析及解释 ………………………………………… 176

6.4 我国供应链金融协调的结论与展望 …………………………… 177

第7章 供应链金融模式构建与举例 …………………………… **180**

7.1 研究的背景和意义 …………………………………………… 180

7.2 文化产业发展的国内外相关综述 ……………………………… 181

7.3 研究内容和写作框架 ………………………………………… 185

7.4 文化产业供应链金融的理论基础 ……………………………… 186

7.5 文化产业供应链金融的基本分析 ……………………………… 189

7.6 文化产业融资模式分析 ……………………………………… 198

7.7 文化产业供应链金融模式的构建 ……………………………… 203

7.8 文化产业供应链金融发展的对策和建议 ……………………… 209

参考文献 …………………………………………………………… **212**

后 记 ……………………………………………………………… **223**

第1章 现代服务业与文化创意管理

1.1 现代服务业与文化创新管理

1.1.1 问题的提出

市场运营模式在现代企业竞争中的作用越来越凸显。创新的理念已经提出很久，各方面的创新工作仍然在如火如荼地进行，企业创新无处不在。其中，最需要创新的一个环节就是运营模式。文化企业因其生产和经营的文化产品的特殊性，往往没有把自己的产品作为一个真正意义上的"产品"来认识。尽管文化产品具有公共物品的属性，但其也有"商品"的属性，如果想要进入市场，获得市场的认可，就要按照产品的一般规律来进行运作。因此，将文化产品视为"商品"，进而研究与其相适应的市场运营模式，这对文化产业的健康发展具有重要意义。

文化产业的发展是我国"十二五"规划发展的主要内容，是丰富人民群众精神文化生活、推进社会主义和谐社会建设的重要举措。然而，国内相关理论研究主要集中在对文化产业宏观的研究上，而对文化产品市场运营模式的研究相对薄弱。通过检索资料分析，笔者发现我国关于文化产品市场运营模式方面的研究著作和成果凤毛麟角，且呈现出定性研究多、定量研究少，宏观现象分析多、针对性研究少的特点。文化产品作为一种特殊的商品，有别于一般商品，但也具备商品的内在属性。文化产品同样应该参与市场竞争，因此，文化产品市场运营模式的研究是急需补充的一片领域。

本章综合利用描述性研究法、文献研究法和个案研究法，从如下几方面行文。

首先，概述文化产品内涵、特征等相关内容，界定本书所研究的文化产品的范围。

其次，在文化供应链管理的基础上，分析文化产品市场运营现状及存在的问题，对文化产品市场的一般环节和文化产品市场运营的参与者进行比较。描述文化产品传统运营模式种类及存在的问题，提出基于供应链的文化市场运营模式，同时提出文化产品市场运营的创新模式并对其进行分析并举例。通过分析文化产品市场运营现状，揭示研究文化产品市场运营模式的重要性和必要性。同时通过分析文化产品市场运营的一般环节和文化产品市场运营的参与者，为构建文化产品市场运营模式提供基础方向。

最后，以乡村文化产品市场的运营为例，分析乡村旅游文化产品市场的形成要素和供应链运作环节，立足于产业集群和供应链一体化，提出"政府+旅游企业+旅行社+乡村协会+旅行者"的运营模式，还提出供应链市场运营策略。

总结部分：对研究的整体框架和需要更深入研究的点进行总结。

1.1.2　文化产品与文化产品市场

1.1.2.1　文化产品的概念及类型

一般来说，人类生产活动的成果主要表现为物质产品和精神产品两种形态。物质产品，如各种食物、家用电器、药品、服装、汽车、商品房等，是有形有体的。对于物质产品来说，人们一般可以为其制定统一的质量标准和安全标准，要求每一产品都必须符合该类产品的统一标准。物质产品一般具有排他性和一次消耗性的特点。精神产品，如文学艺术、社会科学作品等，是无形无体的。人们需要精神产品，是为了满足精神生活的需要。但对于精神产品来说，人们很难对其进行质量标准的制定，因为精神产品是思维活动的产物，它没有标准流程可供参考。另外，精神产品的价值具有非消耗性，它在原则上可以被人使用，甚至反复消费。

本书所说的文化产品既有物质产品特性，又具有精神产品的内容。作为物质产品，文化产品要考虑投入与产出，要重视产品物质材料的选择，要重视商业化、流行性元素，追求经济效益。作为精神产品，文化产品要有创新性内容，要满足人民日益增长的精神文化需求。当然，文化产品的物质产品形式是其精神产品内容的载体，而精神产品的性质才是文化产品的决定性本质①。

从物质产品和精神产品的性质中归纳出文化产品的两重属性，即商品属性和意识形态属性。文化产品的意识形态属性是文化产品的本质属性，同时也决定这文化产品能否进入流通领域。因此，文化产品的生产一定不能忽视其精神内涵，这也是文化产品市场运营应该考虑的首要因素。另外，我们承认文化产品的商品属性有利于解放文化生产力，有利于我们运用市场机制及价值规律促进和繁荣文化生产，同时为文化产品市场的运营提供依据。

1.1.2.2　文化产品的特征

文化产品虽然形态多样，有图书、影视剧、音像产品等，但它们具有以下一些共同特点。

第一，创新性：文化产品可在内容形式或观念上的某种独特性。大众化文化产品也同样具备创新因素，只不过这种创新是在程式基础上的创新。

第二，价值的非消耗性：只消耗物质载体，其文化价值不会消耗。

第三，大众化：文化产品要先流行起来，得到大众青睐，才能在市场中立足。

第四，技术性：文化产品对技术的依赖性很强，某些文化产品的发展直接与技术相关。

1.1.3　文化产品市场

1.1.3.1　文化产品市场的分类

文化产品种类繁多，由此形成的文化产品市场也多种多样。根据时下的分类标准，按文化产品的内容可分为出版物市场、艺术品收藏市场、民间工艺品市场、文化旅游市场、会展市场等。不同文化产品市场的运营模式有差异，这样的分类标准会将其各自的运营特色放大不利于我们分析其共性，不利于我们找出文化产品市场运营的普遍规律。因此，本书只将文化产品市场划分为以下两种类型。

一是资源基础型文化产品市场，即由文化旅游产业、博览业、民俗文化等产业为生产或经营主体的市场。这类型市场的文化产品因其具有地缘优势，资源可获得性强，使之不易被模仿和复制，因而这类市场具有资源竞争优势。

---

① 何群. 文化生产及产品分析 [M]. 北京：高等教育出版社，2006：3-26.

二是创意型文化产品市场。创意型文化产业是以知识创造为基础的产业，包括演艺业、音像业、游戏业、广电影视业和报业、广告业、设计业等①。创意型文化产品市场的发展对人才和思维创新提出了很高的要求。人才的注入可以为文化产品市场提供源源不断的可开发和可操作的创意，然后通过制造过程将创意转化为具体的产品形态。

1.1.3.2 文化产品市场的特性与共性

文化产品市场的特性表现在经济特质的差异上，主要有三方面：一是文化消费者需求多变，因而很难进行预测。二是生产过程复杂，需要综合运用各种技能，很难进行流水线操作。三是创意或文化内涵是文化产品的价值源泉，也是其使用价值得以顺利实现的基本保障。

文化产品市场的共性表现在文化产品市场上既是"生产者的市场"，也是"消费者的市场"。前者文化生产企业要从市场上获得生产所需的资源，并通过市场将产品传递给消费者；后者作为一个中介，使消费者向市场传递消费需求并从市场中获得所需产品。和一般商品一样，文化产品的生产不是一蹴而就的，它需要经过一系列复杂的生产过程将思维产物转化为有形的产品，再进行销售。在这个过程中，市场宏观环境和供应链上中下游企业行为都将对文化产品市场的发展产生影响。如电子商务的发展为文化创意产品提供了更为便捷的交易方式，吸引了更多的消费者。从供应链角度看，文化供应链上游企业同样承担着满足下游需求的任务。上游企业通过对下游需求信息的获取，对所获得的文化资源进行开发，从而创造市场所需的文化产品，然后沿着供应链条向下传递。因此，文化产品市场的运营必然要对供应链上游环节提出需求，还要对下游环节进行供给。

1.1.4 文化产品市场运营概况

1.1.4.1 文化产品市场运营的一般环节

运营是对企业经营过程的计划、组织、实施和控制，是与产品生产和服务创造密切相关的各项管理工作的总称。从另一个角度来讲，运营管理也可以是对生产和提供公司主要的产品和服务的系统进行设计、运行、评价和改进。

现代运营把运营战略、新产品开发、产品设计、采购供应、生产制造、产

---

① 吴志华. 基于集群供应链的文化产业园发展路径 [J]. 南京财经大学学报，2008 (05).

品配送直至售后服务看作一个完整的"价值链"，对其进行集成管理。结合文化产品的特点，本书将文化产品市场的运营分为如下环节如图 1.1 所示。

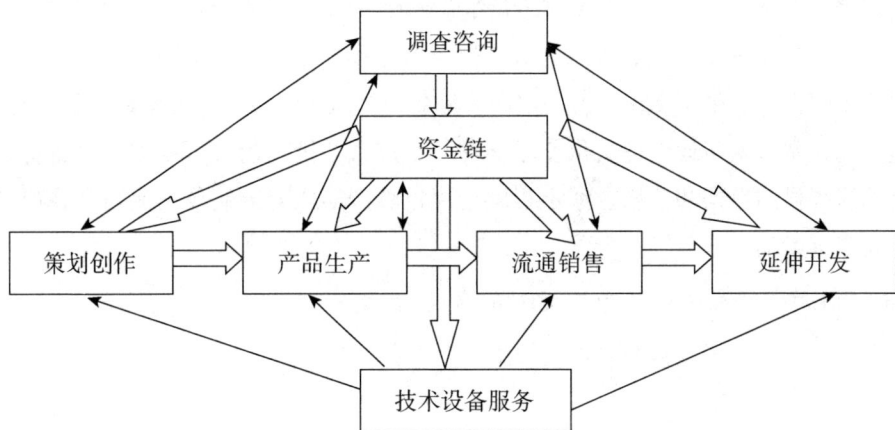

图 1.1　文化产品市场运营的一般内容

文化产品市场运营由多个环节、多个层面的因素所构成。文化产品市场的成功运营离不开文化要素市场和文化服务市场的支撑。策划创作、产品生产、产品流通、延伸产品开发时市场运营的核心，除此之外，技术设备、资本、调查咨询等密切关联的文化要素和服务环节也是市场运营必不可少的支撑条件。

文化产品市场运营第一个环节——策划创作。策划创作是指文化产品的内容生产。内容生产阶段侧重于精神性和创新性生产。在文化产业中，文化内涵是决定一个文化产品能否在市场上存活以及产业链能够延伸多长的最重要因素，是文化产业的命脉所在。文化产品的精神内涵要符合社会需求。

文化产品市场运营第二个环节——文化产品生产。文化产品生产是策划创作内容的物化过程，其最终结果是有物质载体的，可供消费的文化产品的形成。在文化产品生产环节，要考虑产品物质材料的选择，要注意文化性元素与商业性、流行性元素的融合。

文化产品的销售包括流通、承销两个环节。在流通环节，要对文化产品进行营销传播和分销；在承销环节，要运用各种销售渠道、营销模式和手段将产品出售给文化消费者。

文化产品的延伸开发，又称后产品开发，是指某一文化产品除了原初始形态之外所开发的与之相关联的、能产生价值的其他产品形式①。延伸开发环节可能带来巨大的商业利润。延伸产品的开发，在电影产业中最为明显。在许多发达国家，多达70%的收入可能来自后电影产业。

文化产品市场运营要考虑的服务性要素是指技术设备、资金链、调查咨询等主要因素。其中，文化产品的生产、传播乃至消费都离不开技术设备的支持；资金的正常投入与运作是文化产品能够顺利成型并销售的关键因素；调查咨询环节所提供的数据和信息在一定程度上决定着产品内容的制作、流通和播出及相关咨询活动。

1.1.4.2　文化产品市场运营的参与者

文化产品市场运营的参与者如图 1.2 所示。

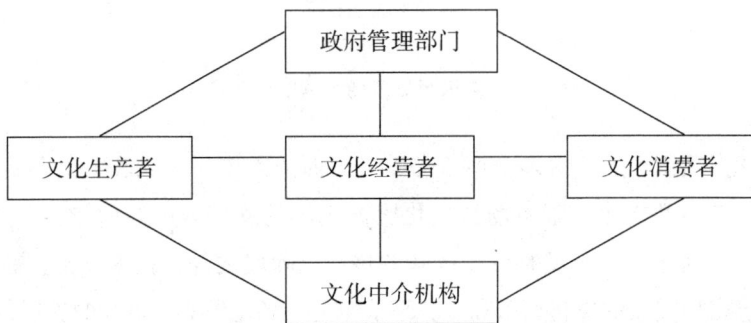

图 1.2　文化产品市场运营的参与者

1.1.4.3　我国文化产品市场的运营现状

1.1.4.3.1　规范完善的现代文化市场体系尚未建立

成熟的现代文化市场体系包括文化产品市场、文化服务市场、文化要素市场。文化要素是文化产品生产的必需资源，是设施市场、资金市场、中介市场、人才劳务市场、产权交易市场等文化要素市场的重要组成部分，但其发展都较为滞后，严重阻碍了文化产品和服务的生产和流通，限制了我国文化产品市场的深入发展。文化资源的市场化配置程度较低，文化生产要素不能通过市场进行有效配置，对文化产品生产的创新性和文化商品的有效供给产生了重大影响。

---

① 何群. 文化生产及产品分析 ［M］. 北京：高等教育出版社，2006：32-40.

1.1.4.3.2 丰富的文化资源未得到有效利用

我国是文化大国，拥有极为丰富的文化资源。各种历史文化资源、民族文化资源、现代文化资源不胜枚举，各种社会思潮、思想流派异彩纷呈，但是这些丰富的文化资源就像深埋地底的石油，很少得到有效的开发和利用。中华民族上下五千年的文明史，蕴藏着巨大的文化资源，是一笔尚未开采的文化宝藏，如何有效地开发利用，是一个亟待解决的现实课题。

1.1.4.3.3 供应链协调能力弱

我国文化企业规模普遍偏小，单个企业运营水平低，文化企业创新能力低，导致文化产品缺乏个性、内容浅薄、同质化经营问题严重，缺乏持久的吸引力。我国文化产品附加值较低，大多数企业不注重文化产品的创新，而是以低价格争夺客户，导致企业利润微薄，如此恶性循环，文化产品的升级遥遥无期。文化企业各自为营，协同能力弱，无法形成完整的产业链。这样的市场主体和经营格局很难真正重视文化原创力价值。文化产业与其他相关产业的联动力不够，如文化资源被文化、旅游、新闻出版、广播电视等部门分割使用，难以实现文化资源的"裂变"和"聚变"；文化与城建、旅游、经济等相关行业和产业的结合度较低。

1.1.5 构建文化产品市场运营模式

1.1.5.1 供应链与文化供应链

供应链是围绕核心企业，通过对信息流、物流、资金流的控制，从采购原材料开始，制成中间产品以及最终产品，最后由销售网络把产品送到消费者手中的将供应商、制造商、分销商、零售商、最终用户连成一个整体的功能网络链结构①。供应链上分布着供应商、制造商、经销商以及最终消费者。供应商负责提供产品制造的基础，如原材料的提供，包括物质材料和精神材料（如创意、理念等）；制造商负责产品的制造，将原材料转化为可供消费的产品；经销商负责将产品通过各种销售渠道传递给消费者；消费者负责购买产品以及传递需求信息。供应链运营模式能将各市场主体统筹起来，实现各环节无缝连接，从而提高市场运行效率。

文化产品的双重属性和特征，文化产品市场运营的环节和参与者众多，这

---

① 李耀华. 供应链管理［M］. 北京：清华大学出版社，2013：1-29.

决定了文化产品市场运营的复杂性。在文化产品市场的运作中，从创作和生产领域到流通消费领域，我们既要树立文化意识，要考虑所创作和生产的文化产品是否符合大众精神文化需要，又要树立市场观念，将文化产品当做商品，要重视产品的物质材料的选择，要重视商业化、流行性元素，要考虑其营销、流通渠道等市场因素。因此，在文化产品市场的整个运营过程中，如果单靠一个企业或一个行业来统筹全局无疑是难以为继的，为了保证市场的高效率运行，实现资源的合理配置，最理想的方式就是各企业或行业进行市场分工协作，各司其职，把文化产品的创作、生产、加工、销售连成一体，形成有机结合的产业链条，即文化供应链。

文化产业各环节之间也同样需要无缝连接，实现实物流、信息流、资金流的良好运作。譬如好的创意需要具有可操作性，这样就可以转化为产品，同时其要接受市场的检验，因此在投资生产之前需要优秀的生产企业、原料提供商参与产品的设计，咨询公司、广告公司等专业公司进行市场调查，划分细分市场，进行准确定位，从而设计出更加科学合理的产品。通过专业的加工工艺流程生产出优质的产品，经营销策划公司的宣传及营销策略的推行，通过专业的分销体系及物流配送系统将产品送达最终市场如图1.3所示。

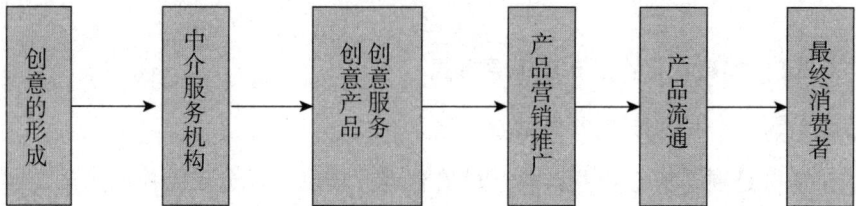

```
创意的形成 → 中介服务机构 → 创意产品 创意服务 → 产品营销推广 → 产品流通 → 最终消费者
```

图1.3 文化创意供应链体系图

文化产品市场能否成功运营，能否提升文化产业附加值，关键是看能否形成完整的产业链、价值链、供应链。产业链条不完整，附加值低，文化产品市场就缺乏可持续的增值和开发空间。因此，文化产品市场的成功运营，必须立足于文化供应链，将文化产品的特点与供应链管理加以融合和系统化，围绕核心企业，通过对物流、信息流、资金流的控制，形成从创作源头到最终消费者的完整的供应链网络结构。例如，美国好莱坞有七大世界著名的影视公司，但在洛杉矶以及周边地区从事娱乐业的中小公司有8255家，包括创作公司、电影制作公司、特技公司、道具服务公司、技术配套公司、营销代理公司、广告传播公司、风险投资公司等众多行业的企业。这些中小公司与那些跨国大影视公司构成了完整的产业链，共同推动着美国影视业的发展。由于核心企业的需求带动了其他相关公司在周围集聚，从而形成了不同的集群，这些集群之间又有着需求——供给的关系，因而成了更为庞大与宽泛的供应链集群。这是文化产业具有竞争优势所必需的，因此从源头到最终消费的供应链形成是规划阶段要确立的，在之后的文化产业园发展中将吸引更多的企业加入，形成规模经济和范围经济优势。

1.1.5.2 不同类型文化产品市场的供应链运营模式分析

在上文中，我们将文化产品市场分为两种类型，即资源基础型文化产品市场和创意型文化产品市场。现在，我们结合这两种文化产品市场的特点来探索各自适合的运营模式。

1.1.5.2.1 资源基础型文化产品市场的供应链运营模式

资源基础型文化产品包括文化旅游产品、博览业、民俗文化产品等，这类市场上的文化产品因其具有地缘优势，资源可获得性强，使之不易被模仿和复制，因而这类市场具有资源竞争优势。资源基础型文化产品市场的发展需要我们通过文化研究深入挖掘文化资源，并通过旅游带动企业的营销宣传，将产品推向市场，这需要政府和企业各司其职，同时又要共同合作。政府提供外在的环境，企业进行内在的市场运作，其运作模式如下图1.4所示。

资源基础型文化产品因其地域性强、流动性较差，因而需要借助外部力量加以宣传。借助旅游将文化产品推向市场是资源基础型文化产品运营的有效方法。首先要创新本地文化资源的表现方式。我们可从"视觉，听觉，嗅觉，触觉"入手，比如滁州天下梨园第一村。这里充满戏剧文化，各色梨园戏班在此集聚，其文化产品的宣传除了各戏班常规的现场演艺外，还可以延伸各种形式，如与音像公司联合制成音像制品，与广播电台合作推出特色电视节目，还可以与当地艺术培训机构合作开设培训课程，传承戏剧文化。这要求文化企业以集群的形式出现，通过联合开发以及整合营销将本地特色文化产品推向市场，推向消费者。

1.1.5.2.2 创意型文化产品市场的供应链运营模式

创意型文化产品是以知识创造为基础的产业，包括演艺业、音像业、游戏业、广电影视业和报业、广告业、设计业等。创意型文化产品市场的发展对人才和思维创新提出了很高的要求。人才的注入可以为文化产品市场提供源源不断的可开发和可操作的创意，然后通过制造过程将创意转化为具体产品形态。

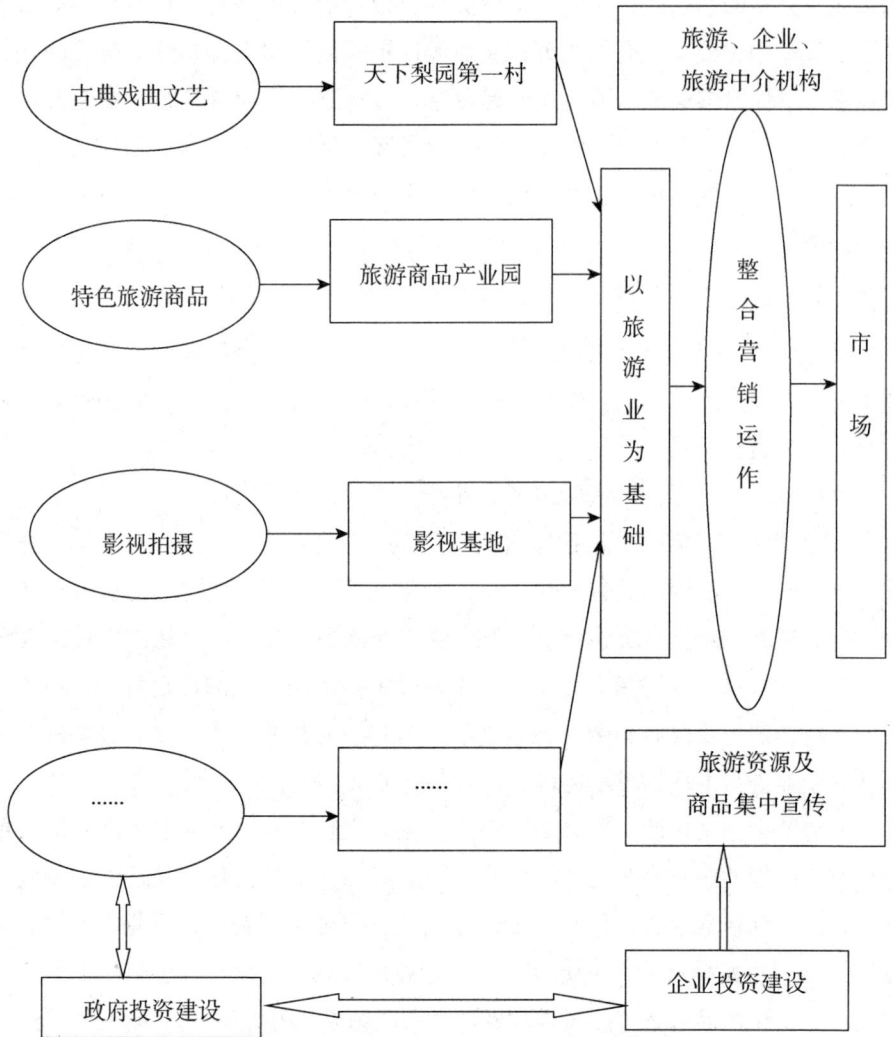

图 1.4 资源基础型文化产品市场运营模式

资料来源：吴志华《基于集群供应链的文化产业园发展路径》

基于文化供应链构建的创意型文化产品市场的运营如图 1.5 所示。

在一个创意所引发的供应链中需要各种类型的创意文化企业进行创意的商品化，以及需要专门负责市场营销与物流的企业及咨询公司进行推向市场的运作。这些企业形成不同的产业集群，它们内部之间又具有"供应商—客户"的关系，因此可以形成完整的链条。

```
             ┌──────┐     ┌──────┐
         ┌──→│ 演艺  │───→│ 传媒  │
         │   └──────┘     └──────┘
         │   ┌──────┐     ┌──────┐
         ├──→│影视剧作│───→│音像制品│
         │   └──────┘     └──────┘
    ┌────────┐┌──────┐     ┌──────┐
  ┌→│ 文艺创作 │┤文字作品│───→│书籍报刊│
  │ └────────┘└──────┘     └──────┘
  │          ┌──────┐     ┌──────┐
  │          │动漫作品│───→│网络游戏│
┌────┐       └──────┘     └──────┘
│创意 │
└────┘       ┌──────┐     ┌──────┐
  │          │ 广告  │───→│ 传媒  │
  │ ┌────────┐└──────┘     └──────┘
  └→│ 艺术设计 │┌──────┐     ┌──────┐
    └────────┘│时尚设计│───→│ 设计展 │
              └──────┘     └──────┘
              ┌──────┐     ┌──────┐
              │工艺作品│───→│工艺展品│
              └──────┘     └──────┘
```

各种文化产业集聚分工与合作 → 营销与物流 → 市场

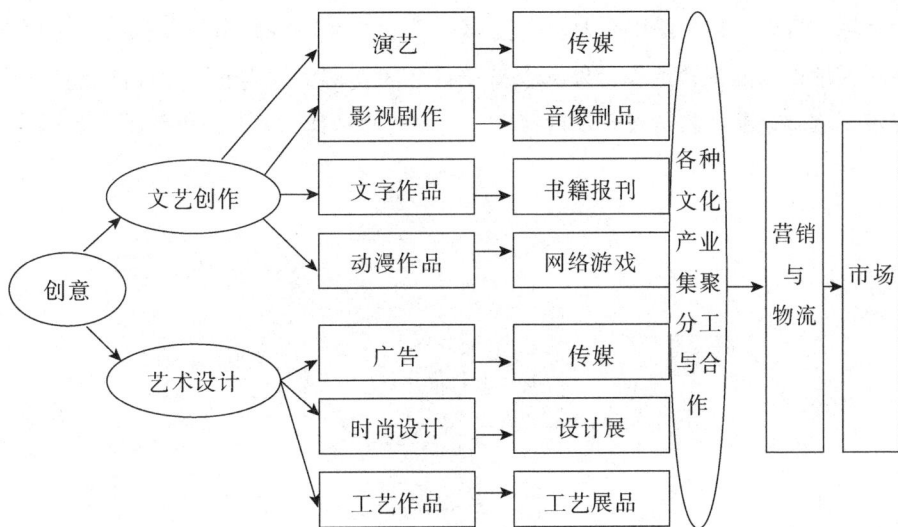

图1.5 创意型的文化产业集群供应链模式

资料来源：吴志华《基于集群供应链的文化产业园发展路径》

1.1.6 基于供应链的乡村旅游文化产品市场的运营模式

由于经济的快速发展和都市生活的快节奏与喧嚣，越来越多的都市人将乡村旅游当作解压途径。由此，集生态、乡村风景、文化为一体的乡村旅游悄然兴起。乡村旅游产品也开始与时俱进，在维持原有质朴的乡村风情的基础上推陈出新，各式各样的乡村旅游产品层出不穷，乡村旅游市场蓬勃发展。因此，本书以乡村旅游文化产品市场的运营模式为例，通过分析产品市场的形成要素和运作环节，揭示供应链运营模式的优势和该模式所能获得的效益。

1.1.6.1 乡村旅游文化产品市场的形成要素

乡村旅游的定义：依托乡村地域及其生态环境，以具有乡村性的生产形态、生活习俗、乡村聚落、乡村文化等自然和人文资源为吸引物的休闲度假旅游①。乡村旅游文化产品市场的形成，与旅游产业和文化创意产业的快速发展以及人类日益增长的文化旅游需求是密不可分的。乡村旅游文化产品市场的形成要素主要包括四个方面：产业推动、需求拉动、中介组织以及外部支持（见图1.6所示）。乡村旅游业的蓬勃发展为文化创意的产生提供有必要的养分；乡村旅游消费者的需求直接为乡村旅游文化产品市场的形成提供了源源不断的动力；交

---

① 崔丽萍. 浅谈乡村旅游运营机制的构建 [J]. 新西部（下半月），2007（09）：72-73.

通运输、咨询、传媒等中介机构是连接消费者与乡村旅游市场的桥梁，支撑着乡村旅游市场的正常运作；外部支持条件，如乡村文化内涵、政府的支持和引导等。旅游企业、旅行者、乡村社区、地方政府是其中主要的角色。

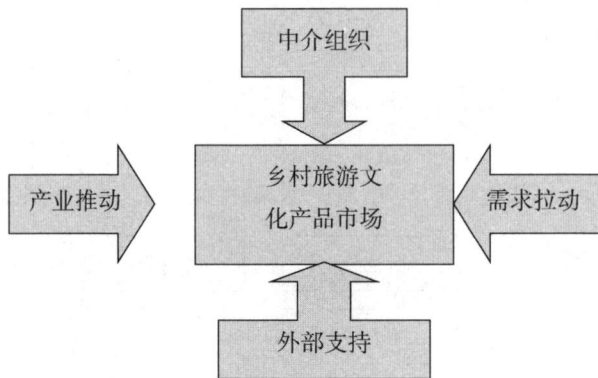

图1.6　乡村旅游文化产品市场的驱动要素

1.1.6.2　乡村旅游文化产品市场的供应链运作环节

乡村旅游文化产品的内容创意，是供应链形成的基础。乡村文化内容的提供者，包括旅游企业、乡村社区等，它们是这个环节的市场主体。

乡村旅游文化产品经过第一个环节，我们通过产品制造这个环节将其转化为实际产品，其中既包括旅行社，当然也包括其他中介组织乃至政府等主体的参与。

乡村旅游产品不同于一般产品，它以旅游者的流动而非产品的流动来实现旅游产品的销售和消费。因此，我们应充分利用旅游产品的销售渠道和宣传手段，通过"推"和"拉"的市场营销策略，提高旅游市场的占有率。在营销推广中，文化产业中介组织通过各种营销手段、营销方式、营销策略来实现乡村旅游文化产品的价值，可以说这些中介组织是产品市场营销推广的主力军。良好的营销渠道是文化产品形成规模、占据市场的关键因素。因此，传播渠道的设计和选择是构成乡村旅游文化产品市场运作的重要环节。消费者当然是乡村旅游文化产品市场供应链中的最后一环，也是最终决定环节。（见图1.7）

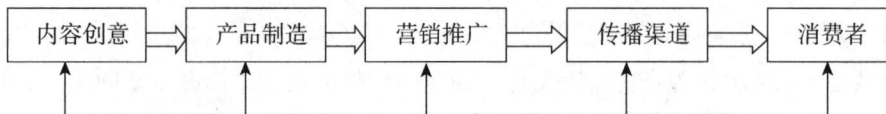

图1.7　乡村旅游文化产品市场的供应链运作环节

1.1.6.3　乡村旅游文化产品市场供应链运营模式的构建思路

1.1.6.3.1　供应链模式具体应用

旅游企业、旅行者、乡村社区、地方政府是乡村旅游文化产品供应链上的成员，它们处在供应链的中上游。要使整条供应链高效运行，就要求供应链上游的这四个主体之间要消除分歧、协同作战，共同为供应链下游的消费者提供服务。其具体表现：政府负责整体规划和乡村基础设施建设，提高乡村交通便利性，同时对各地乡村环境进行立法保护，优化发展环境；旅游企业负责经营管理和商业运作，结合不同地区的特点可以使村民直接参与，这样可以较好地发挥他们的积极性和各自的特长。这种运营机制将供应链上各个成员考虑进去，无论是政府、旅游企业、旅行社还是农民都可以从旅游发展中获得收益。这有利于消除供应链各成员之间的利益冲突，最大限度拓展共同利益，从而提高供应链的整体绩效，从根本上解决好市场、政府、社会三元结构之间的关系。

1.1.6.3.2　供应链运营模式的优势

应用供应链运营模式来发展乡村旅游文化产品市场，可以从产业集群角度加以解释。产业集群表现在特殊产业内部以报酬递增为前提的一种专业化分工协作的空间形式。旅游企业集群是指聚集在一定地域空间的旅游核心吸引物、旅游企业及旅游相关企业和部门。这些企业和部门为了共同的目标，进行分工协作，降低交易费用，提高交易效率和竞争力。乡村旅游目的地实际上可以视为一个产业集群。乡村旅游目的地经营主体大多聚集在一定的空间范围内，凭借乡村人居环境、乡村民俗、乡村田园风光等文化资源，为旅游者提供本地服务，这使得其行为具有极强的关联性。具体优势主要体现在以下几个方面：

1. 旅游产业链及相关供应链体系聚群发展模式。集群可以跨越地理和行政界线，依赖价值链上所有参与者的共同努力，联合向旅游者提供高质量的旅游经历，从而提高效率。政府可以对集群内企业进行统一规范指引，这样可以更快了解集群企业需求，有针对性地进行资源投入，从而增强整个旅游地的竞争优势。

2. 旅游企业集群可以推动乡村旅游同类经营主体和互补品经营主体的合作。例如乡村旅游互补品经营主体间实现分类经营，建立满足旅游者需求的吃、住、行、游、购、娱一体的一条龙服务体系，同时提供与旅游者需求协调一致的不同档次的服务，实现经营主体间的功能互补和结构互补。互补品经营主体间的合作既完善了产品的结构，又增加了产品组合的多样性，还可以通过互相推介，最大限度为消费者提供相对完整的乡村旅游体验。

3. 集群内的专业化分工协作可带动集群外供应链的一体化，即供应商、生产商、销售商之间的分工协作。对集群外的可获得资源进行整合，即在乡村旅游产品前向与后向联系的基础上建立的一种合作，从而形成高效率的产业供应链。这种长期稳定的合作战略，不仅保障了供应链上各成员的利益，而且最大限度拓展了上下游企业的共同利益，从而使上下游企业之间能够实现各自的目标价格。

1.1.6.4　乡村旅游文化产品市场的运营策略

在市场经济下，供给和需求是影响市场正常运行的两大关键性因素。因此，乡村旅游的经营者要有意识地运用价值规律和供求规律来调节乡村旅游文化产品市场，使其健康有序运行①。"政府+旅游企业+旅行社+乡村协会+旅行者"的运营策略主要分三步：

第一，立足本土、创造供给。虽说产品要以消费者需求为导向，但是乡村旅游资源具有独特性，乡村旅游企业只能根据本地文化特色来创造产品，所以政府和旅游企业要深入挖掘本地文化资源，在本土根基上进行文化创新，以供给引导需求。

第二，创新产品形式，满足旅游者多样性需求。首先，乡村旅游目的地的形象设计，这是整体的设计，比如以什么样的主题形式向消费者展示。其次，具体旅游产品的设计，假设旅游目的地以戏剧文化为主题，具体的戏剧文化表达方式，如现场表演、旅游者实体体验、戏剧人物制作等就是具体的产品设计。

第三，开展丰富多彩的促销活动，巩固需求。乡村旅游季节性强，主体多样，可以在更多时间和更广空间范围内进行乡村体验旅游产品的供应。因此，可以综合利用多种渠道，比如互联网、旅游宣传品、报纸杂志等方式进行促销，也可以通过举办节庆活动，通过举办旅游交易会、博览会等方式进行促销。

总之，文化产品市场运营环节众多，市场主体复杂，如果各文化企业之间孤立发展，势必造成资源浪费和效率低下，阻碍文化创新的脚步，这不利于文化产品市场的健康发展。供应链运营模式能将文化市场主体统筹起来，实现各环节无缝连接，从而提高市场运行效率。本书将文化产品的特点与供应链管理

---

① 于莉. 乡村旅游文化创意产业价值链运作模式研究 [J]. 中国商贸, 2010（26）: 156-157; 冯华, 温岳中. 产业链视角下的我国文化产业发展 [N]. 国家行政学院学报, 2011（05）: 82-86.

加以融合和系统化，以乡村旅游文化产品市场为典型案例，构建文化产品市场独特的供应链运营模式，这将推动我国文化产品市场更快更好的发展。

1.2　福建文化创意产业与区域物流的相关性研究

文化创意产业，作为一种经济、文化与创新思维深度融合的产业，已经成为当今社会发展新的经济增长点，在国民经济中占有重要的比例，被誉为"未来支柱产业"，因此提升文化创意产业的地位，重视文化创意产业的发展是拉动区域经济增长的必然。发展文化创意产业是福建经济发展的必然选择。据统计，2021 年福建省的文化产业增加值达到约 1943 亿元，增速达到约 13%。2021 年年末，福建省文化系统共有国有艺术表演团体 69 个，各级各类档案馆 117 个，公共图书馆 95 个，文化馆 97 个，博物馆 99 个，非国有博物馆 39 个。文化系统各类艺术表演团体演出 0.78 万场，本年度首演剧目 132 个，观众 477.94 万人次。2021 年年末共有影院 367 家，银幕 2134 块，年度电影票房 15.21 亿元。广播电台 4 座，电视台 4 座，广播电视台 68 座，教育电视台 1 座。有线电视用户 734.38 万户，数字化率 100%。广播节目综合覆盖率为 99.85%；电视节目综合覆盖率为 99.87%。①。通过充分挖掘福建丰厚的地域文化资源和独特的区域物流优势，了解文化创意产业与物流业之间的相关性，整合区域物流服务资源，大力发展福建文化创意产业，有助于进一步发展"海西文化"，推动福建经济增长方式的转型，提升海西城市的综合竞争力。

1.2.1　福建发展文化创意产业的优势分析

1.2.1.1　特色鲜明的地域文化资源优势

地域文化是一定地域的人们在思想、精神、文化方面的生活习俗与行为价值指向。文化资源转化为文化资本是文化创意产业发展的远景，丰富多彩的文化资源是发展文化创意产业的基础，地域内独具特色的文化资源则为产业转化提供强大的资源支持，是文化创意产业开发的本与源。福建拥有丰富的文化资源，民俗文化历史悠久且呈现出多元化的发展态势，闽南文化、妈祖文化、客

---

① 产业研究院 .2024—2029 年福建省文化产业投资分析及前景预测报告［EB/OL］.网易订阅，2023-08-17.

家文化等都是极具特色的闽地文化形态，"闽南文化生态保护实验区"在全国成了首例实验区。

发展福建文化创意产业，就必须充分发掘和利用各地区的特色文化资源。闽北戏曲，如三角戏、采茶戏、游春戏等，以本地山歌为基础逐步发展成为综合性的艺术品种；声腔剧种"四平戏"以原始的风貌得以传承，成为我国戏曲史的"活化石"；大腔金线木偶沿袭古代郁磊文化的轨迹，带有明显的宗教属性，戏曲文化价值突出。闽北地区的实体文化经济产业以茶为核心，由种茶、制茶发展而来"斗茶"，茶与中国传统文化相结合，表现出极具闽北地域特色的"茶艺"和"茶文化"，茶成为中华文化一种重要的表现形式。此外，建阳水吉镇的建盏工艺、麻沙和崇化两乡的雕版印书工艺，顺昌的造纸工艺等都颇具盛名。闽东地区是畲族文化的集中地，拥有木拱桥传统营造技艺、艺术陶瓷、剪纸、根雕、银雕等特色传统工艺以及世界地质公园等特色资源，构成了有别于其他地域的文化景观。据统计，仅宁德市就拥有"柘荣剪纸""福鼎白茶制作技艺""畲族民歌"等14项国家级非物质文化遗产名录项目，霍童镇还被住房和城乡建设部、国家文物局评为"中国历史文化名镇"。闽西地区拥有丰富的客家文化资源，客家独具特色的建筑文化更是闻名于世，其中以国家级文物客家土楼和连城培田居民最为典型。客家土楼被誉为世界上的建筑奇葩，已列入世界文化遗产预备清单。此外，闽西汉剧、龙岩山歌戏、新罗静板等都是闽西民间文化的典型代表。舞蹈有龙灯、船灯、舞狮等；音乐有竹板歌、山歌、十番等；民间工艺有陶瓷、制画、雕塑、油漆彩绘、剪纸、手扎、竹编、藤椅革编等。闽南文化内涵丰富，是福建地域文化的典型代表，闽南文化的内容大致包括闽南物质生活文化（包括衣、食、住、行等方面）、闽南方言、闽南民俗、闽南口传文学（包括谚语、歌谣、民间传说）、闽南民间艺术（闽南音乐、舞蹈、曲艺、戏曲）、闽南民间信仰、闽南民间工艺、闽南民间游艺（儿童和成人的游艺、南拳、舞狮等体育运动）、闽南民间医药、闽南社会家族制度、闽南商贸制度（郊行、侨批）、闽南文物古迹、闽南先贤及其思想精神以及闽南的学术思想文化等，闽南文化的载体及表现形式如表1.1所示①。

---

① 郑向敏，付业勤.闽南文化旅游资源构成、产品类型与开发模式［J］.集美大学学报（哲学社会科学版），2012，15（3）：27-32.

表 1.1 闽南文化的载体及表现形式

类别	表现形式
方言	中原古汉语、闽越语、外来语融合的闽南语
口传文学	掌故传说，泉州歌诀、谚话、俗语
祖宗崇拜	谱牒、厅堂设置公妈龛或神主牌、祭祖、扫墓习俗
宗教	佛教、道教、伊斯兰教、基督教、印度教、摩尼教等多教并存
民间信仰	自然山川神、生育女神、冥厉瘟神、禅道神仙、忠义圣贤、水神海神、医神、财神、戏神
先贤	陈元光、李贽、郑成功、施琅、李光地、俞大猷、陈化成、林语堂、陈嘉庚
传统表演	南音、芗剧、梨园戏、布袋木偶戏、提线木偶、高甲戏、打城戏、拍胸舞、歌仔戏、晋江褒歌音乐
传统美术	南派剪纸、纸织画、李尧宝刻纸、木偶头雕刻、彩扎、漆篮、篾香、藤铁
生活习俗	惠女、蟳埔女、婚礼、生育礼俗、中秋博饼、茶道、花灯、灯谜、拔拔灯、嗦啰嗹
节庆	家族型（中秋、春节）、信仰型（普度、祭灶）、社区型（元宵、端午）、节气型（冬至、龙头节）
传统技巧	惠安雕刻、德化瓷烧制、安溪铁观音
武术	南少林五祖拳、舞狮
养生医药	老范志神粬、灵源万应茶、永春养脾散、一都红粬
饮食	闽南菜系和地名小吃
传统建筑	民居、宗祠、寺观、文教、祠庙建筑文化，如崇武古城、蚵壳厝
海洋文化	宋元明的港口遗址、祁风遗存与仪典、水密隔舱福船制作、渔业盐业文化
商业文化	闽南商贸制度（郊行、侨批）、商贸物产文化
华侨文化	华侨教育、华侨商会、批局

资料来源：郑向敏，付业勤《闽南文化旅游资源构成、产品类型与开发模式》

1.2.1.2 有力的政策扶持和地理区位优势

除了丰富的地域文化资源外，福建发展文化创意产业还得到了政府的大力支持。福建省高度重视文化建设和文化创意产业的发展，先后颁布了《福建文化强省建设纲要》《关于加快我省创意产业发展指导意见》《中共福建省委办公厅、省人民政府办公厅关于加快文化产业发展的意见》等相关政策措施，鼓励非公有资本进入文化产业、扩大民间投资、加快文化产业体制改革等，为文化产业发展创造宽松的环境①。为了更好指导文化创意产业的发展，福建省还出台《福建省创意产业投资指导目录》，并确定了以报纸服务业、出版印刷业、广播影视业、演艺娱乐业、文化旅游业、文化创意业、动漫游戏业、文化会展业、广告业、工艺美术业为重点发展的十大文化产业，并将它们作为大力扶持的对象②。同时，福健省出台《关于推动我省动漫产业发展的若干意见》等有针对性的具体产业指导措施，努力打造海峡两岸工艺美术博览会等展会，为文化产业发展搭建平台③。

在区位优势方面，福建与台湾"地缘相近、血缘相亲、文缘相承、商缘相连、法缘相循"，文化创意产业交流合作空间巨大。早在 20 世纪 90 年代，厦门、福州就已成为动漫的"原创地"，产生了中国第一代网络游戏研发团队。台湾动漫游戏企业在厦门设立研发基地，使早期的厦门动漫产业具有明显的"台系"特征。国务院将文化创意产业列为建设海西经济区的重点项目之一，为福建承接台湾文化创意产业提供了政策上的有力支撑。海峡两岸文化产业博览会（厦门）、厦门国际动漫节（厦门）、海峡两岸动漫创意产业展（福州）及海峡两岸图书博览交易会等的积极开展为两岸文化创意产业界的交流搭建了众多的沟通平台，有利于闽台文化创意项目的开发和对接。此外，海峡两岸民间企业的交流也比较活跃。以动漫产业为例，企业方面，为培育文化市场主体，支持文化企业做强做优做大，福建省每年开展"文化企业十强"和"最具成长性文化企业"培育认定。2022 年 9 月，第十一届"福建省文化企业十强"及提名企业榜单出炉，从经济指标来看，省文化企业十强及提名企业的营业收入和利润水平稳中有升，总体实力平稳增长。主营收入方面，十强企业中，超 50 亿元的有 3 家，30 亿元至 50 亿元之间的有 4 家；十强提名企业中，主营收入超亿元的有 9 家。净利润方面，十强企业中，超亿元的有 5 家；十强提名企业中，超亿元的有 1 家。

---

① 陈美霞. 福建文化创意产业的 SWOT 分析［J］. 福建论坛·人文社会科学版，2010（02）：29-34.
② 周强. 文化创意产业的关联方式研究——基于文献综述的思考［J］. 福建商业高等专科学校学报，2013（06）：26-31.
③ 福建省创意设计中心项目可行性研究报告［P］. 2010：11-23.

1.2.2　区域物流与文化创意产业发展的相关性分析

在社会化的生产过程中，任何一个产业都不是孤立存在的，而是与经济体系中的其他产业相互影响、相互促进的。文化创意产业的发展与区域物流业存在着密切的联系，一方面，文化创意产业依赖物流服务的配套支持来实现自身的价值；另一方面，文化创意产业也拉动了物流业的发展和繁荣。

1.2.2.1　区域物流的发展促进文化创意产业的繁荣

物流作为区域间主要的联系方式之一，可以实现地域文化资源及不同产业的合理分配，为文化创意产业的发展提供了有力的支撑。文化创意产业的经济活动总是伴随着物流而存在，区域物流的水平和能力直接影响着文化创意产业的发展水平和经济活动效率，区域物流可以推动文化创意产业结构的优化和完善。鉴于区域物流的发展对文化创意产业的支撑和拉动有着重大的作用，这就需要有高效、合理、针对性强的区域物流配套系统来服务于日益发展的文化创意产业。如图1.8所示，物流是影响文化创意产业的重要因素之一。

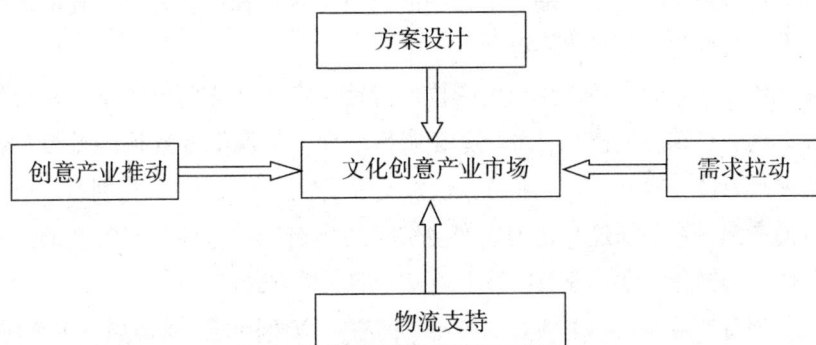

图1.8　文化创意产业影响因素

福建区域物流的发展有着得天独厚的优势：地处中国东南沿海地区，东临台湾海峡，与亚洲四小龙之一的台湾地区隔海相望，西部通过大京九铁路与江西、安徽等省贯通，东北、西南分别与中国最发达的长三角和珠三角经济区相邻，具有对台优势和联合利用毗邻港澳、两大三角洲资源的独特区位条件，以及向内陆腹地梯度推进的口岸优势；福建境内海岸线总长3324千米，是国内海岸线最长的省份之一，有许多天然的良港，是福建发展海洋运输的主要依托，能与国际物流相衔接；交通运输基础设施的不断发展、运输体系的逐步完善为福建发展区域物流打下了坚实的基础，福建已初步形成以海洋运输为龙头、以空港快捷运输为窗口、以铁路运输为骨干、以公路运输网络和各大型场站为集疏枢纽的综合运输体系。福建的区域物流优势是发展文化创意产业的坚实后盾。

1.2.2.2　文化创意产业的进步带动区域物流的发展

文化创意产业具有创新性和高附加值性，是新时期的"引擎产业"，其打破了传统的产业界限，是产业链中文化创意环节的挑选、组合、转换和再生的过程，主要通过"跨界"（Cross-border）来促成不同行业、不同领域的重组与合作。文化创意产业作为新的经济增长点，通过自身财富的积累能迅速带动相关环节成长为一条完整的产业链，从而有力地拉动和提升区域物流的发展。一方面，文化创意产业凭借其深厚的文化底蕴，结合人的智慧、创造力，对制造业注入文化因素，使其附加更多的文化内涵，从而塑造有文化特色的品牌。通过文化品牌效应，吸引消费者的眼球，从而使有限的地域文化资源创造更大的使用效率和价值，推动区域经济的优化升级。另一方面，文化创意存在于产品研发、工业设计、品牌推广和广告策划等各行各业中，各种文化创意产业的发展，通过知识产权的转让，促进创意要素向传统产业衍生渗透，使制造业能够在生产过程中投入更多的创意产品，增加产品的技术含量和文化含量，满足越来越多的消费者个性化、差异化的需求。

文化创意产业的产品特性和生产技术特性决定了文化创意产业具有极强的渗透性，这能推动各种技术资源、文化资源、商业资源等要素流动重组，可以纵向延伸产业链和横向拓宽产业链，使价值增值效应巨大[①]。文化创意产业对区域物流的影响主要是通过文化创意产业链中的生产和制造环节来实现的。产品和服务联系是文化创意产业与物流业最基本的联系方式。

文化创意产业作为一个独立的产业，拥有一个独特的产业链如图1.9所示。文化创意产业的发展可以带动一连串的产业发展。在生产过程中，文化创意产业是将原创性的文化创意规模化、产业化、实物化，它以创意为核心，需要将非物质的创意这一资源变成客观实在的东西，所以能够拉动与其相关的前向和后向产业的发展。具体来说，文化创意产业的发展会带动生产文化产业中间产品的先行产业的发展，而这些先行产业又会带动它们的先行产业发展。另外，文化创意产业的发展，会带动以这些文化产品为中间产品的后续产业的发展，而这些后续产业又会带动它们的后续产业发展。

---

① 曹永辉. 供应链合作关系对供应链绩效的影响——基于长三角企业的实证研究 [J]. 经济与管理，2013（02）：44-50.

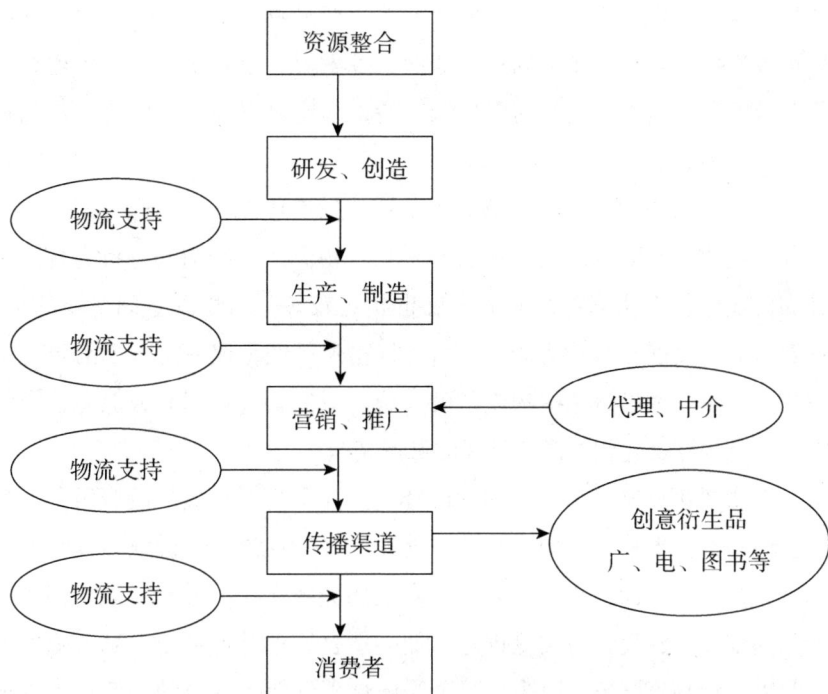

图 1.9 文化创意产业供应链

1.2.3 提出福建文化创意产业和区域物流相结合的建议

尽管福建文化创意产业的发展和区域物流有着很强的关联性，但是就目前的发展来看，二者还没有实现良好的对接，还有很大的发展空间。福建在具备发展文化创意产业和区域物流的众多优势的同时，也存在不少劣势和不足。文化创意产业在福建省属于起步阶段，发展还不成熟：文化创意产业意识不强、文化创意人才培养机制不健全、文化创意有待加强、产权意识薄弱、文化体制存在局限等。这些都是福建发展文化创意产业的弊端。在区域物流建设方面，山地丘陵地形制约物流业的发展，物流成本节约意识不强，信息化、网络化程度不高，物流学科体系有待完善等，都是区域物流发展的瓶颈。因此，要大力发展福建文化创意产业，在充分挖掘利用现有资源和条件的前提下，还需要从以下几个方面来推动福建区域物流与文化创意产业的有力结合，实现互利共生。

1.2.3.1 加大政府扶持力度，完善政策体系

政府应该适度给予文化创意产业和物流产业在政策和法规上的倾斜。在市场经济条件下，政府是经济发展的管理者和政策的制定者，应该充分发挥政府

宏观调控的能力，控制和引导文化创意产业和区域物流的发展，适度为物流业的发展提供便利，有利于文化创意产业的良性发展。福建正处于文化创意产业发展的起步阶段，离不开政府的引导和支持，政府可以成立专门的文化创意发展专项小组，为其提供组织上的保障。

1.2.3.2 夯实物流基础，建设良好的产业发展环境

目前，福建区域物流的发展还很不平衡，物流产业结构还有待完善。物流水平较高的地区，文化创意产业的发展也相对较好，而物流基础薄弱的地区，文化创意产业的发展相对较为滞后。目前，福建已经形成一定规模的企业主要集中在福州、厦门和泉州这些物流基础设施相对完善、物流服务能力较强的地区，它们也是福建文化创意产业发展的重点城市。

文化创意产业需要一个良好的发展环境，除了需要高效的政府服务、良好的基础设施以及公平的市场准入等支撑外，良好的物流基础设施和较高的物流服务水平，也是文化创意产业得以蓬勃发展的必要条件。因此必须完善福建物流产业的基础设施建设，为文化创意产业创造良好的外部环境，同时吸引人才聚集，完善区域物流服务，运输、配送等优化不仅能为其节约物流成本，还能激发有创造力的人才在充满文化享受的生活环境下的创造力。

1.2.3.3 利用对台区位优势，发展闽台联动式文化创意产业

基于福建的地域文化资源优势，我们在发展本土文化创意产业的同时，充分利用对台区位优势，切实推进海峡两岸的合作与联动。台湾文化创意产业起步较早，发展较成熟，具有创意人才雄厚、融资能力强、产业机制、体制及管理模式等能与发达地区对接等优势，因此，必须将福建与台湾的文化创意产业进行区域性合作，进一步整合资源，通过引进先进的文化创意理念和产业经营模式、利用闽台文化同缘优势等，实现区位功能互补，互利共赢。

1.2.3.4 提升文化创意产业的物流配送能力

为了提升福建物流运输能力和便利程度，2006年福建新华发行集团出版物物流配送中心建成并投入使用，成为福建省规模最大、自动化和信息化程度最高、在全国处于领先地位的出版物物流配送重要枢纽，为福建省的出版物连锁经营提供了强大的物流支撑。这一配送中心的建成，体现了福建省文化产业发展重大基础设施工程的落实和发展。出版物物流配送中心的建设，不仅对图书、音像出版物的发展具有直接的推动作用，而且还会对艺术品、工业设计、软件、卡通以及影视作品的销售产生巨大的促进作用。

1.2.3.5 整合文化创意产业资源，实现自主创新

伴随日新月异的时代变迁，文化创意产业朝着多元化的方向发展。一方面，创意人才的需求不断扩大，这要求创意人才在熟练掌握现有工艺的基础上，学习和引进先进的技艺，推陈出新，将福建本土文化发扬光大；另一方面，文化创意产业逐步成为国民经济的重要组成部分，福建省民俗文化资源丰富，要充分利用现有资源，与文化创意产业融为一体，促进资源的优化配置。以工艺美术业为例，福建工艺美术历史悠久、品种繁多、技艺精湛，积淀了丰富灿烂的优秀传统文化，我们要大力发展工艺美术业，发挥产品优势，有利于推动区域物流的发展。

1.3 文化产品供应链优化方案研究
——以武夷山岩茶为例

本书结合目前福建省文化产品经营现状，结合福建省武夷山岩茶供应链的特点，分析了其供应链存在的主要问题。我们在此基础上以武夷山岩茶供应链为例提出优化方案，减少各环节流通成本，使供应链各个环节要素同时取得最大利润，据此总结文化产品的供应链优化经验与方法，提高文化产品等相关行业的社会总效益。

1.3.1 问题的提出

随着我国供应链管理和信息技术的日益发展以及全球市场竞争的不断加剧，传统企业与企业之间的竞争逐渐转为供应链与供应链之间的竞争。自改革开放以来，福建经济、社会、文化各方面都得到了全面快速的发展，特别是文化产品行业得到了蓬勃发展。福建省文化产品行业发展形势良好，近年行业发展从无序和混乱的状况逐渐迈入规范化、现代化的轨道，并初步形成了文化产品供应链。目前，国际市场各个行业都在探索有效的供应链管理方式来提高整个供应链的效率和竞争力，因此优化福建省文化产品供应链迫在眉睫。

文化产品行业的竞争不再只依赖企业自身的实力，而是依赖整个供应链的实力。文化产品供应链是由许多环节与要素组成的，面对快速变化的市场需求，各个节点企业之间与外部环境之间相互作用所产生的复杂关系存在着许多不确

定性，此种不确定性在引起供应链管理困难的同时，也会大大增加供应链的成本，使得行业各节点企业利润无法达到理想水平。因此尽可能有效地应对各种不确定性，简化各个节点企业之间与外部环境之间相互作用所产生的复杂关系，使供应链中的全部企业同时获取最大利润是供应链生产组织决策的关键。

福建省文化产品行业发展迅速，其中茶叶生产与经营已成为文化产品行业重要分支，特别是中外闻名的武夷山岩茶，从生产、采购、加工、包装、运输、分销已经形成了完整的产品供应—运输—销售—服务供应链体系。本书以福建省武夷山岩茶为例，分析其供应链特征及存在的问题，并提出可供参考的优化方案，以提高供应链中的全部企业的利润水平①。

1.3.2　背景概述

1.3.2.1　供应链含义

供应链是指在生产和流通过程中，涉及将产品或服务提供给最终用户活动的上游与下游企业所形成的网链结构。供应链任何一个环节出现问题都会影响整个供应链的优化运作，而且各个环节之间的战略合作也在供应链中扮演重要的角色。

1.3.2.2　供应链优化研究现状

供应链一般定义为由生产设备、厂房等组成的网络，它有材料采购、产品制造及产品销售的功能。供应链优化的内容主要包括供应链结构设计、合作伙伴的选择、库存管理及生产计划与经营方式等方面。

供应链的结构设计涉及供应链工厂和仓库的数量、分布、能力的确定，运输渠道和方式的选择等。基本上可概括为车辆路径问题和选址—分配问题。车辆路径问题是供应链研究的一项重要内容，选取适当的车辆路径可以加快客户需求的相应速度，提高服务质量，提高客户对物流环节的满意度，降低服务商运作成本。这一问题最早是由 G. Dantzig 提出的。纵观国内外的文献，本书对这一问题的研究情况进行了总结，并指出目前国内对这一问题的研究仍处于起步阶段，此类问题具有所研究的问题类型难以确定、研究问题手段单一、研究者群体小等特点。目前该领域的趋势是将它与库存作为整体来考虑的，即库存—路径问题。选址—分配问题由 Cooper 在 1972 年首次提出，是物流网络设计的基

---

①　陈小霖，冯俊文. 农产品供应链风险管理［J］. 生产力研究，2007（05）：28-30.

本内容。通过中国期刊数据库检索，我们发现，1994—2010 年 17 年间，在正式期刊上，只有几篇该领域的文章，因此，对该领域的研究还有很大的空间①。

合作伙伴的选择对整条供应链的成败起着决定性的作用。目前，人们主要对供应链系统中合作伙伴的选择、企业集成模式、合作伙伴的契约关系、合作伙伴的绩效评价、委托代理关系的激励等问题进行了研究。对供应链合作伙伴选择进行研究的主要内容包括两个方面：决策依据和决策方法的选择。人们从评价指标和评价方法两个方面对这一领域的现状进行了总结，指出现有的评价体系不够具体，在实际应用中存在很大的困难，建议将专家的资信权重纳入评价方法中。企业之间所签订的契约不仅仅是一种承诺与保证，还应具有协调供应链、避免双边际化的效应，来提高整条供应链的竞争能力②。自 Pasternack 最早提出供应链契约理论之后，该方面的研究得到了迅速的发展。目前，较为常用的供应链契约有数量折扣契约、退货策略、数量柔性契约和收入共享契约。人们从这四个方面对现有的文献进行了总结，认为这一领域中的实证研究还太少。

库存管理在供应链管理中占有举足轻重的地位。据最近一次调查显示，约占整个供应链运营成本的 30%，也是诸多学者研究的热点。关于此问题最早的研究可以追溯到 19 世纪末期，银行现金预留问题。1953 年，T. W. Whitin 编著的《库存管理的理论》成为库存理论的学科标志。F. Harris 在 1915 年首先对商业库存问题建立了简单模型，并求得最优解。此问题一般分为确定性与随机性库存两类，目前关于这一领域不论是在模型还是在算法方面都得到了长足的发展。

由于供应链所涉及的问题很多，人们对其进行整体优化更是困难重重，还有很多问题值得我们进一步研究。随着各种技术方法在供应链中的应用，现有的供应链更加敏捷化，但是其脆弱性也在增加。在模型中考虑其所面临的风险，是一个非常重要的方向。目前大部分研究考虑的都是正向物流管理，极少有文献考虑逆向物流过程。因此，我们对供应链中逆向物流环节的考虑和研究还需要探索。更值得我们关注的是，随着网络的发展，电子商务日益渗透到人们的

---

① 陈长彬，盛鑫. 供应链金融中信用风险的评价体系构建研究 [J]. 福建师范大学学报（哲学社会科学版），2013（02）：22-28；李晓宇，张明玉. 农产品物流供应链风险生成机制及预警模式 [J]. 管理现代化，2009（04）：47-49.

② 彭建仿. 供应链环境下安全农产品供给的协同机理研究——基于龙头企业与农户共生的理论分析 [J]. 财贸经济，2011（03）：48-54.

生活中,极大地改变着物流、信息流、资金流的运作模式。电子商务与供应链的融合是未来发展的必然趋势①。

1.3.3 福建省文化产品供应链概况

1.3.3.1 研究区域概况

福建省位于中国东南沿海,陆域面积 12.4 万平方千米,现辖 1 个副省级城市和 8 个地级市。福建的地理特点是"依山傍海"。福建的海路可以到达南亚、西亚、东非,是历史上海上丝绸之路的起点,也是海上商贸集散地,福建沿海的文明是海洋文明,而内地客家地区是农业文明。除了武夷山、鼓浪屿、清源山、太姥山等自然风光外,还有土楼、安平桥等人文景观。福建省经济发展迅猛,初步核算,2011 年福建省实现地区生产总值 17410.21 亿元,比上年增长 12.2%。分产业看,第一产业增加值 1610.61 亿元,增长 4.2%;第二产业增加值 9167.54 亿元,增长 16.4%;第三产业增加值 6632.06 亿元,增长 8.6%。2021 年,全省地区生产总值 48810 亿元人民币,同比增长 8.0%。

1.3.3.2 福建省文化产品供应链现状

文化产业是我国目前重点发展的产业,福建省近年先后制定和出台一系列支持文化产业的举措。2019 年福建省举办海峡艺博会、版博会、文博会、茶博会、花博会等文化会展,为文化产品和企业走向国际市场搭建平台。

福建省作为我国东南沿海一个重要的对外开放窗口,拥有悠久的历史与深厚的文化底蕴,多种文化相互交融渗透形成了独具特色的闽南文化。近年,文化产品行业得到了良好的发展,初具规模,行业发展从无序和混乱的状况逐渐迈入规范化、现代化的轨道,并初步形成了文化产品供应链。但是,由于文化产品生产的规模化程度不高,生产者采购、加工、包装、运输技术不高,分销渠道产业化程度低,使得文化产品的生产、流通整体效益不高。分散的企业面对大市场大流通,会盲目生产、销售无路,市场机制对资源配置不能有效发挥

① 彭建仿.农产品质量安全路径创新:供应链协同——基于龙头企业与农户共生的分析 [J].经济体制改革,2011 (04):128-140;饶淑雯.福建省农产品供应链的问题及对策分析 [J].物流工程与管理,2012 (12):75-77;任迎伟.农产品供应链中小型生产组织契约化管理问题研究 [J].财经论丛(浙江财经学院学报),2005 (05):37-42;谭丹,朱玉林.基于协同理论的农产品绿色供应链实现模式 [J].经济问题,2011 (01):88-90.

作用，大量价值损耗在中间流通环节中。

1.3.3.3　武夷山岩茶供应链概况

1. 武夷山岩茶简介

武夷山生产的茶叶，以乌龙茶为主，年产量占 80% 以上，也有工夫红茶，占 10%，绿茶占 7%，其中最著名的便是武夷岩茶。

武夷岩茶为乌龙茶类，属半发酵的青茶。其绿叶红镶边，形态艳丽；深橙黄亮，汤色如玛瑙；岩韵醇厚，花香怡人；清鲜甘爽回味悠悠。它既有红茶的甘醇，又有绿茶的清香，是活、甘、清、香齐备的茶中珍品。武夷岩茶饮后齿颊留香，清朝美食大师袁枚说："尝尽天下之茶，以武夷山顶所生，冲开白色者为第一。"武夷岩茶品目繁多，据调查，仅山北慧苑岩便有名丛 800 多种，主要有大红袍、铁罗汉、水金龟、白鸡冠、四季春、万年青、肉桂、不知春、白牡丹等等，而最负盛名的当数大红袍。

2. 武夷山岩茶供应链现状

岩茶产品供应链是由新鲜茶叶生产、收购、加工、包装、仓储运输等环节组成的，是向消费者提供成品茶叶的一条功能结构网链。具体来看，岩茶产品供应链首先包括各类茶树种植者（即茶农），其次还包括负责茶叶收购与加工的企业以及代理经销单位。从消费者的角度看，岩茶的供应链后端既包括各类代理经销商，又包括茶叶零售商，同时还应当包括从事仓储及运输的各类物流企业。图 1.10 为岩茶产品供应链的简化模型。

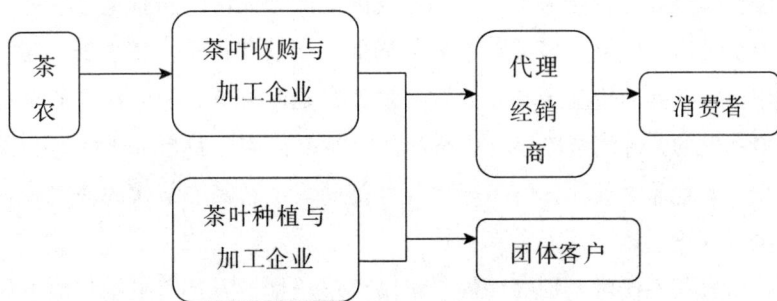

图 1.10　茶叶产品供应链简化模型

1.3.4　武夷山岩茶供应链特征

武夷山岩茶产品行业从生产、采购、加工、包装、运输和分销已经形成了完整的文化产品供应—运输—销售—服务供应链体系。目前，福建省武夷山岩茶产品供应链的特征主要表现如下。

1.3.4.1　产品生产周期长

茶叶的周期性特征明显，茶农从种植到茶叶出芽成熟采摘，要经历一个较长的生产周期，而所获取的市场信息往往会滞后，这造成生产与市场的脱节，到了茶叶采摘季节，市场需求发生变化，茶农已无法做出调整。此外，由于茶叶受到制作工艺的限制，茶叶加工企业的收购期较短，外加新鲜茶叶易氧化变质，有储存困难等特性，若新鲜茶叶不能及时被收购或收购价格较茶农预期偏低，茶农的利益很可能遭到损失，而无法及时弥补。

1.3.4.2　种植规模较小

大部分品种的武夷山岩茶对自然气候与土壤环境有较为严苛的要求，再加上武夷山岩茶品种繁多，因此武夷山岩茶的种植长期以来处于一种十分分散的状态，茶叶的种植呈现出规模小而分散的特点。另外，新鲜茶叶的供应主体主要由分散化、小规模种植的大量茶农组成。较小的生产规模导致收购效率低，不仅在较大程度上加大了茶叶收购的交易成本，而且竞争的市场结构也决定了茶农在茶叶收购过程中处于弱势地位，他们没自产品的定价权，因此大多茶农处于被动的境地。

1.3.4.3　消费主体量大，需求价格弹性较大

茶叶为世界三大饮料之一，随着饮茶保健观念不断深入人心以及茶文化的宣传推广，世界茶叶总需求有所增长。我国是产茶大国，同时也是茶叶消费大国，中国茶类市场已形成多类茶并进的局面。在茶文化热、名优茶兴起等多重因素作用下，茶叶的传统区域性消费习惯正在走向分解，取而代之的是更为现代的、多元化的茶叶消费趋势。从茶叶的衍生品来看，将形成茶饮料、茶功能性提取物、茶食品、茶叶日用品等枝叶并茂的局面，其中茶饮的消费量正在以每年10%的速度递增。

武夷山岩茶不仅对生长的气候、土壤要求严格，而且其采摘与加工的过程更是十分苛刻。质量上乘的品种一般价格昂贵，在成熟的市场条件下，需求价格弹性较大，替代产品较多。但是由于岩茶品种较多且历史悠久，岩茶的消费群体较多，主体量大。

1.3.4.4　生产地与消费地分割

茶文化在我国根深蒂固，喜爱饮茶者众多。改革开放以来随着市场经济的

发展，茶叶的商品化程度越来越高。武夷山岩茶作为地方特优产品，对产地的气候与土壤环境要求较高，因此生产地范围很小，局限于福建武夷一带，造成武夷山岩茶生产地与消费地的分割。

1.3.5 武夷山岩茶供应链存在的问题

1.3.5.1 生产分散、规模小

如上文所述，武夷山岩茶品种繁多，且它对种植的环境与采摘的技术要求严苛，因此不具备规模化生产的条件，由茶农分散种植、采摘，到了收获季节由茶叶加工企业自行收购加工。也有部分企业会拥有种植基地，即使拥有种植基地有时也需要收购其他茶农的茶叶以扩大生产来获得更多的利润。此外，茶叶的采摘期较短，新鲜茶叶的保鲜期也较短，不能在农户手中滞留过长的时间。因此在收购过程中，茶农不具有产品的定价权，在交易中处于劣势地位。

1.3.5.2 收购成本高

茶叶的种植分散且规模较小，这无疑加重了收购的难度，在收购过程中需要耗费较多的人力物力。从茶叶的特质角度来看，茶叶的保鲜期较短，小规模生产的茶农往往缺乏保鲜技术，因此收购期也相应较短，茶叶加工企业需要在短时间内完成密集的收购工作。此外，不同农户不同批次的茶叶质量参差不齐，农户与茶叶加工企业之间无法建立稳定长久的合作关系。这种收购产生的不确定性也增加了收购的成本①。

1.3.5.3 信息化建设滞后

农户上网用户比例低，茶叶行业的电子商务规模小。虽然福建省公共服务设施完善，网络覆盖率较高，但是从事与农业相关职业的网民所占比例较低，绝大部分是管理和技术人员，从事茶叶种植的农户也是如此，真正上网的茶农几乎可以忽略不计。与其他产业相比，农业电子商务规模小，通过网络购买农产品资料的农户不足0.12%，通过互联网出售农产品的农户不足0.15%。由于农户文化程度低，半数以上的人因为不懂计算机或网络而使得上网普及率极低。

在茶叶收购过程中，大部分农户采用传统交易方式，很少有农户采用电子

---

① 万艳春. 供应链资本对供应商响应影响的实证研究［J］. 河北经贸大学学报，2013（02）：79-83；汪普庆，周德翼，吕志轩. 农产品供应链的组织模式与食品安全［J］.农业经济问题，2009（03）：8-12.

商务交易技术。茶叶生产行业的信息网站缺乏专业性与实用性，真正指导茶农生产、适合茶农的信息较少，人们缺乏对茶叶市场需求的评价或预测。

1.3.5.4 链接松弛

武夷山岩茶供应链链接松弛，尤其在产、供、销利益分布上不均衡，管理较为松散。岩茶茶树种植规模小而分散，且品质有差异，使得加工企业收购成本增加。此外，这种分散种植模式使得供应链两级之间难以形成长期稳定的战略合作伙伴关系，不仅使得供应链的发展与管理难以维持稳定，还使中间商的再包装的流通成本难以降低。

1.3.5.5 岩茶出口供应链不稳定

岩茶加工企业与国外经销商合作关系不够紧密。岩茶产品出口供应链的形成，促进了标准化生产管理，扩大了岩茶产品出口规模。但是，从国内的岩茶供应商到国外市场的岩茶产品出口供应链，其中大多数的"链"是松散、分裂的，不具备长期性和稳定性（如图1.11），没有形成基于利益的稳定同盟关系。另外，目前生产岩茶的核心企业的作用还不够大，多为简单的生产组织以及产品的初级加工，缺乏生产、加工、经销一体化集中化的专门性企业。

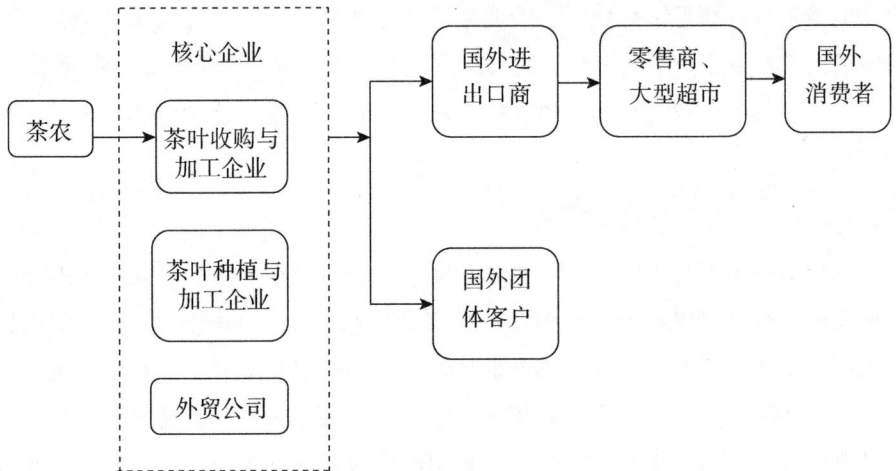

图1.11 岩茶产品出口供应链

1.3.6 武夷山岩茶供应链优化方案

1.3.6.1 提高茶叶的生产集中度，实施规模化生产

政府应鼓励茶农联合种植茶树，提高茶叶的生产集中度，实施集约化和规

模化生产经营，从而提高茶叶的生产效率，降低生产成本。农户的联合种植需要一个有效的激励机制和组织机构进行合理的引导，当地政府要重视茶叶的种植和销售，给予适当的帮助与扶持，成立相应的协会和组织鼓励茶农加入，并切实给茶农带来比分散种植更多的利益。

1.3.6.2　缩短茶叶产品供应链的长度

1.3.6.2.1　合理构建新鲜茶叶交易平台

政府在岩茶种植地区构建新鲜茶叶交易市场。茶叶交易市场是产品交易信息对接的平台，是供需对接的平台。减少茶叶收购成本，帮助产品迅速流通，以免茶叶变质使茶农遭受损失。

1.3.6.2.2　与食品加工企业合作

茶业加工企业加大与食品加工企业的合作，实行茶叶从种植地直接向工厂供应的措施，多储存深加工，调节上市空间、时间，达到增值的目的。特别是加强与饮料生产企业的合作，建立长期稳定的合作伙伴关系。

1.3.6.2.3　直接销售给团体客户，订单生产

政府可组织茶叶展销会等活动，帮助茶叶加工企业吸引团体客户，如连锁宾馆、星级酒店、茶馆等客户，鼓励茶叶加工企业与此类客户建立稳定长期的合作关系，进行订单式生产。

1.3.6.3　加强信息化建设

1.3.6.3.1　完善信息化支撑体系。

实施茶叶供应链管理，需要信息化支撑体系。首先，进行茶叶批发中心建设，更新物流设备、装备，搭建运输平台。其次，建立信息共享平台。信息来源于茶农、道路交通、仓储、物流运输、茶叶加工企业、政府管理的信息。人们要加强信息实时数据共享，并分析出能够降低供应链成本、提高反应能力的信息，掌握市场变化的动态，提高预测准确性，使整个茶叶供应链的价值最大化。

1.3.6.3.2　充分利用电子商务平台

人们要运用电子商务构建茶叶产品供应链，使产品供应量向动态的、柔性的、虚拟的全球网络化方向发展，提高供应链的持续争竞优势。就茶叶产品的供应链而言，农户进入信息化阶段还要一个过程，政府需要把各级要素纳入信息化管理的供应链中，以便相应地指导各级要素的生产。

1.3.6.3.3　加强微观节点的信息化建设

增加大型龙头企业上网率和著名茶种上网率，从而增加茶叶产品的网上交易额。充分利用省、市、县、乡的地方政府网站，建成连接市县、乡镇和茶叶产品加工企业、产业龙头企业和茶叶种植大户的信息网络，抓好茶叶产品信息处理与发布工作，搞好市场信息咨询服务，加快信息传递，让茶叶产品信息真正为茶叶产品供应链各级要素服务①。

1.3.6.4　加大政府支持力度以创造良好外部环境

1.3.6.4.1　充分发挥政府在培育茶叶产品集群中的作用

政府通过政策、项目、财税等手段，加大对基础设施、有技能劳动力群体和信息服务的投入，使本地企业建立学习和交流机制，形成根植于本地的农业集群形式，营造有利于产业集群形成发展的产业生态氛围②。

1.3.6.4.2　积极做好优化茶叶产品供应链发展规划和调控服务工作。

政府优化产品供应链，并做好各方面调控服务，特别是建设大型的交易市场、举办茶叶产品展销会需要依据当地条件给予充分的调研，依据形势合理规划，既要确保交易市场的规模和效益，又要尽量做好各个方面的工作不要造成在利益对抗中的资源损耗。同时对茶叶生产龙头企业和茶叶种植大户提供收费上的优惠减免和信贷上的倾斜支持的政策，并在土地、政策、财税上实施优惠支持措施，为推动产品供应链一体化进程营造良好的政策环境。另外，建立和完善茶叶产品物流市场运行监测制度，积极发挥信息引导和技术支持的服务功能。建立健全茶叶产品物流体系，为茶叶产品物流发展创造外部环境，促进茶叶产品物流健康快速发展。

1.3.6.4.3　加大对交通运输技术设施的投入力度

茶叶产品物流水平提高，需要良好的基础设施建设，公路等基础设施建设需要政府的财政投入。通过政府拨款、企业投资等方式，构建大型交通、大型物流网络，实现区域间、节点间、各种交通运输方式间的协调快速发展。此外，基础设施建设需要大量资金投入，政府可以加大国债向农业基础设施建设的投资力度，也可考虑采取优惠政策吸引外资和民营企业投资。

---

①　王殿华，翟璐怡. 全球化背景下食品供应链管理研究——美国全球供应链的运作及对中国的启示［J］. 苏州大学学报（哲学社会科学版），2013（02）：109-114.

②　徐良培，李淑华，陶建平. "农户+公司"型农产品供应链协同机制研究［J］. 生态经济，2010（03）：88-92.

1.3.6.5 提高政府行政管理能力、促进出口供应链组织建设

实践证明，在世界贸易组织的背景下，政府对特优产品的出口扶持是行之有效的，地方商会为岩茶产品与国际市场接轨提供了制度和组织平台，地方政府通过加强与国外经济合作组织的沟通和协调，也能帮助茶叶加工企业构建与国外进出口商和团体客户的合作平台。

必须有效解决商会、协会等合作组织被少数人控制、利益分配不合理等问题，使供应链各级之间形成稳定的战略合作关系。同时，积极扶持大型的集中化生产经营的核心企业，来提高供应链的运作效率。在供应链上，只有龙头企业才有实力进行全方位的整合，而且龙头企业出口能力强，带动作用明显。各地政府对具备潜力的核心企业，在融资、技术扶持、税收等方面提供优惠措施，促使其快速成长起来[①]。

1.3.7 结束语

福建省文化产品行业发展迅速，其中茶叶生产与经营已成为文化产品行业的重要分支。特别是中外闻名的武夷山岩茶，从生产、采购、加工、包装、运输、分销已经形成了完整的产品供应—运输—销售—服务供应链体系。本书以福建省武夷山岩茶为例，分析其供应链特征及存在的问题，并提出可供参考的优化方案，以提高供应链中的全部企业的利润水平。

在全球经济危机的大环境下，茶类文化产品的消费需求对市场生产、流通等环节和要素的变化日益敏感，由于自身产品生产周期较长、种植规模较小且分布分散、生产地与消费地分割等，岩茶产品在供应链上表现出了不同的特征，这也为该文化产品在供应链的分析与优化上提供了不同的方向。由此可见，不同文化产品在生产、流通与消费上具有不同的特性，所以针对不同的文化产品应当根据自身产品的特点以及在供应链上表现出来的不同特征，在供应链优化上抓住核心环节来采取不同的方法。我们通过分析武夷山岩茶的供应链各个环节，不难发现其存在不少问题，诸如生产分散、收购成本高、信息化滞后和出口供应链不稳定等问题。根据已有的文献研究和实践经验，本书通过总结，提

---

① 徐生菊，徐升华，张浩. 农产品供应链知识共享的动因分析——以耐储果蔬供应链为例 [J]. 科技管理研究，2013（06）：159-162；许金立，张明玉. 农产品供应链协同机制研究 [J]. 管理现代化，2011（02）：44-46；郑新立. 政府和市场的关系：经济体制改革的核心问题 [J]. 求是，2013（02）：1-5.

出了部分供应链优化方案及措施，诸如实施规模化生产，缩短产品供应链的长度和加大信息化建设的力度等。同时还针对文化产品供应链的发展需求，对政府相关职能部门提出了部分建议，希望通过加大政府的支持力度来创造良好的外部环境，而政府行政管理能力的提高对促进产品出口供应链的建设也是至关重要的。

文化产业是我国新兴的一种产业，无论对社会主义现代化进程还是国民经济的发展，都具有不容忽视的作用，文化产品的供应链优化对文化产业的长期发展也至关重要。本书通过对武夷山岩茶的供应链研究，希望据此对茶类产品，甚至对整个文化产业的产品供应链的优化都能提供建设性意见与对策，推动整个行业以及社会的发展。

第2章 闭环供应链管理及应用举例

2.1 随机需求下闭环供应链定价模型研究

本书构建了在随机需求下基于制造商、零售商和第三方物流商（3PL）组成具有产品再制造功能的闭环供应链定价模型。本书利用博弈理论分别对模型在集中决策与分散决策情况下进行了分析，并结合算例验证得到了结论：集合决策下销售价格低于分散决策，回收价格高于分散决策，销售量大于分散决策，而且前者的系统利润明显大于后者，系统决策下的各项指标均优于分散决策。

2.1.1 问题的提出

毋庸置疑，世界经济的发展已经对环境造成了沉重的负担，而人类要继续生存下去就必须改变当前的经济发展模式，不能只制造而没有有效的回收利用，这样会造成资源的极大浪费。在环保意识和可持续发展理念不断深入人心的情况下，各国越来越重视对废旧品的回收再利用，闭环供应链便应运而生了。闭环供应链在传统正向供应链的基础上增加了对废旧品回收再制造的逆向物流，目的是对各种原材料进行封闭处理，减少排放污染物和废物，同时以较低的成本为消费者服务。目前很多企业已经将闭环供应链纳入自己的发展战略中，有效地实施闭环供应链管理，不仅能为企业带来丰厚的利益收入，而且也降低了对环境的污染程度①。闭环供应链管理的目的是实现"经济与社会"的综合效益，该理念不仅有助于企业的可持续发展，还有助于整个世界经济环境的可持

---

① KUMAR S, MALEGEANT P. Strategic alliance in a closed-loop supply chain, a case of manufacturer and eco-non-profit organization [J]. Technovation, 2006, 26 (10)：1127-1135.

续发展，它的优势远远超过了传统供应链，已成为未来供应链发展的必然趋势。

闭环供应链为资源的有效利用、环境的可持续发展、企业的可持续发展开辟了一条新的道路，已有众多学者对闭环供应链进行了定性与定量的研究①。姚卫新和陆忠平分别对不同形式下的闭环供应链定价及其利润进行了建模分析，主要将回收率、回收成本及回收价格设为外生变量来研究，其实某些变量是供应链主体可以决策的变量。Savaskan 和姚卫新从回收率的角度，研究了三种回收渠道对闭环供应链中的成员定价及其利润的影响，得出了制造商的最优选择为零售商回收的结论②。文献假设每个零售商面对随机正态分布的客户需求构建了一个供应商和多个零售商组成的供应链系统，以供应商为核心的供应链库存管理，目标是通过直接降低供应商的库存成本来降低供应链的总成本。在不考虑交货时间的情况下，供应商在固定的时间间隔满足零售商的补货需要，并以价格折扣的方式补偿零售商的成本增加，由此得到较优的补货间隔，并给出求解方法。文献构建了在不确定需求下一个制造商与一个销售商组成的具有产品再造的闭环供应链定价模型，利用博弈论对两种定价策略进行了分析，研究得出集合决策对分散决策的结论。由于市场变幻的不确定性，将需求量设为随机需求已经是各类模型建立的必要前提条件，本书在此基础上，建立了包含制造商、零售商、第三方物流商（3PL）三者的闭环供应链定价模型，利用博弈理论在集合决策与分散决策下确定批发价格、销售价格及回收价格等，并结合算例分析了其中某些参数变化对模型各变量的影响。

2.1.2 模型假设

2.1.2.1 模型描述

本章涉及的模型如图 2.1 所示，制造商负责生产产品；第三方物流商负责

① 夏绪辉，刘飞，尹超，等. 供应链、逆向供应链管理与企业集成 [J]. 计算机集成制造系统—CIMS, 2003, 9（08）：652-656；储洪胜，宋士吉. 反向物流及再制造技术的研究现状和发展趋势 [J]. 计算机集成制造系统—CIMS, 2004, 10（01）：10-14；顾巧论，陈秋双. 再制造/制造系统集成物流网络及信息网络研究 [J]. 计算机集成制造系统—CIMS, 2004, 10（07）：721-726, 731；SHIH L H. Reverse logistics system planning for recycling electrical appliances and computers in Taiwan [J]. Resources, Conservation and Recycling, 2001, 32（01）：55-72；FLEISCHMANN M. Quantitative models for reverse logistics [D]. The Netherlands：Erasmus University Rotterdam, 2001.

② 姚卫新. 电子商务环境下闭环供应链的原子模型研究 [J]. 管理科学 2003, 16（01）：65-68；陆忠平. 闭环供应链的渠道选择 [J] 物流技术, 2002（11）：20-21.

运输商品，正向物流是将商品从制造商运向零售商，逆向物流则相反；零售商负责销售商品和向消费者回收废旧品。假设三者在市场中信息都是对称的，市场符合完全竞争要求。在该模型中，制造商根据市场同类行业商品的生产行情和制造成本决定产品的批发价格和对零售商的回收转移价格，第三方物流商根据所运输商品的特点和运输成本决定运输价格，零售商根据商品批发价格及销售情况决定销售价格。三者均满足理性假设，即以追求自身利润最大化为目标，本书将用博弈理论来分析三者分别在集中决策与分散决策下的相互作用与影响。

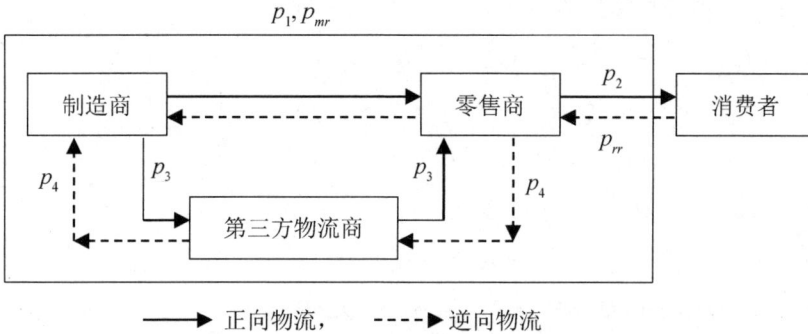

图2.1　模型结构示意图

2.1.2.2　基本假设

（1）制造商：c_m 为利用原材料生产新产品的单位成本，c_r 为利用回收品生产再造品的单位成本，p_1 为成品的批发价，p_{mr} 为销售商的回收转移价格，有 $c_m > c_r$，$p_{mr} + c_r < p_1$。

（2）第三方物流商：p_3、p_4 分别为正向物流向制造商与逆向物流向零售商索取的物流价格，c_1、c_2 分别为物流商自己参与系统所产生的正向与逆向物流成本，$p_3 > p_4$，$c_1 > c_2$。

（3）零售商：p_2 为产品的市场销售价格，p_{rr} 为消费者的回收转移价格，c_s 为销售产品的单位成本，r 为零售商对回收废旧产品的边际利润率，有 $p_1 < p_2$，$p_{rr} < p_{mr} < c_m - c_r$，且 $p_{rr} = (1 - r)p_{mr}$。

（4）市场需求函数是随机的，满足 $D = \alpha - \beta p + \varepsilon = d(p) + \varepsilon$，$\alpha > 0$，$\beta > 0$，$\varepsilon$ 为随机需求变量，其概率密度函数为 $f(x)$，分布函数为 $F(x)$。

（5）废旧产品的回收量满足 $G = bp_{rr}^k$，$b > 0$，$k > 1$，k 为价格弹性。

（6）Q 为制造商计划生产的新品与再造品的数量（零售商向制造商订购的

数量），$Q = \alpha - \beta p + z$，z 为库存因子[①]。

（7）假设对回收的废旧品不一定都能进行再制造，设再制造率为 λ，其余的经专业部门拆解处理报废，目的是对环境不产生有害影响，为了研究方便成本不予考虑。

（8）由于市场的不确定性，生产的数量与实际的需求不符，从而会产生一定量的库存剩余及缺货，由于库存剩余可能导致产品的降价处理，设其单位产品的剩余价值为 s，由缺货导致的单位成本损失为 h。π_m，π_r，π_l，π 分别为制造商、3PL 物流商、零售商和系统的利润函数。则表达式为

$$\pi_m = (p_1 - c_m - p_3)Q + \lambda(c_m - c_r)G - p_{mr}G$$

$$\pi_r = (p_2 - c_s)\min(Q, D) + (p_{mr} - p_{rr} - p_4)G - p_1 Q$$
$$+ [Q - \min(Q, D)]s - [D - \min(Q, D)]h$$

$$\pi_l = (p_3 - c_1)Q + (p_4 - c_2)G$$

$$\pi = (p_2 - c_s)\min(Q, D) + \lambda(c_m - c_r)G - (c_m + c_1)Q - (p_{rr} + c_2)G$$
$$+ [Q - \min(Q, D)]s - [D - \min(Q, D)]h \qquad 式（2-1）$$

2.1.3　模型求解

2.1.3.1　集合决策

首先考虑制造商、3PL 和零售商三者合作的模型。该模型表现为制造商根据自身利益最大化原则确定市场的销售价格 p_2 和对消费者的回收转移价格 p_{rr}，在此决策下，由市场需求的不确定性带来的商品供大于求引起的产品剩余风险和供不应求引起的缺货损失风险都由制造商独自承担。则集合决策下的利润函数如下所示：（用加上标 c 表示集合决策）

$$\pi^c = (p_2 - c_s)\min(Q, D) + \lambda(c_m - c_r)G - (c_m + c_1)Q - (p_{rr} + c_2)G$$
$$+ [Q - \min(Q, D)]s - [D - \min(Q, D)]h \qquad 式（2-2）$$

由模型假设中商品需求和订购函数的表达式可得：

$$\min(Q, D) = d(p) + \min(\varepsilon, z) \qquad 式（2-3）$$

于是集合决策的利润期望值为：

---

① 张慧颖，李巍．随机需求条件下供应链的补货及折扣策略研究［J］．工业工程，2006，9（05）：31-35．71；张克勇，周国华．不确定需求下闭环供应链定价模型研究［J］．管理学报，2009，6（01）：45-50．

$$E(\pi^c) = (p_2 - c_s)\left[\int_{-\infty}^{z}(\alpha - \beta p_2 + x)f(x)\,dx + \int_{z}^{+\infty}(\alpha - \beta p_2 + z)f(x)\,dx\right]$$

$$+ \lambda(c_m - c_r)bp_{rr}^{k} - (c_m + c_1)(\alpha - \beta p_2 + z) - (p_{rr} + c_2)bp_{rr}^{k}$$

$$+ s\int_{-\infty}^{z}(z - x)f(x)\,dx - h\int_{z}^{+\infty}(x - z)f(x)\,dx \qquad\qquad 式(2\text{-}4)$$

问题变为要求满足期望利润最大化（$\max E(\pi^c)$）的最优销售价格 $p_2{}^c$，最优回收价格 $p_{rr}{}^c$ 和最优库存因子 z^c，由式（2-2）式对三个变量的一阶导数为零时有下面三式成立：

$$\begin{cases} \alpha - (2p_2 - c_s - c_m - c_1)\beta + z(1 - F(z)) + \int_{-\infty}^{z}xf(x)\,dx = 0 \\[2mm] \dfrac{\lambda k(c_m - c_r) - kc_2}{1 + k} = p_{rr} \\[2mm] \dfrac{p_2 - c_s + h - c_m - c_1}{p_2 - c_s + h - s} = F(z) \end{cases}$$

$$式(2\text{-}5)$$

要使式（2-2）式有解则必须满足该式的海赛矩阵为负定，通过对 p_2、z、p_{rr} 求其二阶导数及交叉导数得到海赛矩阵如下式所示：

$$H = \begin{vmatrix} -2\beta & 1 - F(z) & 0 \\ 1 - F(z) & s - p_2 + c_s - h & 0 \\ 0 & 0 & -bp_{rr}^{k-1}(k+1) \end{vmatrix} \qquad 式(2\text{-}6)$$

由于 $-bp_{rr}^{k-1}(k+1) < 0$，所以只要满足 $2\beta(p_2 - c_s - s + h)f(z) - [1 - F(z)] > 0$，海赛矩阵为负定，式（2-2）就有解。

于是集合决策下的模型为：

$$\max E(\pi^c)$$

$$\begin{cases} \alpha - (2p_2 - c_s - c_m - c_1)\beta + z(1 - F(z)) + \int_{-\infty}^{z}xf(x)\,dx = 0 \\[2mm] \dfrac{\lambda k(c_m - c_r) - kc_2}{1 + k} = p_{rr} \\[2mm] \dfrac{p_2 - c_s + h - c_m - c_1}{p_2 - c_s + h - s} = F(z) \\[2mm] 2\beta(p_2 - c_s - s + h)f(z) - [1 - F(z)] > 0 \end{cases}$$

$$式(2\text{-}7)$$

求解式（2-7）可得到相应的最优决策变量：p_2^c、z^c、p_{rr}^c，从而得到商品的最优产量和集合决策下的最大化利润。

2.1.3.2 分散决策

该种情况满足 Stackelberg 模型理论，即假设制造商为领导者，零售商和第三方物流商（3PL）为追随者。制造商首先确定商品的批发价格和对零售商的回收转移价格；零售商以制造商的决策再来确定商品的销售价格及对消费者的回收转移价格，并且承担相应的产品过剩和缺货损失风险；第三方物流商（3PL）根据商品的特性和运输成本来确定正向物流与逆向物流的价格，三方均满足理性人假设，以自身的利益最大化为目标[①]。（以加上标 d 表示分散决策）

根据三者的利润函数和 Stackelberg 模型的基本思想得到如下模型：

$$\max \pi_m^d = (p_1 - c_m - c_3)Q + \lambda(c_m - c_r)G - p_{mr}G$$

$$s.t. \begin{cases} \pi_r^d = (p_2 - c_s)\min(Q, D) + (p_{mr} - p_{rr} - p_4)G - p_1Q \\ \quad + [Q - \min(Q, D)]s - [D - \min(Q, D)]h \\ \pi_l^d = (p_3 - c_1)Q + (p_4 - c_2)G \end{cases} \quad 式（2-8）$$

由逆向归纳法知[②]，首先求出零售商在利润最大化的前提下的决策变量对制造商决策变量的反应函数，制造商再根据零售商的反应函数以最大化利润为目的来确定自身的变量。

由于 $p_r r = (1 - r)p_{mr}$，以及对 Q, D, G 的假设，则零售商的利润函数 π_r^d 可化简为：

$$\pi_r^d = (p_2 - c_s)\Big[\int_{-\infty}^{z}(\alpha - \beta p_2 + x)f(x)dx + \int_{z}^{+\infty}(\alpha - \beta p_2 + z)f(x)dx\Big]$$

$$+ b(rp_{mr} - p_4)(1 - r)kp_{mr}^{\ k} - p_1(\alpha - \beta p_2 + z)$$

$$+ s\int_{-\infty}^{z}(z - x)f(x)dx - h\int_{z}^{+\infty}(x - z)f(x)dx \quad 式（2-9）$$

（2-9）式对变量 p_2, z, r 求一阶导数有下面三式成立：

---

① PETRUZZI N C, MAQBOOL D. Pricing and the newsvendor problem: A review with extensions [J]. Operations Research, 1999, 47 (02): 183–192; WANG Y Z, JIANG, SHEN Z Y. Channel performance under consignment contract with revenue sharing [J]. Management Science, 2004, 50 (01): 34–47.

② 张维迎. 博弈论与信息经济学 [M]. 上海：上海人民出版社，1996：1–32.

$$\begin{cases} \alpha - (2p_2 - c_s - p_1)\beta + z(1 - F(z)) + \int_{-\infty}^{z} xf(x)\,dx = 0 \\ \dfrac{p_1 - p_2 + c_s - h}{s - p_2 + c_s - h} = F(z) \\ \dfrac{kp_4 + p_{mr}}{(1 + k)p_{mr}} = r \end{cases} \qquad 式（2-10）$$

求解式（2-10）即可得到零售商对制造商的反应函数，

$$p_2^{\ d} = p_2(p_1, p_{mr}),\ z^d = z(p_1, p_{mr}),\ r^d = r(p_1, p_{mr})$$

那么问题转化为在式（2-10）的约束条件下来求满足制造商利润最大化的决策变量的最优值：p_1^d，p_{mr}^d。

$$\max \pi_m^d(p_1, p_{mr}, p_2, r, z)$$

$$\begin{cases} \alpha - (2p_2 - c_s - p_1)\beta + z(1 - F(z)) + \int_{-\infty}^{z} xf(x)\,dx = 0 \\ \dfrac{p_1 - p_2 + c_s - h}{s - p_2 + c_s - h} = F(z) \\ \dfrac{kp_4 + p_{mr}}{(1 + k)p_{mr}} = r \end{cases} \qquad 式（2-11）$$

求解式（2-11）即可得到变量的最优解，从而可求得闭环供应链三方的最大化利润。

2.1.3.3　模型分析

关于式（2-7）和式（2-11）的表达式为隐式表达式，而且是随机函数，不能直接求解，本书后面将用 LINGO8.0 软件来求解和进行算例分析。通过观察以上模型[①]，有以下结论成立：

结论 1　集合决策下的回收转移价格 p_{rr} 是回收产品单位收益（$c_m - c_r$）的增函数。

证明：由集合决策下的一阶导数式（2-5）中 $\dfrac{\lambda k(c_m - c_r) - kc_2}{1 + k} = p_{rr}$ 成立，很明显，随着对回收产品单位收益的增加，其回收价格是递增的。

结论 2　分散决策下制造商的回收转移价格 p_{mr}，同样是回收产品单位收益（$c_m - c_r$）的增函数。

---

① 张维迎 . 博弈论与信息经济学［M］. 上海：上海人民出版社，1996：1-32.

证明：式（2-8）中的 π_m^d 表达式对 p_{mr} 求一阶导数 $p_{mr} = \lambda k(c_m - c_r)/(1 + k)$，可知 p_{mr} 随着单位回收收益的增加而增加。

2.1.4 算例分析

参数满足：

$\alpha = 80$，$\beta = 2$，$c_m = 12$，$c_r = 3$，$s = 5$，$h = 5$，$k = 2$，$\lambda = 0.8$，$c_1 = 2$，$c_2 = 1$，$c_s = 1$，$b = 0.5$，ε 服从均匀分布 $U(0, 2)$，通过对式（2-7）和式（2-11）进行化简并利用 LINGO 软件进行求解得到集合决策：

$p_{rr}^c = 4.133333$，$p_2^c = 27.72164$，$z^c = 1.326389$，$Q^c = 25.88311$，$\pi^c = 336.8086$

分散决策：

$p_{rr}^d = 1.866667$，$p_2^d = 34.65265$，$z^d = 0.630737$，$Q^d = 11.32544$，$\pi^d = 202.2803$

表 2.1 为当利用原材料生产时的制造成本和当利用回收品生产时的成本分别在其他参数不变的情况下，参数变化对模型其他变量的影响。

表 2.1　参数对模型其他变量的影响

C_m	p_{rr}^c	p_{rr}^d	$E\pi^c$	$E\pi_m^d$	$E\pi_r^d$	$E\pi_l^d$	$E\pi^d$	利益变化率
11	3.6	1.511111	357.2282	139.0483	65.06799	12.98356	217.0999	0.645456
12	4.133333	1.866667	336.8086	129.2103	60.00232	13.06766	202.2803	0.665059
13	4.666667	2.222222	319.2044	120.5459	55.5529	13.2787	189.3775	0.685546
3	4.133333	1.866667	336.8086	129.2103	60.00232	13.06766	202.2803	0.665059
4	3.6	1.511111	330.8186	127.4647	59.23889	12.46717	199.1708	0.66098
5	3.066667	1.155555	326.3647	126.2753	58.762	11.99309	197.0304	0.656418

结论 3　当各参数固定不变时，集合决策的效率高于分散决策的效率。

通过比较两个决策下的变量，发现集合决策下的销售价格低于分散决策下的销售价格，集合决策下的回收价格高于分散决策下的回收价格，集合决策下的产品产量高于分散决策的产品产量，集合决策下的总利润高于分散决策下的总利润。回收价格高有利于回收更多的废旧品，从而减少废旧品对环境的污染，消费者也能从中得到好处。同时总利润也得到了提高，可见闭环供应链模式下只要各节点企业能够互相共享信息，通力合作，就能达到共赢的局面。

结论4　随着参数 c_m 的增加，集合决策与分散决策下的回收价格有所增加，总利润有所减少。

参数 c_m 的增加带来了回收产品单位收益（$c_m - c_r$）的增加，企业认为回收更多的废旧品会有利可图，于是便会提高回收价格加大对废旧品回收的力度。但 c_m 的增加也带来了销售价格的提高，于是需求减少，产量过剩，企业的利润减少。虽然 c_m 的增加会给企业带来短期的因为回收废旧品而产生的利润增加，但最后还是会导致企业整体的期望利润减少，这对企业而言不是一个正确的举措。所以在现实中，供应链上的各成员应该共同努力减少产品的制造成本，从而使整体利润增加。

结论5　随着参数 c_r 的增加，集合决策与分散决策下的回收价格有所减少，总利润有所减少。

同结论4，参数 c_r 的增加带来了回收产品单位收益（$c_m - c_r$）的减少，那么企业就没动力回收废旧品，便会降低回收价格，从而使企业利润及整体利润减少。从长远来看，供应链上的各成员应该协助企业减少对废旧品的再利用成本，通过引进新技术，新方法合理有效快速实现对废旧品的回收再利用。

2.1.5　结束语

本节研究了在随机需求条件下，由制造商、零售商和第三方物流商组成的具有产品再制造功能的闭环供应链定价模型。我们利用博弈论分析了模型在集合决策下的系统效率高于分散决策模型的效率，还利用数值分析证明了参数变化对模型的影响。现在的企业发展问题已经不是单个企业的问题，而是与之相关的上下游企业共同面临的问题。闭环供应链强调各企业之间的竭力合作和实时资源与信息及时、有效、完全的分享机制，只有这样，才能实现链上各成员组织的长足发展。完善废旧品回收机制与政策优惠不仅对企业有激励作用，还实现了对环境的保护作用。

2.2　我国废旧电子产品运营模式及回收实证分析

本书从闭环供应链的回收原理出发，探讨建立废旧产品的运营模型，采用博弈理论分别在集中决策与废旧产品分散决策情况下进行了分析：论述了我国家电市场的现状和存在的问题，结合 9 个试点省市和其他的 19 个省市的数据，进行了累积数据处理，并对数据中的销售价格、回收价格分别对销售量、回收量的影响关系实证分析。本书证明"以旧换新"政策的实施大大加强了人们对家电产品的消费力度，不仅给制造商和零售商带来了利润，而且消费者也从中得到了实惠，我们要有效科学地对废旧产品进行再处理和再利用，以减少其对环境的影响。

闭环供应链不仅对环境有保护作用和对资源可以进行有效利用，还能够实现企业的可持续发展，所以已经有很多文献对闭环供应链进行了相应的定性与定量研究。Karl Inderfurth 以及 Ruud H. Teunter 指出，闭环供应链的一个显著特点就是回收产品，恢复和再制造，该回收品有可能来自消费者，也可能来自供应链上的诸环节，比如存在生产缺陷的产品，或者在分销渠道中有损毁的产品等。Bloemhof-Ruwaard 认为闭环供应链中的逆向物流过程包含了 3 种活动：①废弃品从最终消费者返回制造商的物理活动；②制造商将废弃品转化成可用品的活动；③对废弃品再利用而进行的产品设计活动。我们从中可以发现前两种活动是实现废弃品循环再利用的基本活动，后一种活动的进行是为了确保废弃品再利用的成本的降低和效率的提高。上述活动具体包含的物流活动有：① 回收废旧品；② 测试、分类废旧品；③ 再处理废旧品；④ 填埋或焚烧废旧品；⑤再配送，废旧品经过各个处理过程之后将可以继续在市场上流通，即将产品配送到相应的需求市场。Krikke 指出实施闭环供应链的目标是通过废弃品的循环利用再生产，来减少废物的排放量，从而减少对环境的影响，同时能够以较低的成本为顾客提供服务。Geyer 和 Jackson 也指出经济目标和环境目标是闭环供应链的两大目标。Roland Clift 和 Lucy Wright 利用手机产业的大量数据，得出供应链每一阶段的价值增殖与对环境的影响是不成比例的结论。该书中总结出随着供应链的延伸，各阶段对环境的影响与价值增值的比值是越来越小的，这说明如果能够实施逆向物流来延伸供应链，从而实现商品的再利用和再循环，那么这将对资源节约型和环境友好型社会的发展有很好的促进作用。目前，众多国家已经将生产者的责任延伸到所生产产品的整个生命周期中，那么就可以通过对产品整个生命周期的管理来实现对环境的保护。

2.2.1　我国回收废旧电子产品的模式分析

《废弃电器电子产品回收处理管理条例》在 2008 年 8 月 20 日国务院第 23

次常务会议上通过，自 2011 年 1 月 1 日起施行。因此，我们探讨实施闭环供应链管理的目的就是为了能够节约资源、减少资源浪费以及提高资源的循环再利用效率，实现"资源—生产—消费—再生资源"的闭环循环过程从而达到对环境的保护效果。本书介绍的对废旧电子产品的逆向回收过程就是对闭环供应链管理的一个具体运用案例，结合以上对日本废旧电子产品的回收分析和我国的现状，总结出适合我国的废旧电子产品回收模式。

2.2.1.1　供应链上各成员的专业分工研究

（1）制造商。制造商是整个供应链上的关键，没有它的存在，那就不会有产品的生产、配送、销售、消费、废弃，就没有其他成员存在的可能性，更没有研究闭环供应链的必要性。我们主要从以下角度考虑制造商的分工角色：

①生产者责任延伸制（Extended Producer Responsibility，EPR），它的含义是指产品的生产者以回收产品使用后的废物为目标而承担的各种形式的法律义务[1]。1975 年，瑞典政府最早提出此概念，1988 年，此概念首次出现在瑞典环境经济学者托马斯的一份给瑞典环境署的报告中，而我国台湾地区是最早通过立法确立这项制度的地区，到目前为止全世界已有 28 个国家和地区在不同的生产领域运用了生产者责任制。制造商实施生产者责任延伸制度，是指生产产品的制造商必须承担该产品的全部或部分回收处理成本，必须规定废旧品的回收比例，必须限制某些有毒害化学物质的使用，必须提供有关该产品对环境影响方面的信息，等等。实质上，生产者责任制是一种环境保护制度，它的目的是通过制造商使用各种无毒或低毒、无害或少害、使用时间长、方便以后回收拆解的原材料来设计生产产品，以达到资源节约和可持续发展。

②倡导清洁生产、绿色生产。清洁生产（Clearer Production）就是通过对生产过程和产品采取整体预防的环境策略来达到减少对环境和人类危害的目的，它是一种创造性的概念，通过它的实施我们不仅可以满足自身发展的需要，还合理地保护和利用了自然资源，是一种高效的生产方法和保护环境的途径。绿色生产（Green Production）是对清洁生产的深化定义，强调清洁生产的生产方法，它更多的是一种具有环保特性的产品生产方式，现在的消费者偏向消费环保产品，一方面它能够减少原材料的浪费，节约资源；另一方面它对人体和环境的危害比较小。

---

① SHIH L H. Reverse logistics system planning for recycling electrical appliances and computers in Taiwan [J]. Resources, Conservation and Recycling, 2001, 32 (01)：55-72.

③专业的回收处理技术和设备。本书认为制造商可以进行回收，但主要还是将注意力集中在产品的回收处理阶段，因为企业对生产产品的流程设计和原材料的功能特性比较熟悉，对回收来的废旧品进行处理会比较得心应手，将回收处理成本内部化，有利于对成本进行管理。企业将可再次利用的零部件加入生产的再制造环节中，将不可再制造但经过简单处理的零部件，可将其运回到原材料供应商那里，使其对零部件进行相应的处理再进行加工制造。企业除了在产品的设计生产阶段考虑产品的回收因素外，还在处理的技术以及设备上继续创新，运用国外先进的回收经验及设备开发适合自己企业的回收处理模式。制造商也可以和同类型的企业进行合作，建立大型的同类型产品的回收处理厂，对同企业的优势资源进行整合，最大限度发挥企业的回收处理能力。

（2）零售商。它是供应链当中连接上游产品供给者（制造商）和下游产品消费者（用户）的关键环节，它既充当正向供应链中销售产品的角色，又是逆向供应链中回收废旧产品的回收者。它的特点是销售网络分布范围广、配送服务体系完善，可为消费者提供方便快捷的各种销售服务，也由于它能够及时掌握所销售产品的功能特点、生产时间、销售时间、使用寿命、消费者分布等信息，所以零售商可以利用这些特点，实现对废旧电子产品的回收工作。另外，零售商的"以旧换新"也刺激消费者返回更多的废旧电子产品。

（3）第三方回收者。这包括专门的回收处理企业和众多的个体回收者。个体回收者为了一己私利，只对废旧产品提取其中的贵金属，其他被当作垃圾填埋、焚烧，产生的废气废水直接倾倒。专业回收处理企业虽然比个体回收者在处理废旧产品方面稍微先进些，但还是不能进行专业化处理，在资源再利用方面还有欠缺。另外，个体回收者回收了大量的废旧品，从而也减少了进入专业回收处理企业的废旧品的数量。本书认为在废旧品回收方面应该坚持渠道多样化，可以将众多的流动个体回收者进行整合，使他们成为正规军，对他们进行统一管理，将回收来的废旧品交于零售商，由零售商交于制造商或直接交于制造商。第三方回收方可独立运行，也可附属于制造企业，由制造企业来管理，这样方便对废旧品的回收处理和再次销售。

（4）第三方物流商。有将物流比作第三利润源泉的说法，这就是众多的企业将物流外包的原因。在实施闭环供应链管理时，我们更应该发挥第三方物流企业的优势：丰富的物流经验、完善的运输网络、高效的运输效率、专业的运输设施，一方面将正向物流中的产品运送到零售商，另一方面将零售商回收的废旧品运送到回收处理企业进行检测、分解、处理等，有利于提高整个供应链的运作效率。

（5）消费者。他们是闭环供应链上逆向回收的关键角色，他们愿意返回废旧品就返回，不愿意返回就丢弃，他们的行为直接影响着闭环供应链实施的效果。所以人人都应该从我做起，从身边的小事做起，树立环保意识，培养循环消费的观念①，转变不合理的消费观念，尽量购买环保产品，对使用过的产品首先进行垃圾分类，再交由专门的回收处理部门进行处理。与此同时，消费者除了积极参与废旧品回收外，还应该发挥自身的监督能力，对那些产品生产过程浪费资源、生产质量不合格、不符合国家标准且对环境造成严重污染的企业，有权向政府或社会揭露。全社会都应该参与构建资源节约型、环境友好型社会的活动。

2.2.1.2 闭环供应链信息平台的构建

要使得闭环供应链系统各环节能够有效实施和运行，构建一个基于闭环供应链成员的信息平台系统是关键②。必须基于互联网，将各个成员的信息系统连接起来，再利用数据交换接口（EDI）、地理信息系统接口（GIS）、卫星定位系统数据接口（GPS）、条频器数据接口等技术将各系统数据融合，构建一个通畅的信息渠道，实现对信息准确、及时、完全的共享。信息系统模式如下图2.2所示。

2.1.2.3 政府在闭环供应链管理中的作用

供应链上的各成员是实施供应链管理的主体部分，那么政府就处在领导层面对整个供应链管理起到导向作用。政府可从以下几个方面对闭环供应链实施管理：

2.1.2.3.1 制定并完善相关废旧品回收的法律法规。

2006年2月28日，我国第一部专门关于废弃电子产品的立法《电子信息产品污染控制管理办法》公开发布，于2007年3月1日开始实施。《电器电子产品有害物质限制使用管理办法》经工业和信息化部部务会议审议通过，并经发

---

① FLEISCHMANN M. Quantitative models for reverse logistics [D]. The Netherlands：Erasmus University Rotterdam，2001.

② INDERFURTH K，TEUNTER R H. Production planning and control of closed-loop supply chains [R]. London：Econometric Institute Research Papers，2001：39-40.

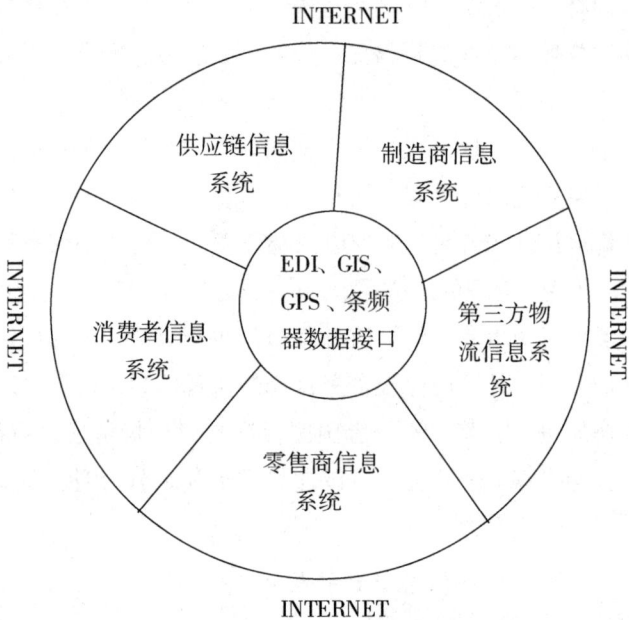

图 2.2　信息系统模式图

展改革委、科技部、财政部、环境保护部、商务部、海关总署、质检总局同意，自 2016 年 7 月 1 日起施行。2006 年 2 月 28 日公布的《电子信息产品污染控制管理办法》同时废止。它的主要目的是限制电子产品中有毒害物质〔铅、汞、镉、六价铬、多溴联苯（PBB）、多溴二苯醚（PBDE）〕的使用，在产品的生产设计环节中减少这些物质的使用，以减少其对环境的污染和对人体的伤害。

2006 年 4 月 27 日颁布并且实施的《废弃家用电器与电子产品污染防治技术政策》，其宗旨是实现电子废弃物的三化：减量化、资源化、无害化。减量化指的是减少废弃电子产品的排放量，资源化指的是实现对废弃电子产品的资源再利用，无害化指的是在回收处理环节要减少废弃电子产品对环境的污染。它遵循"污染者负责"的原则，由供应链上的各成员依法分担在废气电子产品的回收处理过程中的责任。

2008 年 8 月 29 日通过并于 2009 年 1 月 1 日起实施的《中华人民共和国循环经济促进法》，该法强调循环经济和可持续发展的理念，通过提高资源利用效率达到保护和改善环境的目的。

2009 年 2 月 25 日，《废弃电器电子产品回收处理管理条例》正式颁布并且将于 2011 年 1 月 1 日起实施。该条例只针对废弃电子产品的回收处理阶段，通过拆解过程提取可再次重复利用的原材料，通过改变它们的物理或化学特性从而达到减少废弃物的排放量和消除其有害物质的目的，它不包括对废旧电子产品进行维修和翻新等活动。

国家制定的法律还包括《固体废弃物污染防治法》《清洁生产促进法》《产品质量法》等等，这些法律法规旨在为电子产品的回收处理提供一定的法律依据，但还是缺乏一些操作性强、有针对性、具体的法律法规，我们应该加强此方面的工作，因为法律是实行各项工作的基础和保障，具有一定的强制性和规范性。

2.2.1.3.2　实行税收鼓励政策，推动闭环供应链发展。

目前，我国的一些制造企业实力不是很雄厚，资源匮乏，技术设备不先进，没有余力来对逆向供应链进行管理，更不用说将正向供应链过程与逆向供应链过程相结合。所以政府就可以提供一些优惠政策，比如一些补贴或税收政策，对实施逆向物流管理的企业给予一定资金或税收优惠政策，鼓励企业进行有关废弃物的逆向物流活动。而对一些在生产过程中严重浪费资源、对环境造成污染的企业，征收庇古税来惩戒企业，刺激企业进行生产技术革新和产业升级。

2.2.1.3.3　调整产业结构升级，优先发展再生资源产业。

我国是世界上人均自然资源占有量很低的一个国家，而且对资源的回收利用率也很低，有资料显示，发达国家对废旧钢铁、铜和橡胶的利用率达到了90%，而我国在这三项中的利用率分别为45%、30%、40%，资源占有量本来就低，如果资源再利用率上不去，那么就必然会造成生产产品的原料严重短缺，进而限制经济的发展，可见，我国很有必要调整产业结构升级，优先发展再生资源产业，提高资源的利用率。政府应该加强政策的引导性，适时调整产业政策，合理规划产业布局，重视与国外发达国家的合作交流，积极引进国外先进的技术和管理经验，不断培育和发展再生资源产业。

2.2.1.3.4　政府应加大宣传力度，培养全体公民的环保意识。

大家都知道"白色污染"，指的是一次性的很难进行自然降解的塑料包装物，它不仅质量轻巧、方便耐用，而且生产技术相当成熟，制造成本也比较低，但它也有缺点：①它破坏了整个环境的美感，经常能在居民小区、铁路、草坪、旅游区等地点看到许多被人们丢弃的塑料袋，它使人们感到厌恶，给人们造成了一种视觉污染；②它如果被掩埋到土壤中，很难被微生物分解，还会破坏土壤的肥沃程度，减少农作物对营养成分的吸收，从而造成农作物的减产；③如果它被垃圾场焚烧，又会对大气造成污染。所以，我们应坚决抵制使用塑料袋，采用它的替代品或者可降解塑料，关键是一种环保意识的培养，你不丢弃我不丢弃，那么环境就得到了保护，人人都丢弃就算有法律法规的限制那也是无济于事。

政府应该发挥其主导作用，向公众大力宣传环保知识，培养公民的环保意识。比如可通过向居民发放宣传小册子，在公共场合标注环保标志牌，利用地铁、公交、火车等交通工具在人多的地方张贴环保小知识，也可将环保引入学校课堂当中等，实现对资源的节约、环境的保护。

2.2.2 我国废弃电子产品市场发展状况和回收模式设计

随着我国居民收入水平的提高，人们对电子产品的消费需求也随之大幅提升，电子产品有着更新换代快的特点。废弃电器电子产品中有许多有用的资源，如铜、铝、铁及各种稀贵金属、玻璃和塑料等，它们具有很高的回收价值。通过再生途径获得资源的成本远低于直接从矿石、原材料等冶炼加工获取资源的成本。加强废弃电器电子产品的回收利用，对发展循环经济、克服资源短缺对中国经济发展的制约，具有重要现实意义。我国作为电器电子产品生产和消费大国，规范废弃电器电子产品回收处理活动，有利于防止和减少环境污染，有利于促进资源综合利用，发展循环经济，创建节约型社会。

2.2.2.1 我国废弃电子产品市场发展状况

目前我国废旧电器电子产品的主要流向：一是从消费终端回收或者通过生产厂家、销售商"以旧换新"等方式回收后，流入旧货市场，销售给低端消费者；二是拆解、处理，提取贵金属等原材料；三是最终消费者直接丢弃。目前的环境污染问题主要集中在第二、第三流向中，即一些地方存在众多的拆解处理废弃电器电子产品的个体手工作坊。他们为追求短期效益，采用露天焚烧、强酸浸泡等原始落后方式提取贵金属，随意排放废气、废液、废渣，对大气、土壤和水体造成了严重污染，危害了居民健康。尽管政府部门对电子废弃物引发的环境和健康问题给予了高度重视，但仍存在由于部门之间协调不匹配，导致的监管真空现象。因此，我们有必要对电子废弃物处理进行法制化管理，有利于可持续发展。

现在废弃电子市场折射出两大问题：第一，电子垃圾回收渠道不规范，处理水平低导致了环境污染和资源浪费；第二，电子垃圾回收背后存在一种新经济形态，一旦能够解决该问题，那么彻底解决电子垃圾污染问题不再是梦想。因此，我们需要建立规范的回收体系。整体来看，国内使用过的电子电器的回收以小商贩为主，但是这些小商贩在简单翻新电子产品的过程中，很难符合环保的要求。政府部门尽管颁布了《废弃电器电子产品回收处理管理条例》，但仅仅依靠政府和制造商的努力还远远不够，还需要全民环保意识的提高。

2.2.2.2　富士施乐在中国的产品回收体系

再生资源循环工厂的产品回收是通过整合资源循环系统来实施的，该系统在2008年1月上线，是国内首个针对废旧电子产品和硒鼓进行资源再利用的体系，让使用过的电子产品通过再生处理，转化为原材料进行再利用。富士施乐把从客户手里回收来的使用过的产品拆分为70类零部件，如铁、铝、玻璃、透镜等，或者被再利用，或者再生加工成原材料，这些原材料交给合作伙伴，生产出各种不同的产品，在这种过程中，没有丢弃、没有填埋、没有污染①（如图2.3）。

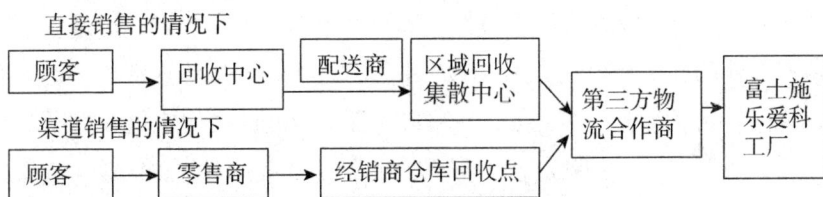

图2.3　富士施乐的产品回收体系

在这一过程中，再生资源循环工厂通过一套物流信息管理系统，对整个拆解、分类流程进行数据记录和监控。回收来的产品被拆解分类成零部件后将被反复称重，让废弃设备的原始材料与最后被分解的零部件重量保持100%的一致，以确保"零废弃"。

位于苏州工业园区的再生资源循环工厂全称为富士施乐爱科制造有限公司，其年分解处理1.5万台设备及50万个硒鼓。其中，办公设备的循环利用率将达

---

① BLOEMHO - RUWAARD J M, BEEK P V, HORDIJK L. Interactions between operations research and environmental management ［J］. European Journal of Operational research, 1995, 8（85）: 229-243; GEYER R, JACKSON T. Supply loops and their constraints: The industrial ecology of recycling and reuse ［J］. California Management Review, 2004, 46（02）: 55-73; CLIFT R, WRIGHT L. Relationships between environmental impacts and added value a long the supply Chain ［J］. Technological forecasting and social change, 2000, 6（07）: 281-195; WANG Y Z, JIANG, SHEN Z Y. Channel performance under consignment contract with revenue sharing ［J］. Management Science, 2004, 50（01）: 34-47.

到 96%，硒鼓的循环利用率将达到 99.9%。富士施乐的整合资源循环系统不仅能将新能源的使用降到最低，还能彻底解决电子垃圾的污染问题，最终实现"零填埋""零污染"和"无非法丢弃"的目标①。

目前，富士施乐爱科工厂尚未通过整合资源系统获得盈利，这也是国内电子企业消极对待电子回收的原因。从世界普遍做法来看，电子产品制造厂商"生产—回收"的责任也非常明确。对于企业来说，电子产品循环再利用的障碍是盈利和成本问题。除了关于经济成本的考虑外，国内企业缺乏自建资源循环工厂动力的另一个原因在于，电子产品的回收难度。因此，政府需要建立闭环供应链，来激励各个参与主体，以实现社会成本最小化。

2.2.2.3 回收模式的设计

对于大型电子产品制造商来说，其可通过自身完善的渠道和平台，实现废弃电子产品的回收，而大部分小型制造商却没有这样的资源和资金，来回收废弃电子产品。因此，政府部门应当将政策倾斜于第三方回收者，通过税收减免和专项资金补助，扶持第三方回收者。中国、日本、韩国等亚洲地区，人们把那些富含锂、钛、黄金、铟、银、钴和钯等稀贵金属的废旧家电及电子产品称为"城市矿山"。第三方回收者对废弃电子产品再回收的过程如图 2.4 所示。

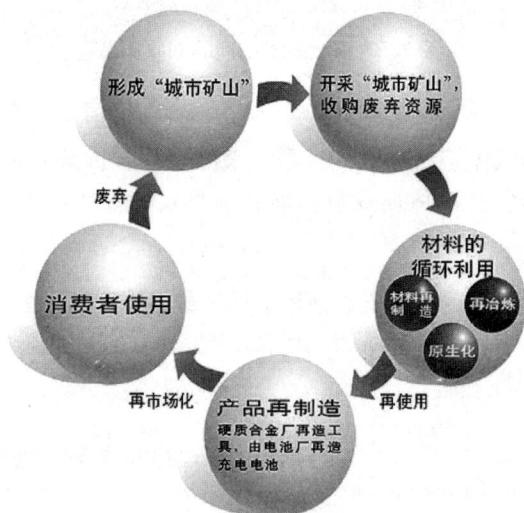

图 2.4 第三方回收者（格林美）废弃电子产品回收流程图

---

① 刘冰，梅光军. 电子废弃物管理中生产者责任延伸制度探讨［J］. 中国人口·资源与环境，2006（02）：120-123.

当前中国家庭的家电保有量 16 亿台以上，伴随着生活水平的提高，每年都会涌现出数量众多的旧家电。2017 年，国家发改委的数据显示，我国正处于家用电器报废的高峰期，每年理论报废的家电量达到 1 亿到 1.2 亿台，并且还以平均每年 20% 的数量持续增长。家用电器正迎来报废高峰期，与之相比，处理能力却跟不上需求，旧家电回收却遭遇难题。

中国家用电器研究院数据显示，2017 年我国 109 家处理企业处理废弃电器电子产品与 2016 年基本持平，规模约 7900 多万台。由此可以推算，仅在 2017 年，就可能存在至少 2000 万台未经正规企业处置的报废家电。而在这些数字背后，除了资源浪费之外，还存在危害人体和环境的风险。①

2.2.3　我国电子产品实证分析——以家电产品为例

电子产品行业是一个快速发展的行业，产品更新升级快，报废的电子产品也就越来越多，我国电子产品以每年 3%-5% 的速度增长，这个速度是城市固体废物增长速度的 3 倍。电子产品在丰富和方便了人类生活的同时，也带来了大量的废弃电子垃圾，一方面它们含有有害的化学物质对环境造成了污染，另一方面它们又含有大量的可以再利用的各种贵金属，具有较高的经济价值和利用价值。本节将以家电市场为例来进行探索研究，为以后的研究提供了基础②。

本节以国家的"以旧换新"政策为引线，探讨其对回收的影响。前面已经讲到"以旧换新"政策开始于 2009 年 6 月，涉及的家电产品主要是电视机、冰箱、洗衣机、空调、电脑 5 大类，首先在上海、北京、天津、浙江、江苏、广东、山东、长沙、福州等 9 个省市进行试点，至 2010 年 6 月，逐渐推广到全国19 个省市。"以旧换新"政策针对的是城乡居民，政府对这项政策也是加大了投入力度，财政补贴以旧换新的消费者，中央财政补贴占补贴额的 80%，地方财政占 20%，消费者在以旧换新中除了能将旧家电交于回收方获得回收价格之外，还可以在购买新家电时获得购买价格 10% 的价格补贴，消费者得到了实惠，这就大大刺激了消费者的购买欲，政策带动作用相当明显。下表 2.2 是从商务部网站上得到的自从实施"以旧换新"政策以来 9 个试点省市的家电销售、回

---

① 家电年报废量过亿 回收难题亟待破解 [EB/OL]. 洁普智能环保网，2018-06-04.
② 封国江. 我国循环经济的发展与对策研究 [D]. 石家庄：河北师范大学，2006.

收情况①。

表2.2　9个试点省市的家电销售、回收情况表

（销售量、回收量：万台；销售额、回收额：亿元；销售均价、回收均价：元）

起始	截至	销售量	回收量	销售额	回收额	销售均价	回收均价
2009-06-01	2009-09-04	5.32	8.13	2	0.010619289	3759.3985	13.0618563
2009-06-01	2009-09-11	10.9816	17.0316	4.109	0.02181733	3741.7134	12.80991193
2009-06-01	2009-09-16	16.3927	24.9959	6.113	0.032457857	3729.0989	12.98527252
2009-06-01	2009-09-21	22.2338	33.1932	8.26	0.043857664	3715.0645	13.21284608
2009-06-01	2009-09-25	27.391	41.4056	10.17	0.053999085	3712.8984	13.04149328
2009-06-01	2009-10-13	76.8019	107.5263	30.34	0.161094617	3950.4231	14.9818804
2009-06-01	2009-10-19	102.3312	138.0308	40.49	0.214987509	3956.76	15.57532878
2009-06-01	2009-11-16	203.0156	239.0149	80.21	0.425886592	3950.9279	17.81841183
2009-06-01	2009-12-02	256.1	295.5	100.44	0.533300702	3921.9055	18.04740108
2009-06-01	2009-12-14	300.2	342	117.5	0.623883239	3914.0573	18.24219996
2009-06-01	2009-12-17	310	352.5	121.3	0.644059888	3912.9032	18.2712025
2009-06-01	2009-12-31	360.2	402.6	140.9	0.748128922	3911.7157	18.58243721
2009-06-01	2010-01-24	520.3	572.1	205.6	1.091662926	3951.5664	19.08168024
2009-06-01	2010-03-08	758.6	815.2	300.2	1.593955304	3957.2897	19.55293553
2009-06-01	2010-04-07	929	987.5	364.5	1.935365451	3923.5737	19.59863748
2009-06-01	2010-04-20	1001.4	1060.3	390.8	2.075009103	3902.5364	19.5700189
2009-06-01	2010-04-25	1031	1090.8	400	2.123857834	3879.7284	19.47064387
2009-06-01	2010-05-23	1312.8	1387.5	500	2.654822292	3808.6533	19.13385436
2009-06-01	2010-05-31	1409.3	1400	539.8	2.866146146	3830.2703	20.47247247
2009-06-01	2010-11-30	2914.8	3021.2	1093.6	5.806627317	3751.8869	19.21960584
2009-06-01	2010-12-09	3002.6	3110.9	1126.9	5.983438482	3753.0807	19.23378598
2009-06-01	2011-01-31	3132	3258	1180.87	6.27	3770.3384	19.24493554
2009-06-01	2011-03-02	3971.5	4116.1	1500	7.964466876	3776.9105	19.3495466
2009-06-01	2011-03-07	4026.8	4171.9	1521.2	8.077031341	3777.6895	19.36055836

　　从表中可以发现家电产品的销售量和回收量都大幅增加，尤其是在国庆和春节前后，大大带动了我国家电市场产品的消费，销售均价为3700—3900元，回收均价为12—20元，与实际相符。下面本节将分析一下销售价格、回收价格

---

①　张艳玲.家电连锁企业竞争模式及经营策略分析［J］.科技经济市场, 2007（04）:110-111.

分别对销售量、回收量的影响。9 个试点省市的截止日期是 2009 - 06 - 01 到 2010-05-31。之后的数据包括其他省市，讨论范围只限于 9 个试点省市一年中的 10 个月数据。因为数据为累计数据，故先做适当处理：将数据除以从开始至截止日期的总月数，换算成近似月份数据，如表 2.3 所示。

表 2.3　处理后以旧换新的销售、回收数据表

（销售量、回收量：万台；销售额、回收额：亿元；销售均价、回收均价：元）

	销售量	回收量	销售额	回收额	销售均价	回收均价
1	4.694118	7.17353	1.764705882	0.00937	3759.398496	13.0618563
2	8.035317	12.4621	3.006585366	0.0159639	3741.713412	12.80991193
3	10.69089	16.3017	3.98673913	0.0211682	3729.098928	12.98527252
4	13.07871	19.5254	4.858823529	0.0257986	3715.064451	13.21284608
5	14.94055	22.5849	5.547272727	0.029454	3712.898397	13.04149328
6	31.56242	44.1889	12.46849315	0.0662033	3950.423102	14.9818804
7	38.85995	52.4168	15.37594937	0.0816408	3956.760011	15.57532878
8	57.45725	67.6457	22.7009434	0.1205339	3950.927909	17.81841183
9	62.97541	72.6639	24.69836066	0.1311395	3921.905506	18.04740108
10	67.20896	76.5672	26.30597015	0.1396754	3914.057295	18.24219996
11	67.88321	77.1898	26.5620438	0.141035	3912.903226	18.2712025
12	72.04	80.52	28.18	0.1496258	3911.715713	18.58243721
13	89.7069	98.6379	35.44827586	0.1882177	3951.566404	19.08168024
14	104.3945	112.183	41.31192661	0.2193516	3957.289744	19.55293553
15	112.834	119.939	44.27125506	0.2350646	3923.573735	19.59863748
16	115.5462	122.342	45.09230769	0.2394241	3902.536449	19.5700189
17	116.717	123.487	45.28301887	0.2404367	3879.728419	19.47064387
18	134.4164	142.065	51.19453925	0.2718248	3808.65326	19.13385436
19	140.4618	139.535	53.80066445	0.2856624	3830.270347	20.47247247

数据来源于：中华人民共和国商务部，http：//www.mofcom.gov.cn/subject/ xiaxiang/ index.shtml 统计数据及整理而得

本节首先从表 2.3 出发，来分析销售量和回收量随时间变化的关系。其实直接从表中可以发现两者都随时间的增加而增加，我们用一元线性方程进行回归，销售量和回收量分别是：

$$y_1 = - 13.45340737 + 7.995359077 * T \qquad 式(2 - 12)$$

$$(- 4.484552) \quad (30.38760) \quad R^2 = 0.981923$$

$$(P = 0.0003) \quad (P = 0.0000)$$

$$y_2 = -5.274942986 + 7.935018116 * T \qquad 式(2-13)$$

$$(-1.789211) \quad (30.68763) \qquad R^2 = 0.982268$$

$$(P = 0.0014) \quad (P = 0.0000)$$

从式（2-12）和（2-13）中发现 t 值和回归拟和数值 R^2 比较高，同时 P 值比较小，说明系数是显著的，方程关系式是成立的。从上述关系式可以发现随着时间的增加，销售量和回收量都以平均每月近 8 万台的速度增长，可见政策消费带动作用相当明显。

从表 2.3 中发现，中间碰到节假日时销售量和回收量都有显著增加，价格也有明显变化，但从总体来看，销售量与销售价格呈反比变化趋势，回收量与回收价格呈正比变化趋势。销售量和回收量分别是：

$$y_3 = 2655.962445 - 0.6590185717 * p_s \qquad 式(2-14)$$

$$(5.178352) \quad (-5.019814) \qquad R^2 = 0.872599$$

$$(P = 0.0013) \quad (P = 0.0015)$$

$$\ln y_4 = -10.12319369 + 5.012063772 * \ln p_r \qquad 式(2-15)$$

$$(t = -10.01769) \quad (t = 14.01714) \qquad R^2 = 0.920367$$

$$(P = 0.0000) \quad (P = 0.0000)$$

通过观察两个方程的 t 值、拟和系数 R^2 和 P 值，发现回归方程是显著的，拟和程度较高。式（2-14）表示当销售价格变动一个单位时会使销售量变动 0.6590185717 个单位，式（2-15）中的系数为价格弹性，表示当回收价格变动一个百分数会带来回收量 5.012063772 个百分数的变化率。本书第三章对随机需求下闭环供应链模型进行了研究，经过证明得出供应链各成员在合作时会达到双赢的局面：合作条件下的销售价格低于不合作的价格，产量高于不合作的产量，回收价格高于不合作的回收价格，回收量高于不合作的回收量，整体利润高于不合作时三方的利润之和。当然，在家电产品的闭环供应链中也是如此，强调制造商、零售商、第三方物流商的合作，以上只是在得到家电产品一手数据的基础上对需求函数和回收函数进行了尝试性的研究和探索，由于政策实施时间的限制，我们无法对模型进行进一步的分析探讨，以后会加强在这方面的努力。

总之，"以旧换新"政策的实施大大加大了人们对家电产品的消费力度，这不仅给制造商和零售商带来了利润，而且消费者从中也得到了实惠，但同时也带来了大量的废旧家电产品，这就要求我们在享受优惠的同时，还要想到如何科学有效地对废旧产品进行处理和再利用，以减少其对环境的影响。

第3章　闭环供应链定价经济学分析和
协作机制举例

3.1　三级闭环供应链渠道设计和差别
定价经济学分析

本章以博弈论为基本研究方法，从实际的角度考察了一个制造商、一个第三方物流商和一个销售商组成的三级闭环供应链差别定价模型，得出集成"超组织"结构的效率和效益均优于独立决策结构。首次提出利用第三方物流商的返程来降低运输废旧品的逆向物流成本的观点，提出了用消费者剩余 CS 和社会总收益 SE 来衡量整个闭环供应链的效率及合理的逆向供应链渠道设计的方法，达到各方互利共赢的目标。

3.1.1　问题的提出

闭环供应链是物流领域近几年提出的新概念，使物流研究从原材料→生产→消费→废弃的开环供应链变成了原材料→生产→消费→废旧品再生利用的闭环供应链，这样不仅给企业带来了经济效益，而且大大净化了环境，节约了资源，同时也使企业树立了良好的公众形象。现实中，不少知名企业将逆向物流纳入企业发展的战略之中，并取得了成功，如柯达（Kodak）在 10 年内共回收了 3.1 亿台一次性照相机，覆盖全球 20 多个国家，合理化处理后获得巨大的收益。施乐（Xerox）回收再利用了 60% 以上的墨盒，10 年间减少了 30 万吨的垃圾填埋，使制造成本减少了 45%~65%，以及所有的国际著名汽车生产商都制定了严格的环境保护措施，并要求他们的供货商也同样遵守①。

目前多数闭环供应链的研究集中在逆向物流网络设计、库存控制等领域②。文献分别研究了在双头垄断和零售商竞争的市场结构下闭环供应链结构和合作机制设计；文献③研究了基于再制造的闭环供应链三种回收渠道对闭环供应链系统利润的影响，结果表明制造商的最优选择为零售商回收；葛静燕④通过设计收入费用共享合同来协调分散决策下的闭环供应链，但没有考虑正向和逆向物流费用的影响，以及物流费用在物流需求企业之间分担的问题；文献⑤分析了5种不同决策结构的效率分析，然而，上述文献都只分析了闭环供应链中各组织的利润，却没有进一步考虑消费者和整个社会的收益。本章在上述文献的基础上，从实际的角度构造了一个带有第三方物流商 TP 的完整闭环供应链，并且根据实际采用了差别定价的定价策略，提出了收益共享协调机制，比较了在集成决策和独立决策下闭环供应链各组织的利润情况，还比较了废旧品回收率和社会总收益在不同决策下的大小。整个社会供应链系统结构如图 3.1 所示。

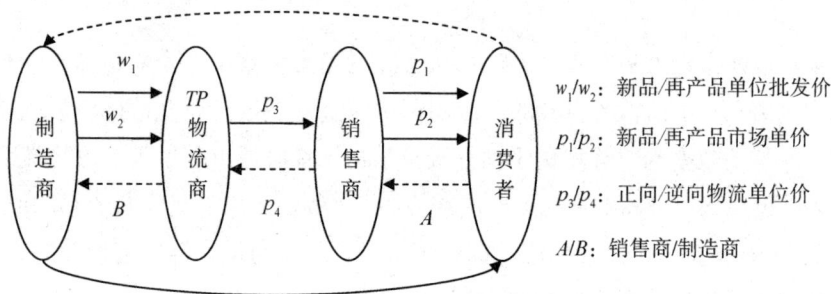

图 3.1　整个社会供应链系统结构图

右侧图例：

w_1/w_2：新品/再产品单位批发价

p_1/p_2：新品/再产品市场单价

p_3/p_4：正向/逆向物流单位价

A/B：销售商/制造商

---

① FLEISCHMAN M, BLOEMHOF‐RUWAARD J M, DEKKER R. Quantitative models for reverse logistics：A review［J］. European Journal of Operational Research, 1997, 103 (01)：1-17.

② SAVASKAN R C, BHATTACHARYA S, WASSENHOVEL V. Closed‐loop supply chain models with product remanufacturing［J］. Management Science, 2004, 50 (02)：239-253; SAVASKAN R C, WASSENHOVEL V. Reverse channel design：the case of competing retails［J］. Management Science, 2006, 52 (01)：1-14.

③ 姚卫新. 再制造条件下逆向物流回收模式的研究［J］. 管理科学, 2004, 17 (01)：76-79; 达庆利, 张钦, 沈厚才. 供应链中牛鞭效应研究［J］. 管理科学学报, 2003, 6 (03)：86-93.

④ 葛静燕, 黄培清. 价格相依的闭环供应链渠道选择和协调策略［J］. 工业工程与管理, 2007, 12 (01)：29-33.

⑤ 黄祖庆, 达庆利. 直线型再制造供应链决策结构的效率分析［J］管理科学报, 2006 (04)：51-57.

3.1.1.1 基本假设与模型描述

模型假设：

（1）c_m 表示制造商用新材料制造一个新产品的制造成本，c_r 表示制造商利用回收材料制造一个再制造品的制造成本。显然 $c_m > c_r$。

（2）由于实行差别定价，p_1 表示新产品的市场销售价格，p_2 表示再制造品的市场销售价格，$p_1 > p_2$，w_1 表示制造商给销售商新产品的批发价格，w_2 表示制造商给销售商再产品的批发价格，$w_1 > w_2$。

（3）A：表示销售商向消费者回收废旧产品的单位成本，B 表示制造商从销售商处回收废旧产品的单位成本，c_3 和 c_4 分别表示销售商的单位销售成本和回收废旧产品的单位运营成本（包括运输、装卸搬运、库存等）。这里有 $A \leqslant B \leqslant c_m - c_r$。

（4）假设制造商对所有回收的废旧物品进行处理，形成再制造品，即再造率为100%，再造产品在产品功能上和新产品完全相同，具有新产品的所有标准功能，两者具有相同的需求函数 $D(P) = \alpha - \beta p$，β 为价格反应系数，其中 $\alpha > 0$，$\beta > 0$，说明随着销售价格的提高，消费者对该产品的需求降低[①]。

（5）第三方（TP）物流服务提供商所提供的从制造商到销售商的正向单位物流运营成本为 c_1，从销售商到制造商的逆向单位物流运营成本为 c_2，c_1 和 c_2 包括运输和库存等成本。由于逆向物流能有效利用车辆回程的装载效率，所以一般情况下，$c_2 < c_1$；p_3 和 p_4 分别为正向和逆向物流服务中 TP 物流服务商所要求的物流服务价格，显然，$p_3 > c_1$，$p_4 > c_2$。TP 物流商的物流价格由制造商和销售商共同分担，假设在正向物流过程中制造商承担比重为 m，则在正向物流中两者承担的费用分别为 mp_3 和 $(1-m)p_3$，同样，假设在逆向物流中两者承担的费用分别为 np_4 和 $(1-n)p_4$，其中 $0 \leqslant m$，$n \leqslant 1$。

（6）图3.2所示：假设一部分经济实力较好的消费者有足够的消费能力去购买新产品而不去购买再制造产品，而另一部分消费者则去购买再制造品，因为它们更便宜（虽然质量一样）。这样市场就被分为两部分。根据假设（4）和（5），

---

① 公彦德，李邦义，乐菲菲. 三级闭环供应链下的定价与回购策略整合研究［J］. 工业技术经济，2008，27（02）：87-90；张克勇，周国华. 具有产品回收的闭环供应链差别定价策略研究［J］. 数学的实践与认识，2008，38（12）：19-25；范里安. 微观经济学：现代观点［M］. 上海：上海三联书店，上海人民出版社，2006；高鸿业. 西方经济学［M］. 北京：中国人民大学出版社，2001.

根据它们各自的价格，市场对新产品和再制造品的需求分别为 $D_1 = D(P_1) = \alpha - \beta P_1$，$D_2 = D - D_1 = \beta p_1 - \beta p_2$，$\mu$ 表示回收率，$\mu = D_2 / D_1 + D_2$。由于再制造率是 100%，所以消费者对再制造品的需求量就是废旧品的回收数量，同时假设供需平衡：$Q = D$ ①。

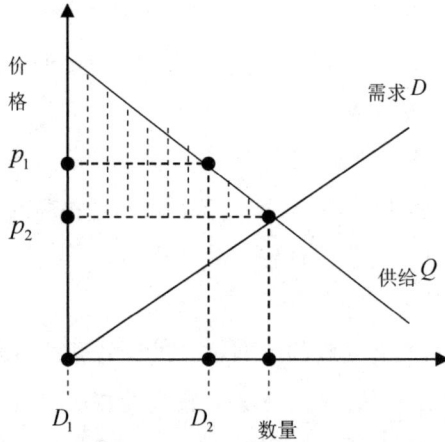

图 3.2　需求供给与消费者剩余图

根据以上模型假设，制造商利润 $\prod m$ 和销售商利润 $\prod r$ 以及 TP 物流商利润 $\prod tp$ 分别为：

$$\prod m = (w_2 - c_r - mp_3 - np_4 - B) D_2 + (w_1 - c_m - mp_3) D_1$$
$$= (w_2 - c_r - mp_3 - np_4 - B)(\beta p_1 - \beta p_2) + (w_1 - c_m - mp_3)(\alpha - \beta p_1)$$

式（3-1）

$$\prod r = [p_1 - c_3 - w_1 - (1-m)p_3]D_1 + [p_2 - c_3 - w_2 - (1-m)p_3]D_2$$
$$+ [B - A - c_4 - (1-n)p_4]D_2$$
$$= [p_1 - c_3 - w_1 - (1-m)p_3](\alpha - \beta P_1) + [p_2 - c_3 - w_2 - (1-m)p_3$$
$$+ B - A - c_4 - (1-n)p_4](P_1 - P_2)\beta$$

式（3-2）

$$\prod tp = (p_3 - c_1)D + (p_4 - c_2)D_2 = (p_3 - c_1)(D_1 + D_2) + (p_4 - c_2)D_2$$
$$= (p_3 - c_1)(\alpha - \beta P_2) + (p_4 - c_2)(P_1 - P_2)\beta$$

式（3-3）

为使上述模型表达式有实际意义，我们假定上述模型参数满足以下几个

---

① 任小龙. 供应链中的协作问题研究 [D]. 西安：西安电子科技大学，2000；黄玉兰，刘诚. 供应链协作管理进展研究 [J]. 铁道科学与工程学报，2010，7（04）：128-131.

条件：

$$A + (1 - n)p_4 + c_4 \leqslant B < B + mp_4 + c_r < c_m + mp_3 < w_1 < p_1;$$

$$B + mp_4 + c_r < w_2 < p_2 < p_1$$

3.1.1.2　集中决策时的差别定价策略

为了提高在市场上的竞争力，供应链上越来越多的企业意识到与其他企业合作的重要性，特别是供应链上的节点企业更是如此，供应链的理念就是互相合作，以整个供应链系统的总利润最大化为目标，从而形成一个制造商、TP 物流服务商以及销售商的战略联盟，强调企业间的信息共享①，通过合作以达到共赢的目的，这个联盟可以看作是一个"超组织"结构，决策问题建模如下：

$$\max \prod_c = \prod m + \prod r + \prod tp$$

$$= (\alpha - \beta p_1)(p_1 - c_m - c_3 - p_3) + \beta(p_1 - p_2)(p_2 - c_r - c_3 - p_3 - A - c_4 - c_2)$$

$$+ (\alpha - \beta p_2)(p_3 - c_1) \qquad \text{式（3-4）}$$

由（3-4）式的一阶条件 $\dfrac{\partial \prod_c}{\partial p_1} = 0, \dfrac{\partial \prod_c}{\partial p_2} = 0$ 联立解得，

$$p_{c1}^* = \frac{2\alpha + \beta(c_1 - c_2 + c_3 - c_4 - A + 2c_m - c_r)}{3\beta} \qquad \text{式（3-5）}$$

$$p_{c2}^* = \frac{\alpha + \beta(2c_1 + c_2 + 2c_3 + c_4 + A + c_m + c_r)}{3\beta} \qquad \text{式（3-6）}$$

将（3-5）式和（3-6）式代入（3-4）式可得集成式超组织闭环供应链的最大利润：

$$\prod_c^* = \prod_m^* + \prod_r^* + \prod_{tp}^*$$

$$= (\alpha - \beta p_{c1}^*)(p_{c1}^* - c_m - c_3 - p_3) + \beta(p_{c1}^* - p_{c2}^*)(p_{c2}^* - c_r - c_3 - p_3 - A - c_4 - c_2)$$

$$+ (\alpha - \beta p_{c2}^*)(p_3 - c_1)$$

结论 1　（3-4）式有解，集成式超组织闭环供应链的最优差别定价策略为 (p_{c1}^*, p_{c2}^*)，且此时整个闭环供应链的利润为最大利润 $\prod_c^*$。

证明：由假设 $\beta > 0$，知

---

① 李淑文，张万军. 供应链协作管理价值及实现途径 [J]. 商业时代，2007（11）：15-17；郑飞. 竞争环境下的供应链协作模式与机制研究 [D]. 武汉：武汉理工大学，2010；刘换花. 基于信息共享的供应链协作问题研究 [D]. 江门：五邑大学，2009.

（1）$\dfrac{\partial^2 \prod_c}{\partial p_1^2} = -2\beta < 0$;

（2）$\dfrac{\partial^2 \prod_c}{\partial p_2^2} = -2\beta < 0$;

（3）$\dfrac{\partial^2 \prod_c}{\partial p_1^2} \cdot \dfrac{\partial^2 \prod_c}{\partial p_2^2} = 4\beta^2 > \left(\dfrac{\partial^2 \prod_c}{\partial p_1 \partial p_2}\right)^2 = \beta^2$，所以（3-4）式有解，并且

在（p_{c1}^*，p_{c2}^*）中取得最大值。故定理 1 成立。

结论 2 TP 物流服务商参与配送商品以及利用返程来运输废旧品，不仅是对自身资源的合理有效利用，而且会降低整个闭环供应链的成本，从而最大化整个组织的利润。

证明：如果将逆向物流的物流活动单独让某个物流企业来完成的话，很明显，其单位成本肯定会大于 c_4，所以 TP 物流商利用返程来运输废旧品会降低制造商和销售商的逆向物流的成本，而 $\dfrac{\partial p_{c2}^*}{c_4} = 1/3 > 0$，说明利用 TP 物流商的返程来运输废旧品也会降低再制造品的销售价格 p_{c2}^*，从而惠及消费者。

结论 3 再制造品的最优定价 p_{c2}^* 与销售商对废旧品的回收价格 A 成正比关系，A 越小，废旧品的回收数量越大，并且整个社会的收益也越大。

证明：由（3-5）和（3-6）式可知，$\dfrac{\partial p_{c1}^*}{\partial A} = -1/3 < 0$，$\dfrac{\partial p_{c2}^*}{\partial A} = 1/3 > 0$，故 ∂p_{c1}^* 与 A 成反比，p_{c2}^* 与 A 成正比，那么 A 越小，则 p_{c2}^* 越小，即废旧品的回收数量（再制造品的社会需求量）$D_2 = \beta(p_{c1}^* - p_{c2}^*)$ 越大。同时，可证得：$\dfrac{\partial \prod_c^*}{\partial A} <$

0，（限于篇幅本书不再赘述，可参看文献），即整个闭环供应链的利润是关于 A 的递减函数，所以回收成本 A 越小，则闭环供应链的利润会越大，整个社会的福利也会越大。在增加废旧品回收量的同时，也对环境进行保护，整个社会的利益得到增加。

3.1.2 独立决策时的动态博弈

在该模式下，制造商决定批发价格 w_1 和 w_2，使自己的利益最大，TP 物流服务商决定物流服务价格 p_3 和 p_4，销售商决定销售价格 p_1 和 p_2，以及回收价格

A，来使自身的收益最大。于是，此时的决策问题变为：

$$\max \prod m = (w_2 - c_r - mp_3 - np_4 - B)D_2 + (w_1 - c_m - mp_3)D_1$$

$$s.t. \begin{cases} \prod tp = (p_3 - c_1)D + (p_4 - c_2)D_2 \\ \prod r = [p_1 - c_3 - w_1 - (1 - m)p_3]D_1 + [p_2 - c_3 - w_2 - (1 - m)p_3] \\ D_2 + [B - A - c_4 - (1 - n)p_4]D_2 \end{cases}$$

此时，闭环供应链的总利润是 $\prod_c^1 = \prod_m^1 + \prod_r^1 + \prod_{tp}^1$

这是一个动态博弈的 Stackelberg 模型，根据逆向归纳法，$\prod r$ 对 p_1 和 p_2 求导，令一阶条件为零，得：

$$p_1^1 = \frac{2\alpha + \beta[-c_3 - w_2 + 2w_1 + (1 - m)p_3 - (1 - n)p_4 - A + B + c_4]}{3\beta}$$

式（3-7）

$$p_2^1 = \frac{\alpha + \beta[c_3 + w_2 + w_1 + 2(1 - m)p_3 + (1 - n)p_4 + A - B + 2c_4]}{3\beta}$$

式（3-8）

再将 p_1^1 和 p_2^1 代入 $\prod tp$，求得 $\prod tp$ 对 p_3 和 p_4 的一阶导得 p_3^1 和 p_4^1，再将 p_3^1 和 p_4^1 代入 $\prod m$ 求 w_1 和 w_2 的一阶导，求得在独立决策时制造商的最有批发价 w_1^1 和 w_2^1，再将 p_3^1、p_4^1、w_1^1、w_2^1 代入到（3-7）式和（3-8）式，即可求得 p_1^1 和 p_2^1，再将这些参数代入到 $\prod_c^1 = \prod_m^1 + \prod_r^1 + \prod_{tp}^1$，可得 $\prod_c^1 < \prod_c^*$。

结论 4 当独立决策时，利用 TP 物流商返程运输废旧品，在节约物流成本的同时，也会降低再制造品的市场销售价格 p_2^1，而且会降低整个闭环供应链的成本，提高闭环供应链的收益。

证明：$\frac{\partial p_2^1}{\partial p_4} = (1 - n)/3 > 0$，所以再制造品市场销售价 p_2^1 是逆向物流价格 p_4 的增函数，根据常识，利用 TP 物流服务商的返程来运输废旧品肯定比单独请一家物流企业来运输废旧品的单位成本要低，所以，利用 TP 物流商返程运输废旧品降低了整个闭环供应链的成本，并且提高了闭环供应链的收益。

3.1.3 两种竞争模式下的非环境经济因素分析

在以前的文献中，我们主要比较的是不同决策模式或不同渠道的闭环供应链利益的对比，本章提出，闭环供应链只是社会组成的一分子，如果失去了消费者，一切努力都是没有意义的，所以在分析闭环供应链的不同决策的效益时，我们不仅要分析供应链里各个组织相互之间的利益，还要分析闭环供应链之外的消费者和环境的收益，本书在前面文献的基础上，着重来对比在不同决策模式下，闭环供应链之外的消费者的收益（非环境因素），环境因素在这里不进行比较。

消费者的收益用消费者剩余 CS 来表示，消费者剩余是消费者在购买一定数量某种商品时愿意支付的总价格和实际支付的总价格之间的差额。消费者剩余也可以用数学公式来表示，需求函数为 $P^d = f(Q)$，则：$CS = \int_0^Q f(Q)dQ - PQ$，如图 3.2 三角形阴影部分所示，$CS = \int_0^Q f(Q)dQ - PQ = Q^2/2\beta = (\alpha - \beta p_2)^2/2\beta$。

我们应该把整个闭环供应链的收益 $\prod_c$ 和消费者的收益 CS 放在一起，即整个社会的福利 SE，$SE = \prod_c + CS$，其中 $\prod_c$ 表示闭环供应链的收益，CS 表示消费者剩余。在独立决策时，再制造品的市场售价 p_2^1 大于在集成式决策时的市场售价 p_2^*。

结论 5 消费者剩余 CS^1 小于在集成式决策时的消费者剩余 CS^*，集成式决策的社会总的福利最大。

证明：$CS = Q^2/2\beta$，$Q = D = D_1 + D_2 = \alpha - \beta p_2$

由于 $p_2^1 > p_2^*$，所以 $Q^* > Q^1$，于是 $CS^* > CS^1$，同时 $\prod_c^* > \prod_c^1$。

所以 $SE^* = \prod_c^* + CS^* > \prod_c^1 + CS^1 = SE^1$，即在集成式模式下，整个社会的收益大于在独立决策时整个社会的利益。结论如表 3.1 所示。

表 3.1　集成决策和独立决策均衡结果和社会福利比较

项目	p_1	p_2	$\prod_c$	CS	SE
集成决策	p_{c1}^*（低）	p_{c2}^*（低）	$\prod_c^*$（高）	CS^*（高）	SE^*（高）
独立决策	p_{c1}^*（高）	p_{c2}^*（高）	$\prod_c^1$（低）	CS^1（低）	SE^1（低）

3.1.4　收益共享协调机制

从以上结论可以看出，在采取集成决策模式时，所有参与者的利润达到最大化,当制造商或销售商有一方的利润低于独立决策时,该合作联盟就会失败。在该模式下,利润应该怎样分配呢?联盟建立之初,三方可以通过签订契约来规定各自的收益。

用 $\prod_{\Delta} = \prod_c^* - \prod_c^1$ 表示采取战略联盟比独立决策所多产生的利润。假设制造商、销售商和 TP 对额外利润自占的比例分别为 φ_1、φ_2 和 $1 - \varphi_1 - \varphi_2$,这三个比例系数分别代表三方的谈判能力。其中三者的取值区间均为 $[0, 1]$,则在该机制下,制造商、销售商和 TP 各自的总利润分别为:

$$\prod_m^{\varphi} = \prod_m^1 + \varphi_1 \prod_{\Delta}, \ \prod_r^{\varphi} = \prod_r^1 + \varphi_2 \prod_{\Delta},$$

$$\prod_{tp}^{\varphi} = \prod_{tp}^1 + (1 - \varphi_1 - \varphi_2) \prod_{\Delta}$$

在该模式下,三方的利润会达到各自满意的分配比例,此共享机制是互利共赢的,这样的战略联盟是稳定的。

3.1.5 数值算例

我们给出具体算例来说明集成决策的优越性,假设 $c_m = 50$,$c_r = 30$,$\alpha = 800$,$\beta = 10$,$c_1 = 4$,$c_2 = 2$,$c_3 = 5$,$c_4 = 1$,$A = 10$,$B = 12$,$m = n = 0.6$。从表 3.2 可以看出,制造品和再制造品的价格在集成决策下都较低,废旧品回收率 μ、闭环供应链总利润 $\prod_c$、消费者剩余 CS 以及社会总收益 SE 都在集成决策时较高。假设由于市场竞争原因,集成与独立决策的 TP 物流商正向物流服务价格 p_3 是一样的,并且单独选取 TP 物流商参与逆向物流的物流价格也是 p_3,那么将 TP 物流商引入供应链并利用其返程来运输每单位废旧品所节约的成本为 $p_3 - p_4 = 12.875 - 3.25 = 9.625$。

表 3.2 三种运作机制下闭环供应链和社会收益比较

项目	p_1	p_2	μ	$\prod_c$	CS	SE
集成决策	75.33	63.33	72.00%	2122.56	1389.44	3512.00
独立决策	78.98	77.47	59.60%	438.70	32.00	470.70
协调决策	75.33	63.33	72.00%	2122.56	1389.44	3512.00
对比	−3.65	−14.14	12.40%	1683.86	1357.44	3041.30

3.1.6 结束语

本章研究了一个制造商、一个 TP 服务商和一个销售商组成的闭环供应链系统，并根据实际情况对再制造品进行了差别定价，得出了在集成决策和独立决策下最优的差别定价，提出了利用 TP 物流商的返程来运输废旧品也会降低再制造品的销售价格 p_{c2}^{*} 的观点，不仅对制造商和销售商有利，而且惠及消费者；同时，回收价 A 越小，越能提高回收数量 Q_2 和回收率 μ。本章还提出了基于各自讨价还价能力的收益共享机制。研究表明，在集成决策下整个闭环供应链总收益、消费者剩余 CS 和社会总收益 SE 均优于独立决策。

3.2　漳州花卉产业供应链协作机制与建立

花卉业作为新世纪的"朝阳产业"，不仅集经济、社会、生态效应于一体，而且能够满足人们的精神需要。漳州花卉产业作为漳州市的支柱产业，目前的供应链管理模式还比较传统，在运作上各个环节各自为政，相互脱节，造成整个行业物流、信息流经常扭曲失真①。本章通过对漳州花卉产业的发展现状以及目前的供应链结构进行分析发现，供应链中的信息严重不对称，各企业之间只存在单纯的竞争关系，协作水平非常低。最后，本章提出两种新的供应链结构，一种是以物流中心为核心的供应链结构，另一种以网上交易平台为核心的供应链结构，我们并对新的供应链协作进行分析。

3.2.1　问题的提出

随着供应链管理思想的完善和实践，企业效益有了很大的提高。传统的供应链的各部分是各自独立运转的，这些组织有各自的目标，但是日益激烈的市场竞争、日益明显的顾客定制化趋势都对传统的供应链管理提出了挑战，如何更快地反映市场需求、如何进一步降低运营成本，很明显，需要建立一种协作机制把供应链中不同的企业集成起来。链中各环节成员的协作是有效管理的关键②。

协作指的是"管理各活动间的关系"，而供应链中的协作则是指为了完成某

---

① 侯曙光. 延伸花卉产业链的思考——基于漳州花卉产业发展的分析 [J]. 经济师，2009 (12)：260-262.

② 吴强，曾国荣，杨海根. 漳州市经济林花卉产业化发展的探讨 [J]. 福建林业科技，2011，28 (11)：76-79.

个任务，供应链中同一组织中的各部分或者各组织相互合作使完成任务的效率最高，并且达到多赢的局面。最先提出供应链协作这一管理概论的是 D. Thomas 和 P. Griffin。该理论通过买卖双方、产销双方、库存与分销的关系，主张供应链上各成员一致对外，以便更快地对客户需求做出反应，同时使各成员获得更多的利益。供应链协作管理的基本思想是通过企业间的功能协作使系统达到最优。因此，供应链协作管理的思想很早以前就存在了，正如 D. Thomas 和 P. Griffin 所说，最先研究供应链协作管理的应当是 Clark 和 Scarf，他们早在 20 世纪 60 年代就开始研究多级库存和分销系统。

在很多情况下，供应链中的某一方达到了其自身系统的最优，但是就整个供应链系统而言未必是最优的。同样，有时从供应链的角度来看系统已达到最优，然而就某链中某一局部系统来说也未必是最优的。各子系统为了追求其自身的利益最大化而采取有利于自己的策略，这将使整个系统的最大利润不能达到。因此，供应链协作管理的目标就是通过链中伙伴的紧密合作来使整个供应链系统最优，而且每个子系统相比协作前也能增加利润。然而，这种协作关系不是自发形成的，往往是由链中主要成员提出的，支持成员配合主要成员来实施。很显然，假如协作的结果只是对主要成员有利而对支持成员来说无利可图，这种协作关系是难以维持的，实现协作的一个必要条件是协作双方能达到双赢。另外，协作后分得的利润必须大于，至少不少于协作前所能得到的利润。要成功地实施供应链管理，使供应链管理真正成为有竞争力的武器，就要抛弃传统的管理思想，把企业内部以及节点企业看作一个整体，进行有效协作。通过信息、制造和现代管理技术，将企业生产经营过程中有关的人、技术、经营管理三要素有机地集成并优化运行。通过对生产经营过程的物料流、管理过程的信息流和决策过程的决策流进行有效的控制和协调，将企业内部的供应链以及与企业外部的供应链有机地集成起来进行管理，达到全局动态最优目标，以适应在新的竞争环境下，市场对生产和管理过程提出的高质量、高柔性和低成本的要求。

漳州花卉产业目前的供应链管理模式还比较传统，在运作上各个环节各自为政，相互脱节，造成整个行业物流、信息流经常扭曲失真。漳州花卉产业作为漳州市的支柱产业，能否适应目前的经济环境，关系到社会资源的运用水平和运作效率的高低，关系到漳州市经济结构是否合理。因此，漳州花卉产业引入新的供应链管理模式，提出新的供应链结构模型，建立协作机制，提高花卉产业的竞争力，这有着重要的理论和现实意义①。

3.2.2 供应链协作概述

3.2.2.1 供应链协作定义

供应链协作（Supply Chain Collaboration，SCC）是供应链管理崭新的和最为现实的模式，是更有效地利用和管理资源的一种手段。虽然目前对其研究甚多，但是对供应链协作的定义却还没有一个统一的描述。Anderson 和 Lee 认为协作是把握价值创造机会的一个重要步骤；程国平等认为供应链协作是多个企业为了实现某种战略目的，通过公司协议或联合组织等方式而结成的一种网络式联合体；陈兵兵提出供应链协作是供应链运行过程中企业之间业务交往的一种运作模式。他认为协作有三层含义：一是在组织层面上，它超越了以往"合作对彼此容忍"的限度，对它更完整的描述是对彼此承担的责任；一是在业务层面上，它整合了企业间的业务流程，使得各个合作环节的业务"对接"更加紧密，流程更加通畅，资源利用更加有效；还有一个是在信息层面上，它将伙伴成员间的信息系统紧密地集成在一起，实现了数据的实时流通和信息共享，使伙伴之间更快、更好地开展协作，响应对方的需求和变化。John langley（2002）认为真正的协作是与发货商、顾客、供应商、合作伙伴、运输商合作，不一定都是很高层次的工作，但却真正共享那些有利于所有参与者的信息。因此，本章认为供应链协作是指基于信息共享的企业之间业务交往和协作的运作模式，目的在于有效地利用和管理供应链资源。

3.2.2.2 供应链协作的基础

目前有三大因素阻碍供应链协作：（1）企业缺乏利益共识。中国本土制造商之间普遍存在拖欠供应商货款、合同纠纷和压榨供应商等问题。《中国 SCM 市场年度综合报告 2021》的研究结果表明，2021 年是中国供应链大数据快速发展的一年，供应链大数据应用企业布局占据有利地位。中国供应链大数据市场规模达到 29 亿元，增长率达到 38%，我国物流及供应链相关的总支出约12763.61 亿美元，物流及供应链成本占 GDP 的比重为 15% 左右，市场的潜力很大。70% 的物流及供应链外包服务提供商在过去的三年中，年均业务增幅都高

---

① 郑金英，张小芹，张文棋 . 促进福建漳州市花卉产业升级的对策思考［J］. 科技和产业，2008（04）：24-27.

于20%。（2）缺乏实现协作的有效手段。由于缺少有效的实现手段，供应链协作难以在制造商之间有效实现。信息技术虽然被认为是主要的实现手段，但许多企业已经使用的管理信息系统并不能支持开放的协作平台，并且还停留在初级应用功能上。（3）非流程型组织结构。流程型组织结构导致企业内部机构设置臃肿，流程流转效率低，对外缺少统一的协作接口。相比之下，流程型组织结构则倡导：以需求为导向，强调以客户为中心；以流程作为设置组织结构的基础，使决策点位于流程执行点，鼓励横向沟通。保证组织的高效率和动态性，将流程作为价值增值程来看待，强调有效增值，并将流程的投入、产出联系起来作为一个整体：流程单点接触供应商和客户，保持沟通与服务的一致性。

供应链的协作是一个复杂的体系，它的成功实施需要具备一定的基础。首先，协作各方需要有一致的目标，也就是有利益共识才能发起协作模式；其次，参与协作者需建立新的观念，共享信息与建立高效的业务流程使供应链协作有一个协作的平台；最后，供应链协作除了签订必要的协作、协议外，还需要彼此间高度的信任与合作。

3.2.2.3 国内外供应链协作机制的研究现状

3.2.2.3.1 国外研究现状

目前，国外对协作机制的研究集中在合作企业间的博弈机制和信任机制上，同时学者还比较重视彼此沟通和信息共享在供应链协作中的作用，指出应使用先进技术和设备保障信息通畅。另外，国外学者的研究还涉及企业文化及高层领导对企业协作的影响。Laura Horvath 指出供应链中的协调与协作是供应链价值创造的关键因素。Malon 和 Growston 认为协作是管理行为之间关系的过程，这个过程包括资源共享、任务分配、制造商与客户关系、生产能力设计等。

Pasternack 指出通过批发价合同和余货回购合同来协调整个供应链。批发价合同所规定的批发价必须高于供应商的成本，否则供应商无法获利，合同也无法执行。余货回购合同则规定供应商以固定价格回收零售商剩余货品。

Bowon Kim 提出了一种生产商对其供应商的技术更新进行资助的协作方法。他指出支持供应商进行技术更新可以提高产品质量、减少分配时间，还可降低供应商的成本。Weng 指出，供应商与生产商结成网络联盟，通过一定的协作机制可使它们各自的决策更接近最优水平，这个联盟的取得的收益则是他们通过协作所获得的收益。Robert B，Handfield 和 Christian Beehtel 对供应链中的信任问题进行了研究，并建立了一个模型。模型指出，买方依赖性和供方的人力资本投资与供应链的响应性的提高都是正相关的，同时，还指出所谓彼此信任是指双方对彼此信息的飞跃。若彼此相信对方关心自己的利益，在不确定对彼此的影响时是不会行动的，这实际上突出了合作协商的重要意义。Cachon 和 M. Lariviere（2005）提出了在供应商和零售商间订立收益分享合同，即零售商将收益的一部分分给供应商。他们共享所有收入，其中还包括销售季节末零售商的剩余产品残值。Suresh Sethi 和 Houmin Yan（2007）研究了处于现货市场中的一条包含两个供应商与一个零售商的供应链，两个供应商相互竞争零售商的供货合同。研究选取博弈论来寻求供应链系统的合作竞争策略均衡，由于两个供应商的策略都会对对方的利润产生影响，因此博弈竞争往往会导致更低的市场出清价格。

3.2.2.3.2　国内研究现状

国内的研究主要集中在供应链协作的重要性、基于博弈机制或委托代理理论的供应链协调机制等方面，特别强调供应链利益分配的协调。

李芳芸等人利用信息经济学的理论与方法，如定义交易策略、规则，建立在非对称信息条件下的协调机制，使得各成员遵从所做的承诺。

陈剑在指出供应链的协调包括宏观和微观两个层面，宏观协调是指企业间关系的协调，而微观协调是指企业内部的协调，并指出网络流模型和策略评价模型是现在研究供应链协调问题的常用方法。

卢震等（2003）研究了在不确定交货条件下的供应链协调机制，并推导了Stackelberg 均衡解。研究还以宝钢集团为案例，证明了主从对策的供应链协调机制的实用性和有效性。

庄品等（2004）建立了包含一个供应商和一个零售商的简易供应链数学模型，指出通过供应商和零售商的协作能有效降低产品零售价格，增加订单数量和提高供应链整体利润。

浦徐进等（2006）探讨了如何使用价格机制和直接补贴来实现供应链各企业利润的帕累托最优。研究还给出了在信息共享基础上的价格机制和直接补贴的可行条件，并通过算例得到验证。

谌贻庆等构造了一个供应链协作的动因模型，指出供应链协作后的最大期望利润比协作前企业各自最大期望利润之和大，是企业进行协作的根本动因。

另外，供应链企业之间的利益协调也是当前供应链关系协调管理的一个研究重点。吴澄等人探讨了供应链管理中的利益分配问题以及如何确定各成员应得利益。郭敏等提出了一个供应链协调支持的三层结构模型，并探讨设计了一个基于静态线性转移效用的利益激励机制。郑文军等利用博弈论原理分析了虚拟企业及类似组织的利益协调机制。这些为解决供应链利益协调问题提供了借鉴①。

3.2.3 漳州花卉产业分析

3.2.3.1 漳州市花卉种植环境概况

漳州是福建省最南部的沿海部分，西北山多，东南临海，地势从西北向东南倾斜，对面台湾，邻近港澳，介于厦门、汕头两个经济特区之间。九龙江下游的漳州平原面积 566km²，是福建省第一大平原。漳州气候温和，属南亚热带海洋性季风气候，年平均气温 21℃，无霜期 349 天，年日照 2000h 以上，年平均降雨量 1560mm。漳州地形因为高地和谷地气候垂直变化显著，不同海拔的地区其气温差异很大，漳州局部兼有中亚带、温带等气候，生态环境多种多样，是栽培各种花卉的天然大温室，发展花卉业区域优势显著。

3.2.3.2 漳州花卉产业现状分析

漳州花卉栽培历史悠久，唐垂拱二年（公元 686 年），陈元光开漳时，民间的花卉栽培已经很普遍，在漳州天宝山和九龙江畔一带，野生菊花和玫瑰花等被广泛种植，距今已 1300 多年。20 世纪 80 年代以来，随着改革开放，花卉产业重新得到了重视和发展。进入 20 世纪 90 年代，漳州市委、市政府认真分析形势，看准了花卉这一朝阳产业，于 1995 年提出把花卉作为富民强市、农村致富奔小康的新兴产业来抓，漳州也被规划为全国六大花卉生产基地之一。福建省农业发展战略规划，提出了建设"漳州闽南花卉中心"的规划，从龙海市百花村至漳浦县长桥镇沿 324 国道线向两侧延伸，有一条长 50km，面积 666.7hm² 的花卉走廊，形成苗木、盆景、切花、观叶植物协调发展的规模经营格局②。

3.2.3.2.1 漳州花卉的特色产品

（1）漳州水仙花

水仙花是漳州花卉产业发展的一大亮点。水仙的种植程序较为复杂，对气

---

① 侯曙光，许晓红．延伸花卉产业链研究的初步认识［J］．经济师，2010（01）：279-280.

② 黄启堂．基于钻石模型的福建花卉产业竞争力研究［J］．中国农学通报，2009，25（3）：170-174.

候、地理条件要求相当高，加之其雕刻技艺讲究，历来被人们奉为花中上品，特别被艺术家所喜爱。漳州水仙知名度甚高，销售前景十分看好。漳州水仙具有良好的质量，多花箭率达 100%，20 庄花球占 70%。以前只有九湖镇的 7 个村（新唐、下庵、小梅溪、大梅溪、洋平、田中央和蔡板）进行水仙花种植。经过扩种，现今已在漳州市龙海、南靖和角美等地大面积种植，产量大大增加。省、市政府非常重视水仙的品质，对九湖镇的 7 个村（现种植面积已达 466.7 公顷以上，年产值超过 4000 万元）拨款 800 多万元用于改良土壤、修建水渠和基础设施建设上，有望进一步提高水仙的质量和扩大种植规模①。

（2）漳州盆景

漳州盆景历史悠久，尤其近年来发展迅猛，现在漳州盆景已具规模且达到一定的水平。从 1979 年开始，漳州盆景参加国内各大盆景展览会，嘉奖不断，1979—2004 年获一等奖 12 盆、二等奖 20 盆、三等奖 18 盆，其中榕树盆景占大部分，这提高了漳州盆景的知名度。漳州大面积种植盆景，品种也从以前的榕树、三角梅、九里香和福建茶等增至现在的松、柏、榆树、博兰和雀梅等几十个品种，吸引了大量的国内外客商②。

（3）漳州兰花

漳州野生兰花资源丰富，有 6 大类、1000 多个品种，尤其以建兰、墨兰、寒兰和春兰品系最多，漳州是东南亚最具特点的墨兰产地。现在已经发现下山的报岁兰、四季兰等已被大量培育，珍稀品种如矮兰出艺、矮兰出皮、矮兰奇叶和奇花等，堪称兰中极品，被国内外兰界研究者所推崇。艺兰类如白底中透、中缟艺、斑艺等也时有发现。传统建兰素心类已发现的有观音素、风素、玉鬼素、永福素、传统素心变艺等。漳州墨兰中的种、水晶、中缟艺和山城绿等名品深受海内外兰界青睐，多次在全国兰博会上获奖，并参加在马来西亚举办的国际兰展，饮誉海内外，产品销往韩国、东南亚国家等地区。漳州十分重视开发兰花资源，把兰花列为高优特色农业产业项目，以优惠的政策鼓励农民发展兰花，其中以南靖种植面最大，目前南靖全县有 1200 多人创办家庭兰圃，养兰专业户 250 余户。南靖县植兰面积 100 余公顷，存有兰花 200 多个品种，兰花已

---

① 康志强．对完善漳州花卉产业链的思考［J］．合作经济科技，2015（10）：24-25.
② 郑怡泓．加快漳州花卉产业发展的对策［J］．福建热作科技，2013，38（2）：60-63.

成为该县农业生产8大支柱产业之一①。

（4）其他特色产品

漳州花卉产业的发展原先以水仙花为龙头，兼顾兰花与盆景，其他如仙人掌类植物、阴生观叶植物品种较少，棕榈科植物的市场尚未形成②。经过近年来的发展，漳州花卉产业渐渐趋于成熟，仙人掌与多肉植物的发展已成规模，拥有上千个野生仙人掌与多肉植物品种，漳州成为我国目前仙人掌类及多肉植物的主产地。阴生观叶植物的品种也相当丰富，常见的有天南星科、兰科、桑科和蕨类等36科阴生植物。这些植物因能在室内长期生长，备受消费者的喜爱，成为销量最大的特色花卉产品之一。棕榈科植物因其热带特色，近年来广受欢迎，漳州常见的棕榈植物有100多种。现今仙人掌类植物、阴生观叶植物、棕榈科植物已在漳州龙海（主要是九湖镇）、漳浦（主要是马口）大面积种植，产品销往北京、上海、南京、广东、"台湾"、香港和澳门等地和韩国、日本和荷兰等20多个国家和地区，这些植物成为漳州的特色花卉产品③。

3.2.3.2.2 漳州花卉产业发展现状和特点

（1）花卉产业总体呈现强势增长

进入21世纪以来，漳州花卉产业发展较快，特别是近几年市场对花卉、观赏绿化苗木等产品需求不断扩大，许多品种出现供不应求，价格稳定利润可观，花农信心倍增。2021年漳州花木业务量2014万件，业务收入1.1亿元，支撑产值7.65亿元；仅春节期间，漳州花木业务量就达378万件，业务收入2286万元，支撑产值1.5亿元。④ 2022年，漳州的花卉苗木种植面积35万亩，全产业链总产值384.2亿元，种植业出口额8553.6万美元。2023年6月底全市的花卉苗木种植面积32.7万亩，全产业链总产值204.3亿元，种植业出口额4540.3万美元。④

---

① 陈洁.提升漳州花卉出口竞争力的对策研究[J].农产品加工，2010（6）：65-70；陈永贵，林德泓.漳州花卉产业升级的实践与探索[J].台湾农业探索，2007，3（9）：20-22.丛林，连张飞，苏明华等.福建省花卉产业发展研究Ⅱ[J].福建农业学报，2007，22（2）：202-206.

② 陈俊杰.漳州市花卉产业发展研究[D].福州：福建农林大学，2008.

③ 郑君强.三明花卉生产现状及产业化发展对策[D].福州：福建农林大学，2011.

④ 林露.2021年漳州花木业务收入1.1亿元 支撑产值7.65亿元[EB/OL].闽南网，2022-02-25.

（2）优势区域格局基本形成、新兴种植产区悄然崛起

目前，漳州市已基本形成龙海九湖水仙花、漳浦沙西榕树、漳浦马口洋兰（蝴蝶兰）、南靖国兰、龙海百花村盆栽花卉、南靖县金线莲、沿 324 国道（百里花卉走廊）绿化苗木等优势区域，具有漳州地方区域特色的花卉产品。2021年，漳州全市花卉苗木种植面积 34.51 万亩，占全省 24.8%；全产业链产值 366.42 亿元，占全省 31.5%；出口额 9996 万美元，占全省 73.6%，均位列全省首位。① 2022 年，漳州的花卉苗木种植面积 35 万亩，全产业链总产值 384.2 亿元，种植业出口额 8553.6 万美元。2023 年 6 月底全市的花卉苗木种植面积 32.7万亩，全产业链总产值 204.3 亿元，种植业出口额 4540.3 万美元。②

近年来，随着漳州花卉业不断发展，一些新兴种植产区悄然崛起，如漳浦溪坂村利用地处花博园区和漳浦台湾农民创业园的地理优势，优化特色产业布局，产业链配套日趋完善，产业集聚优势日益显现，形成了花卉产业"全国买、卖全国、全国买卖"新格局，成为全国重要农业基地、全省最大的花卉生产出口基地和集散中心。截至 2021 年，溪坂村全村苗木种植面积 1 万亩，全村拥有花木企业 235 家，配套企业 28 家，97%的农户从事花卉苗木种植、经营。2020年创造经济价值 4.2 亿元，村级集体经济收入 47.7 万元，村民人均纯收入 7.6万元，居全市行政村前列。③ 南靖山城 4 千米处，该地段地处南靖县城到世界文化遗产—南靖土楼路段，近几年已发展成为南靖兰花和南靖金线莲产业种植和销售基地，产业发展前景很好。

3.2.3.2.3 花卉市场初具规模、品牌建设成效显著

目前，漳州市花卉市场主要有漳州市花卉交易中心、南靖兰花市场、漳浦榕树集散地、闽南花卉批发市场（百里花卉走廊）等 4 个，拟建或在建的有海峡西岸花卉世界、海峡（福建漳州）花卉集散中心、闽荷花卉合作交流中心等3 个。其中，漳州花卉交易中心（百花村）被国家林业局、中国花卉协会评定为"全国重点花卉市场"，年成交额约 10 亿元；闽南花卉批发市场被评定为"全国花卉定点市场"，年成交额近 7 亿元。南靖兰花、沙西榕树两个市场年交

---

① 苏依捷.漳州出台促进花卉苗木产业高质量发展十条措施 [EB/OL].东南网，2022-06-30.

② 漳州市林业局创新驱动推动花卉苗木高质量发展 [EB/OL].漳州市人民政府网，2023-09-15.

③ 洪锦城，方献瑞，李顺杰.溪坂村走花木特色产业发展道路 村容村貌焕然一新 [EB/OL].今日热点网，2021-09-16.

易额均在 1.5 亿元左右。"漳州水仙花"和"南靖兰花"分别在 2008 年和 2010 年取得中国驰名商标认定，成为全国第二和第三个花卉类驰名商标，"漳州水仙花"还在 2010 年获得"福建名牌产品"。2012 年以来，漳州市积极推进电子商务平台建设，已邀请花卉企业及电子商务专业人士进行研究，筹划建设漳州市花卉电子商务平台，现已进入初步的实施阶段。电子商务平台的建成，将有利于漳州市加快实现花卉市场的公平竞争，我们要充分了解国内外花卉产业信息动态，把握市场机遇，积极拓宽漳州花卉产业的发展空间，在国内、国际合作中促进漳州花卉产业升级、发展。

3.2.3.2.4 花卉产业政策日趋优化

漳州市花卉产业发展坚持市场主导为主、政府引导指导为辅的发展战略，以企业为主体，努力实现产学研相结合，产、供、销一条龙。政府主要在优化产业环境和政策上下功夫，2012 年，漳州市组织专门力量对《漳州市人民政府关于扶持花卉产业发展先行先试的若干意见》（漳政综〔2010〕105 号）进行修订，形成《漳州市人民政府关于扶持花卉苗木产业发展的意见》，并于 2012 年12 月 6 日批准发布实施。为了促进漳州花卉产业持续、健康发展，漳州市在2003 年出台的《漳州市花卉产业 2003—2010 年发展规划》基础上，着手起草《漳州市花卉产业发展规划（2013—2020 年）》。该规划从发展现状和发展条件、指导思想、区域布局、重点建设工程、主要建设任务、保障措施等方面加以规划起草，为漳州市花卉苗木产业的发展指明方向，其具有较高的科学性和操作性。

3.2.3.3 漳州花卉产业现有供应链结构

与制造业产品相比，花卉产品属于鲜活的农产品，易枯萎或腐败，生长有一定周期，受生物、季节、气候等自然环境影响大，因此花卉产业供应链有自己独特的一面。花卉产业发展的基础虽然是生产，但市场和流通是花卉产业发展的关键，即花卉产业供应链的核心企业注定是属于流通性质的企业。

目前，以批发市场为核心的漳州花卉流通体制在漳州占据主导地位。花卉供应链中的核心企业可以是花卉物流企业，也可以是零售企业，无论是哪种类型的核心企业，其所发挥的主要作用：（1）通过协调供应链上的信息流，降低花卉产品流通环节的交易成本。减少花农的市场风险，提高花农的收入；（2）通过对物流的协调管理，减少花卉产品在流通过程中的损耗；（3）使花卉产品从生产到最终消费始终处于一种透明和可控制的状态，使产品质量得到保障；

（4）核心企业通过花卉的品牌化经营，可以树立起在消费者中的质量信誉，进一步拓展消费市场。

批发市场是花卉产品流通主渠道中的一个关键性环节，它将众多生产者的产品通过多种供应渠道汇集到一起，然后通过各种销售渠道将花卉产品送达到消费者手中，只有少量花卉产品绕过批发市场以直销的方式送达到消费者手中。但是，漳州花卉批发市场的销售方式是以"即时货银两讫"的现货交易为主，这是一种商流与物流不分的最原始的流通形式。

从供应链管理的观点来看，漳州花卉产业供应链可以以批发市场为界分为两部分，一是"供给—生产—流通"环节，即从供应商到花农/生产企业，再到批发市场；二是"流通—消费"环节，即从批发市场到消费者。在这两个独立的短链内部，或许可以构成合作的关系，但在两个短链的结合处—批发市场，这种当日现货交易机制决定了只能存在的单纯的竞争关系，不可能存在合作，只能追求眼前利益而无法考虑长远利益。因此，在以花卉批发市场为核心的流通体制下，漳州花卉产业供应链必然是一条断裂的链，或者只能形成一些局部的短链，供应链全程管理无从说起。

一条断裂的供应链也必然会阻断漳州花卉产业供应链的信息流，这既包括从消费者到供应商的需求信息流，也包括从供应商到消费者的供给信息流。因此，从漳州花卉产业供应链的运行机制来看，这两条信息链都被阻断了，这会导致上下游信息不能顺畅流动，甚至产生"牛鞭效应"。

3.2.4　对漳州花卉产业供应链协作机制的思考

供应链协作是处于供应链上的两个或两个以上的独立公司为了获得比独自运作更多的收益而建立的协作关系，这种协作关系可以为最终消费者和公司股东创造更大的价值。协作企业通过与上下游伙伴企业建立一定程度的合作关系，在一定时期通过共同管理业务过程、共享信息、共担风险、共享收益来创造竞争优势（Spekman et al，1998），当供应链上的所有成员企业都能够很好地进行协作时，供应链总成本就会降低，供应链的整体绩效就会大大提高，进而供应链节点企业的财务状况、质量、产量、交货期、用户满意度和业绩等也会得到改善（Fisher，1997）。

但是，在理想化的结果与现实之间总是存在着很大的差距，在很多情况下供应链协作的价值并没有真正发挥出来。而解决这一问题的根本途径就是要处理好各企业之间由于信息不对称所引起的一系列问题。

3.2.4.1 "供给—生产—流通"环节协作分析

漳州产业供应链的"供给—生产—流通"环节，即从供应商到花农/生产企业，再到批发市场，这是漳州花卉产业供应链中的一部分，从供应商再到批发市场形成了一条短链。如下图3.3所示。

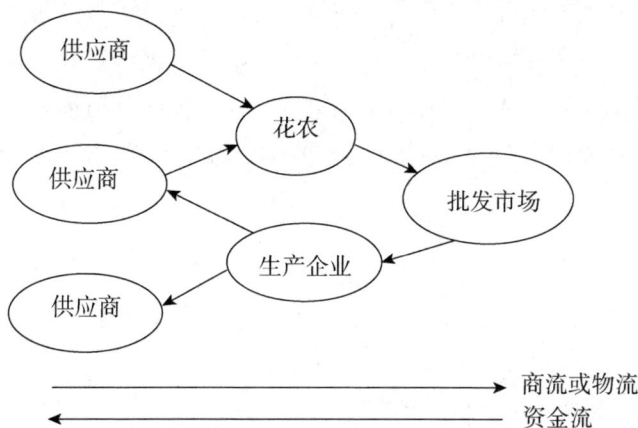

图3.3 供应商到批发市场的短链结构

目前的批发市场的主要销售方式是以"即时货银两讫"的现货交易为主，这是一种商流与物流不分的原始的流通形式。这种当日现货交易机制决定了只能存在的单纯的竞争关系，不可能存在合作，只能追求眼前利益而无法考虑长远利益，这导致在这个短链中的供应商、生产企业/花农、批发市场之间的协作程度低，整个供应链的效益低。导致这些问题的主要原因就是信息不对称。

在这个短链中，批发市场是核心部分，起主导作用，批发市场的"即时货银两讫"交易体制决定了短链中各企业的关系。在这个短链中，各上下游企业只能存在单纯的竞争关系。为了使自身利益最大化，批发市场会采取信息不共享方式，单方面地掌握需求方面的信息。

现在漳州花卉生产经营主体仍以花农为主，家庭式生产经营占主体地位。大部分花农依靠花卉产品提高了收入水平，但是大多数花农没有受过专业技能培训，生产效率低。由于批发市场的信息不共享，多数花农对国内外市场行情和营销体系的信息掌握有限，这导致花农种植花卉没有针对性，也间接导致了花苗供应商对花苗的市场需求难以预测，从而又促使花苗的库存成本增加，花农的种植成本也随之增加。

3.2.4.2 "流通—消费"环节协作分析

漳州产业供应链的"流通—消费"环节，即从批发市场到消费者。从批发市场到消费者，形成了一条短链，如下图3.4所示。在这个短链中，批发市场是核心部分，掌握着花农、生产企业的供给信息以及花店、超市和分销中心的需求信息，但是在目前漳州花卉供应链中批发市场与超市以及分销中心只存在单纯的竞争关系。因此为了自身利益的最大化，批发市场不会选择共享花卉的供给信息。对于花店分销中心以及超市来说，消费者虽然有对花卉的需求，但是它们对花卉的供给信息掌握不完全，很难采取合理的营销策略，而且对库存方面的决策也不能达到最优，致使库存成本和运输成本偏高难以降低。

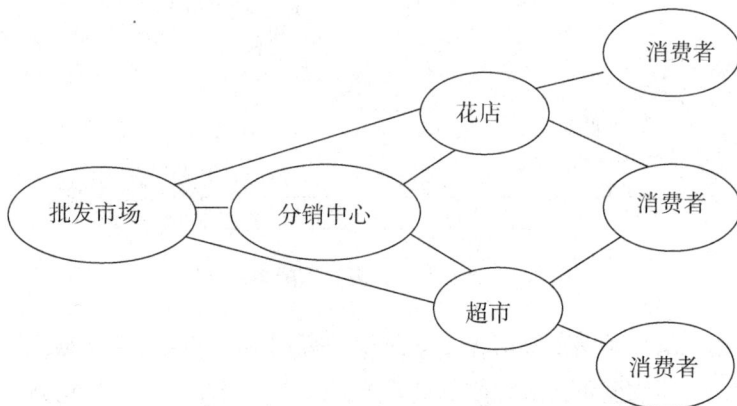

图3.4 批发市场到消费者的短链结构

在目前信息不对称的供应链结构中，各企业为了使自己利益最大化，各自为政，缺少协作意识，使整个供应链的效益不能达到最大。

3.2.5 新的供应链结构模式的思考

从漳州花卉产业供应链结构现状来看，以现货交易的花卉批发市场为核心的供应链结构阻碍了整条链信息的流通，使得整个供应链的运作成本高，效益小。那么为了解决这些问题，比较有效的办法就是通过积极培育核心企业，建立产业供应链管理体系，以花卉供应链的核心企业来替代目前批发市场在花卉产业链中的核心地位，以花卉核心企业为核心的供应链结构如图3.5所示。

本章根据漳州花卉产业现状提出如下两种可行的供应链结构模式。

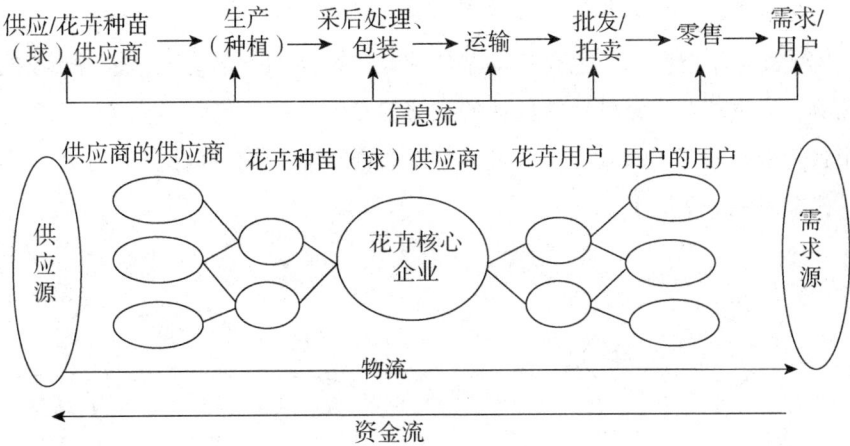

图 3.5　以花卉核心企业为核心的供应链结构模型

3.2.5.1　以物流中心为核心的供应链结构

对于花卉这种鲜活的农产品可以通过构建加工物流一体化的物流中心，实现花卉产品的快速高效配送，减少流通环节，提高花卉的新鲜度和质量。来物流中心主导的一体化花卉供应链系统，一般以商业流通企业为主，其结构如下图 3.6 所示。

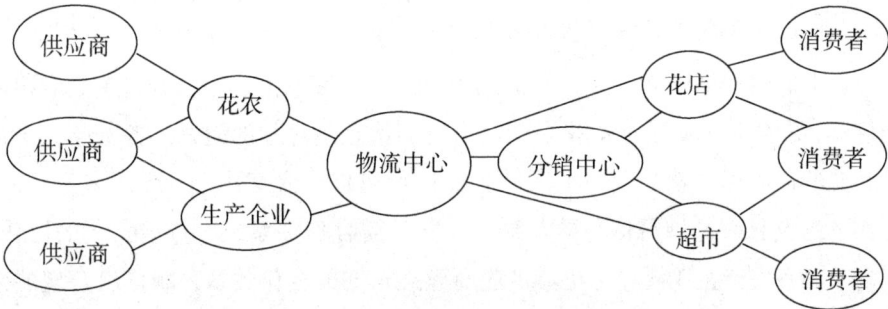

图 3.6　以物流中心为核心的供应链结构图

物流中心可由原来的批发市场发展而来，通过对批发市场的改造，采用先进的电子信息技术辅助花卉产品交易，配备完善的物流体系和信息平台，使得物流中心成为连接生产、加工、零售的核心环节，还有一种比较现实的解决方案就是利用现有的物流公司①。

---

① 张科静，黄朝阳. 云南省花卉产业供应链管理中存在的问题与对策分析［J］. 安徽农业科学，2011（1）：39–42.

3.2.5.2 以网上交易平台为核心的供应链结构

网上交易平台的职能主要是发布各种花卉产品的供求信息，进行市场分析及预测，为供求双方提供轻松快捷的在线洽谈、购买和支付等服务。以网上交易平台为核心的花卉供应链可以减少不必要的中间环节，降低企业的交易成本，其结构如下图3.7所示。

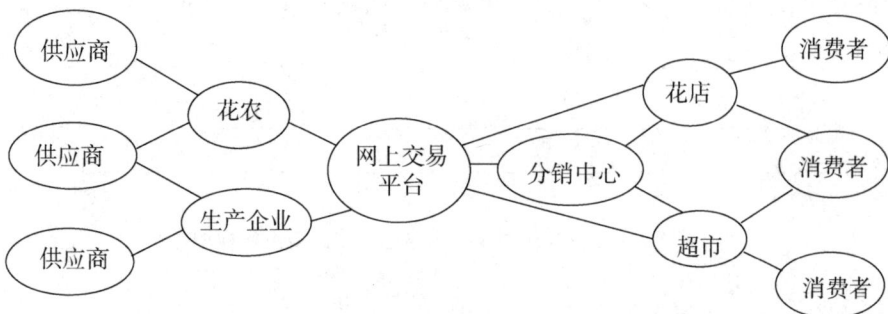

图3.7 以网上交易平台为核心的供应链结构模型

花卉网上交易平台的建设可以由政府发起创建或由该产业协会创建，如漳州花卉协会，也可以以现有的一些实力比较强的网络花店为依托创建花卉网上交易平台。

3.2.5.3 新供应链结构的协作分析

以上的两种供应链结构，通过物流中心/网上交易平台来协调整个供应链的信息流，有效地解决了漳州花卉产业供应链信息不对称的问题。各企业为了自身利益的最大化，就必须与上下游企业进行协作、信息共享，形成多赢局面。各上下游企业通过供需信息的共享，建立长期合作关系，进行最大化的协作。花农、花卉生产企业通过与花苗供应商建立长期的合作关系，制订出合理的采购计划，降低采购成本。花苗供应商针对采购计划进行库存调整，减少库存成本；物流中心/网上交易平台通过与花农、花卉生产企业以及花店、分销中心、超市进行协作，掌握花卉生产和需求信息，合理安排库存、花卉运输计划以及花卉再加工生产计划。同样，对于花店、分销中心以及超市来说，信息共享，建立长期的合作关系可以降低库存、采购成本，以及可以制订出合理的销售计划。大大提高供应链的整体效益水平①。

---

① 董玲. 对云南省花卉产业供应链结构的思考 [J]. 时代经贸，2008 (6)：103-105.

3.2.6　结束语

花卉业作为新世纪的"朝阳产业"，不仅集经济、社会、生态效应于一体，而且能够满足人们的精神需要。我国是世界花卉原产地之一，幅员辽阔，气候多样，花卉种质资源丰富，花卉产业在国际竞争中有明显的成本优势。福建省漳州市地处平坦肥沃的漳州平原，气候温暖如春，适宜亚热带花卉种植，是得天独厚的栽种各种花卉的天然大温室，作为我国花卉的传统产区，其具有地理和品种资源优势。近年来通过市场培育、扩大规模、调整结构，抓住机遇，充分利用较好的区位优势、资源优势、基础优势、对台合作优势等一系列措施促进发展，使其成为漳州市发展高效农业的重要组成部分。本书对漳州花卉产业供应链协作进行研究，获得以下结论：

漳州是我国著名的花卉之乡，花卉产业对漳州的经济发展有着举足轻重的作用。漳州花卉产业发展到今天，初步形成了以水仙花、榕树盆景、国兰、洋兰、沙漠植物（仙人掌类）、阴生植物、棕榈科植物、草花植物等八大类特色产品。

近几年漳州虽然花卉产业得到了进一步的发展，但是从供应链管理的角度来看，漳州花卉产业供应链还是比较传统的，各环节各自为政，缺乏合作。本书通过对漳州花卉产业当前的供应链协作方面进行分析，发现其主要问题是整体供应链的各环节信息不对称，以批发市场为核心当日现货交易的交易方式使得上下游企业只存在单纯的竞争关系，由于供应链各环节缺乏合作使得整个供应链的整体效益较低。漳州花卉产业应该思考新的供应链结构，加强企业的合作，提高整体效益。

本章研究以期为漳州市花卉产业化发展提供一定的指导意见，给政府决策、宏观引导和行业管理提供参考意见，来进一步加快漳州市花卉产业化发展，为漳州花卉产业的可持续发展做贡献。

第4章 品牌创意供应链增值管理与举例

4.1 时尚消费品文化供应链增值
管理及应用探析

时尚消费品的精致供应链和其他产品的普通供应链流程所注重的环节有许多不同。其中，时尚消费品所强调的精致文化，贯穿其整个供应链流程，并对其产业的金融收益有着重大的影响。文章结合国内外时尚消费品行业供应链的运作，以及时尚消费品文化产业在供应链流程中所起到的作用对时尚消费品进行分析，并对我国时尚消费品行业供应链模式未来的发展提出建议和展望①。

4.1.1 绪论

4.1.1.1 研究背景

高端时尚消费品在国际上被定义为一种超出人们生存与发展需要范围的，具有独特、稀缺、珍奇等特点的消费品。进入 21 世纪，欧洲国家对时尚消费品的消费开始消退。中国、俄罗斯、印度、巴西等新兴市场的时尚消费品消费将快速增长，成为世界时尚消费品行业主要增长区域。特别是中国经济的腾飞以及中国市场所蕴含的巨大市场潜力，吸引了大批外国时尚消费品进入中国市场，进一步加速了中国时尚消费品市场的发展壮大。中国时尚消费品市场正以惊人的速度发展，新富人群成为消费的重要力量，时尚消费品消费呈现年轻化趋势。

---

① 孔淑红. 时尚消费品牌历史［M］. 北京：对外经济贸易大学出版社，2010：15-23；孔淑红. 时尚消费品产业分析［M］. 北京：对外经济贸易大学出版社，2010：115-117；朱明侠. 时尚消费品市场营销［M］. 北京：对外经济贸易大学出版社，2010：210-231.

预计中国有望成为全球最大的时尚消费品消费市场①。

时尚消费品与供应链物流，是两个在中国欣欣向荣的新兴产业，其实在中国并没有什么必然的联系，因为时尚消费品的稀缺性和限量的特点，大多数时尚消费品品牌按单生产，运输多采用空运，没有库存控制的压力。因此从狭义物流角度，时尚消费品是不需要严格物流管理的。但是随着时尚消费品平民化和大众化特点的加强，很多时尚消费品牌也需要对市场需求进行预测，从事生产外包并更多地采用成本较低的运输方式，因此从广义的物流角度来看，即使是显得那么高高在上的时尚消费品，也必须进行相应的物流管理②。

相比于国内，国外很多时尚消费品品牌通过各种渠道发展自己的产业链，扩大金融收入，例如：通过独特的品牌文化的传承来打造自己的市场垄断地位；利用自己品牌的独特优势来巩固自己品牌的市场垄断地位；实施高端定价策略来塑造自己品牌的市场垄断地位；创作出唯美创意广告牢牢锁定品牌的目标市场；拓展产品差异来占领市场的独特领域；致力于研发创新来延续自己品牌的垄断地位③。

4.1.1.2　研究意义

本章借鉴国外时尚消费品供应链产业的发展道路，尤其是其中的产业文化运营方式，然后结合中国本土时尚消费品牌的发展现状，对当今和未来中国时尚消费品牌产业链金融的发展进行分析，提出自身观点。

4.1.2　时尚消费品产业与众不同的精致供应链

与大众品牌相比，时尚消费品牌对供应链在质量、时间、成本、服务等都提出了不同的要求。质量方面：不同于大众品牌"过得去"的质量要求，时尚消费品牌要求无论是设计、生产，还是包装等各方面的质量都非常精致和苛刻；时间方面：不同于大众品牌的及时性和可获性，时尚消费品牌为了追求质量，更多追求手工，甚至不得不从下订单开始得等上几个月甚至几年；成本方面：不同于大众品牌由于受到价格的约束多走低成本路线，时尚消费品牌强调的是

---

① 周婷. 时尚消费品国际贸易策略［M］. 北京：对外经济贸易大学出版社，2010：121-123；周婷，朱明侠. 时尚消费品案例分析［M］. 北京：对外经济贸易大学出版社，2010：65-68.

② 王菲. 时尚消费品消费者行为学［M］. 北京：对外经济贸易大学出版社，2010：72-76.

③ 周婷. 时尚消费品客户关系管理［M］. 北京：对外经济贸易大学出版社，2010：34-40.

价值而非价格，不太考虑成本因素；服务方面：不同于大众品牌提供的大众服务，时尚消费品牌要求的是贵族式的精致服务。时尚消费品牌的打造不是一朝一夕能完成的，正如洛克菲勒所言：培养一个贵族需要三代时间，建设一个时尚消费品牌也需要供应链各环节持之以恒地做到精致。表4.1描述两种不同品牌供应链的特点①。

表4.1 时尚消费品牌与大众品牌供应链对比

	基于时尚消费品牌供应链	基于大众品牌供应链
供应链主要类型	精致供应链	精益供应链
关注点	打造知名度以确保能为拥有者带来荣誉感的同时，更注重美誉度	偏重知名度，知名度远大于美誉度
研究与开发	多采用大牌设计师，注重原创开发，注重艺术元素应用	多采用模仿战略和买手模式，强调实用
采购与生产	注重原产地概念，大量手工制造，用料苛刻讲究，制作程序复杂、限量	采用低价的替代原料；往低成本生产基地转移；大批量，流水线生产
产品配送	包装、运输、安装服务等都非常讲究	强调成本低，高可获性
销售与售后服务	选择黄金地段的自营专卖店和高档商；精致装修要体现品牌的品位、档次和内涵；对服务员的选择、包装和培训与品牌全方位匹配；高度重视售后服务	选择大型超市、批发市场或一般商场等

4.1.3 国外时尚消费品文化产业链在本地市场

4.1.3.1 国外单一时尚消费品品牌、增值分析

4.1.3.1.1 施华洛世奇品牌历史

1985年，Daniel Swarovski在奥地利的小镇上以纯净的材质、独特的制作工艺和神奇的切割方式制造出水晶石，一经问世，立刻在同行中出类拔萃，被全世界认定为璀璨夺目和高度精准的优质水晶，这奠定了施华洛世奇成功的基础。

施华洛世奇不仅仅是简单的仿水晶产品，更多的还是科技发明、文化艺术、独特工艺、先进理念和时尚创意的结晶。如此丰富的内涵早将仿水晶提高到一

---

① 姚韵．时尚消费品网上零售［M］．杭州：浙江人民出版社，2012：139-144.

个真善美的境界①。

4.1.3.1.2 施华洛世奇市场营销策略

（1）直营店经营模式

直到 20 世纪 70 年代，施华洛世奇才开始带着它的水晶产品大范围地进入广阔的消费品市场，并且也开始建立自己的独立品牌，而不像之前那样再依附别的品牌。

伴随着产品种类的不断增加，销售方面面临的挑战也日益严峻。很长一段时间，施华洛世奇的销售都是走简单的路线。作为收藏品、首饰或配饰的生产商，施华洛世奇的产品只能在指定的商店或购物中心出售，因此，很大一部分的销售收入被商家瓜分，品牌的价值也白白流失，顾客们对这种高档产品的销售环境并不满意。

施华洛世奇拥有自己独立的专营店的想法就此开始形成。当时，在巴黎已经有一个直营店，相比之下，独立商铺带来的收入比那些许可店，显得要可观得多。公司管理者们想要把市场这步棋走得更直接简单，来达到加强品牌力量的目的。在历时很久的市场调研、计算以及讨论后，他们最终决定，建立一条施华洛世奇自己的销售渠道。

1989 年，天鹅这一标志代替了原本的雪绒花，成了公司的新标志。这一形象更符合公司的定位，因为在文学中，天鹅这一形象经常被用于形容纯洁以及高贵，当然也包含变化的意义。变化更适合表达出公司从一个供应商到一个消费品牌过渡的过程。

这无疑是施华洛世奇经营史上很高明的一步棋，后来的成功足以证明：独立经营的店铺开得越多，在各种品牌排行榜上施华洛世奇的名字就爬得越高。

（2）与名牌联姻

向大牌借力，是施华洛世奇推销自己最常用的营销手段之一。

当然，一个什么资本都没有的企业是无法沾到大牌的光的。施华洛世奇的核心优势就在于百余年生产水晶首饰的丰富经验，尖端科技精雕细琢切割而成的水晶石，成了世界翘楚。

全球著名设计师和时装制造商看中的是施华洛世奇产品本身的时尚和精致。施华洛世奇水晶与时装界的知名品牌保持合作，在纽约、巴黎等时装展上，为

---

① 王珍. 施华洛世奇的水晶世界 [M]. 北京：对外经济贸易大学出版社，2010：210-212.

令人惊艳的作品增添非凡色彩。设计师们把施华洛世奇水晶完美地应用在不同种类的产品上，使施华洛世奇无处不在。在大品牌的光芒下，施华洛世奇的魅力得到了更好的彰显。

4.1.3.1.3 施华洛世奇 文化产业运作分析

（1）与明星共辉

1962 年，梦露在约翰·肯尼迪的生日晚宴上献唱一首歌《总统先生，生日快乐》。当晚她穿着一袭如风似雾的法国薄纱裙，裙袂飞扬闪耀着无数晶晶亮亮的眼睛，那就是镶嵌在礼服上的施华洛世奇水晶。后来，这条美丽的裙子被CHRISTIES 拍卖行以创纪录的 130 万美元成功拍卖。施华洛世奇借助电影明星文化优势，不但自身打造广告，提升知名度，且在 2010 年推出了玛丽莲·梦露性感胸针、项链，用水晶定格了这一份永恒的美丽。毫无疑问，这种胸针、项链成了热卖款，由文化带来的金融方面的收益是显而易见的。

（2）慈善和环保

自 21 世纪初，施华洛世奇已经开始支持并积极参与时尚女性最关注的抗乳腺癌活动，2010 年更是首次在大中华地区推出粉色丝带系列，包括造型可爱迷人的"换了鸭子"摆件，设计精致夺目的各款配饰，时尚实用的钥匙扣及圆珠笔等。整个系列产品均以粉红色为主调来配合关注乳腺癌的主题，感觉柔美迷人，散发着令女士难以抗拒的魅力。充满着关爱的粉色水晶，让施华洛世奇有了更多的内涵①。

这阐释了施华洛世奇对美丽、希望、创意和生命的追求，这个粉红系列除了一贯的美丽时尚外，还添加了一层道德意义上的审美，使施华洛世奇更加熠熠生辉。

4.1.3.1.4 施华洛世奇物流管理

施华洛世奇于 1971 进入中国市场，在上海设有发货中心，仓库总面积达上万平方米，每天的出入库存量上万件。各分店的销售及盘点情况需要及时统计，根据情况按时上报到发货中心，仓库管理人员根据各分店的订货单准时发货②。

其发货中心原本采用的是一套 SIT 系统，仓库管理人员以及维修人员只能凭借电脑信息及传统纸张资料，手工进行入货、拣货、发货、盘点、保修等操

---

① 杨清山. 中国时尚消费品本土战略［M］. 北京：对外经济贸易大学出版社，2010：112-114.

② 李洋. 时尚消费品物流管理［M］. 北京：对外经济贸易大学出版社，2010：134-137.

作。随着出货量及销售需求的日益增多，施华洛世奇需要一套先进且全方位的解决方案，满足库存管理、发货、维修以及门店管理等方面的需要。

数月调查后，美国易腾迈公司和上海哲林软件科技有限公司的仓库管理和服务及服务解决方案被施华洛世奇选中。易腾迈的 PD41 和 PB42 打印机及 CN2B 手持终端为客户提供数据采集、信息核对及门店的销售管理等支持。在收货过程中，仓库管理人员需要对从总部发来的货物进行清点和核实。PD41 将为所需产品打印信息条码，CN2B 手持终端具有高端的系统配置、紧凑的结构设计，且轻巧、耐用。

施华洛世奇水晶产品的特性对出库及盘货作业提出挑战①。由于水晶制品通常体积较小，因此，单从产品包装很难立即分辨出所出产品，通过标牌来识别产品又很费时费力，条码系统被采用轻松解决了这一难题，仓库管理人员只需根据数据库信息找到相应的货架后，采用手持终端对产品身份进行核实，确定无误后，货物将被迅速打包出库，软件系统生成集装箱单，由 PD41 进行打印。该方案还能延伸到店门管理，PB42 打印机用于打印销售凭条，CN2B 手持终端用于店内仓库管理。经过几个月成功应用，施华洛世奇的发货效率得到了大幅提升，高达 43%，货架管理准确率达 100%，维修时间缩短了 32%，极大地提高了中国业务的管理水平及客户满意程度。

4.1.4　我国陶瓷品牌在我国供应链增值管理中的发展路径

4.1.4.1　景德镇陶瓷文化产业介绍

陶瓷产业是景德镇最出名的产业，景德镇的历史是一个以陶瓷发展为主题的历史，中国瓷都景德镇依靠陶瓷产业发展了 1000 多年，陶瓷对景德镇的发展做出了巨大的贡献。景德镇陶瓷产业主要分为艺术瓷和日用瓷两大类，但在现时的景德镇陶瓷市场上，潮州瓷占据了日用瓷市场的主导地位，佛山瓷则是建筑卫生瓷市场的领导者。景德镇陶瓷的优势主要在艺术瓷上保持着国内领先地位。为了重振昔日辉煌，景德镇建成了省级陶瓷工业园区，"筑巢引凤"，园区内不仅有本土企业，还吸引了海畅、乐华、金意陶、欧胜诺、特地、东璟等一批知名陶瓷企业入园发展，全国各陶瓷产区均有企业来落户，这里真正成了全

---

① Abe Hall. The unofficial history and globalization of the LVMH brand [M]. 2005：18-19；舍瓦利耶. 奢侈品零售管理 [M]. 北京：机械工业出版社 2014：113-115.

国的陶瓷产业集聚地①。

4.1.4.1.1 景德镇陶瓷产业供应链管理

陶瓷产业创造价值的过程，是由一系列不相同而又相互联系的增值活动组成的，它包括研究开发、设计、原材料与设备采购、产品生产、仓储运输、搬运装卸、销售等环节，这些环节形成其完整的链状网络结构，即陶瓷供应链，如下图4.1所示。按陶瓷供应链生产作业流程划分，一般可细分为此图采掘、原料炼制、成型、彩绘、烧炼、仓储、运输、销售等生产工艺环节和销售环节。

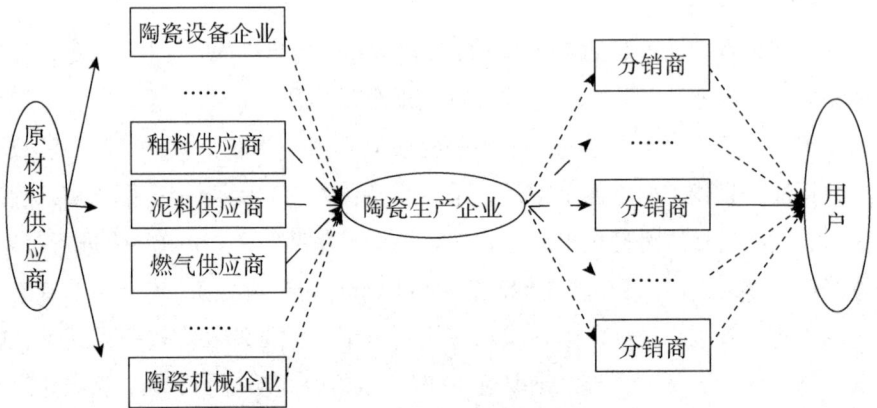

图 4.1　陶瓷产业集群式供应链管理模式

陶瓷产业供应链集群大致可归为三大板块专业，即生产主体产业，配套产业，物流产业三大板块。各板块按照专业化分工原则分散于不同企业，它们之间相互依赖，从而使相关企业集聚，逐步形成陶瓷产业集群式供应链。

4.1.4.1.2 景德镇陶瓷文化产业增值方式

景德镇产业集群供应链区域品牌文化凝聚了特定陶瓷产业地域的陶瓷历史与文化。陶瓷区域品牌的经营主体要有意识地促进陶瓷文化与当地的民俗文化、饮食文化、茶文化、旅游文化、收藏文化等文化形态进行融合，不断丰富和深化陶瓷文化的内涵，拓展陶瓷文化的外延，开辟陶瓷区域品牌文化的新境界，进而推动集群区域陶瓷产业的可持续发展。

陶瓷集群供应链区域品牌文化需要凝聚产业地域全体社会力量共同打造。为此，其需要得到社会各界的认同和推崇，社会各界在各自领域，站在不同角度宣传陶瓷区域品牌，共同营造建设陶瓷集群区域品牌文化氛围。

---

① 谢清纯.陶瓷产业集群式供应链研究［D］.长沙：中南大学，2010：198-205.

4.1.4.1.3　区域品牌文化产业链推广带来的金融增值

具体方法：举办陶瓷博览会；定期举办陶瓷文化节，陶瓷文化论坛；陶瓷精品展示与推介；特定地域城市规划中融入陶瓷文化，如规划建设陶瓷文化街、博物馆；撰写出版陶瓷文化专著，介绍有关历史渊源、产业发展现状等；陶瓷企业重大活动庆典。

品牌文化塑造在于传播推广。品牌文化形成其实就是消费者的传播过程，也是消费者对某个品牌文化的逐渐认知过程。

4.1.5　我国时尚消费品文化因素对其商业金融收益影响与模型

4.1.5.1　建模目的与前提条件

时尚消费品金融收益的重要决定因素是顾客对其品牌行为的忠诚度，当顾客能够体验感受到该品牌的用户形象与自己的形象较为相同，品牌倡导的理念与自己的价值观相近时，他会认同该品牌，并会购买、使用，甚至支持，成为行为忠臣。

4.1.5.2　研究模型

本章选取时尚消费品为研究对象，构建了品牌文化体验对品牌忠诚的影响模型，以功能文化、服务文化、情感文化、文化的自我表达四个维度为自变量，以品牌行为忠诚为因变量。

4.1.5.3　此模型基于以下假设

（1）时尚消费品牌文化体验至少由功能文化、服务文化、情感文化、文化的自我表达体验构成。

（2）以上文化方式对品牌行为忠诚度有显著的影响，能为其品牌带来金融收益。

4.1.5.4　量表结构设计

采用调查问卷的方式，以路易威登为测试品牌，问卷测试工具采用 Likert 五点量表，该量表由一组陈述组成，每一陈述有"非常同意""同意""不一定""不同意""非常不同意"五种回答，分别记为 5、4、3、2、1，每个被调查者的态度总分就是他对各道题的回答所得分数的总和，这一总分可说明被调查者的态度强弱或被调查者在这一量表上的不同状态。

4.1.5.4.1　第一部分，样本甄别的题项

（1）先问被调查者是否有过购买路易威登产品的经历，进而选取适合本书

的样本数据

（2）问卷中涵盖功能文化2个问项（产品美观度，产品质量没耐用度），服务文化2个问项（店门售货员产品导购，产品送货服务及售后维护），情感文化3个（广告对其购买影响，走秀宣传活动对其购买影响，朋友推荐对其购买影响），文化自我表达3个（与自身气质符合，与自身社会地位符合，虚荣心得到满足），以及3个品牌行为忠诚度的问项（服饰系列购买忠诚度，箱包系列购买忠诚度，配饰系列购买忠诚度）。

（3）填写个人基本信息

为了方便在问卷回收后进行有效的问卷甄选，对问卷予以统计，在问卷部分设置了被调查者个人性别、年龄、学历、年均收入的问项。

样本统计方式，在朋友的协助下，于合肥银泰购物中心、古井金鹰购物、南京德基广场、上海恒隆广场设置有路易威登专卖店这四个地方进行问卷发放，三个城市各发放100份，收回274份。筛选后实际有效问卷为217份。调研者数据基本信息如表4.2所示：

表4.2　调研者基本信息

人口统计特征	类型	人数	比例（%）
性别	男	94	43.3
	女	123	56.7
年龄	20岁以下	12	5.5
	20~30岁	68	31.3
	30~40岁	91	42
	40岁以上	46	21.2
教育程度	高中及以下	61	28.1
	大学本（专）科	115	53.0
	硕士及以上	41	18.9
年收入	3万以下	9	4.2
	3万-6万	43	19.8
	6万-10万	68	31.3
	10万-20万	65	30.0
	20万以上	32	14.7

4.1.5.4.2 量表描述性统计

对采集的数据进行汇总统计，计算各影响因素的测量指标的均值和标准差，来了解品牌体验对顾客品牌忠诚的影响情况以及检验样本结构是否合理，如表4.3所示。

表4.3 对顾客品牌忠诚度的影响

研究变量	题项数目	最小值	最大值	平均值	标准差
功能文化	2	1	5	3.37	619
服务文化	2	1	5	3.93	745
情感文化	3	1	5	3.84	924
文化自我表达	3	1	5	4.53	893
品牌行为忠诚	3	1	5	3.88	742

4.1.6 顾客对路易威登认知的总结

从表4.3中可获得的有效数据是：

（1）顾客对路易威登产品质量判断标准类似，基于产品使用功效，功能体验难以改变顾客心理的判断标准，顾客对基本功能介入程度不高。

（2）标准差的文化服务。情感服务和文化自我表达体验较大，这应该与每个顾客不同心理因素有关，由于个体的特性和主观感受导致在评价时主观情感介入，对时尚消费品的价值认同感较强，由于个体原因，导致数值离散度偏高。

（3）从表中可以看出文化自我表达在时尚消费品行业中的作用非常突出，我们认为这与该类产品使顾客产生自我价值感、身份彰显、虚荣心等心理有密不可分的联系。这说明，在时尚消费品行业中，其文化价值带来的金融收益作用最重要不在品质文化、服务文化上，而是在奢侈文化所带来的自我价值的驱动上。

4.1.7 国际时尚品牌在我国供应链增值管理举例分析

4.1.7.1 路易威登在我国的需求分析

4.1.7.1.1 市场现状

中国是全球时尚和时尚消费品最蓬勃和具潜力的市场。中国尽管受到最近全球经济衰退的影响，但是富裕消费者依然有增无减，对时尚消费品出手阔绰。

中国现在约占全球时尚消费品市场的 5%，而且呈现倍数增长。

日本约占路易威登总销量的 50%，其他亚洲国家占 10%到 15%。日本市场虽然呈现饱和，但仍然努力超越销售记录，而韩国、印度、马来西亚和新加坡市场是后起之秀。中国后来居上，渴望成为全球最大的市场。

4.1.7.1.2　对我国消费者分析

中国消费者对时尚消费品趋之若鹜，而 LVMH 反应灵敏来迎合消费者的需求。路易威登进入中国市场 5 年后的 1997 年，架设中文的官方网站，现在同时也有英文、法文和日文版官方网站。

因为季节性商品的数量和品项都在增加，所以每一季商品的货架期也跟着缩短。时尚消费品牌在中国推出的时尚精品的频率和数量都比较多。路易威登在中国推出零售价格较低的小配件，针对年轻的新客群推出价格高或者有质感的时尚消费品。

4.1.7.2　路易威登在我国进行的供应链金融商业模式

4.1.7.2.1　路易威登在我国特殊文化的宣传方式以及所带来的金融效应

（1）创造品牌 DNA

建立时尚消费品品牌不是件容易的事，LVMH 的首席执行官和执行总监 Bernard Arnault 心中有套成功模式：挖掘品牌历史，明确界定品牌的身份，就是品牌所谓的"DNA"，然后寻找合适的设计师诠释这段历史，严格控制产品质量和经销渠道，最后，创造独树一格的营销手法，激起市场的回响。这套方式很成功，也拜路易威登盛名之赐，LVMH 每年创下丰厚的盈余，并且持续增长。

路易威登的品牌形象建立在质量卓越和手艺精巧的传统上。公司员工 8000 到 10000 人，每位员工都必须了解蕴含品牌精神的公司历史和文化：旅行的艺术。所有的业务人员必须先到巴黎接受专业培训，门市的装潢布置和客户服务的细节都反映了公司的传统。

公司一贯追求高价时尚消费品的价格策略，限量款式，而且很少有折扣促销，以免贬抑消费者心中的品牌价值。

（2）公关活动

路易威登为了打响在中国的品牌知名度，推出了许多公关活动。例如，2004 年 9 月，公司庆祝成立 150 周年，在上海恒隆广场开设旗舰店，举办大型义卖会。会场上展示千余件商品，盛况空前。

为庆祝中法文化年所举办的艺术展，路易威登精心安排了一次巡回展览，展示一些珍藏精品。

（3）广告

维持高级形象是时尚消费品品牌的首要任务，路易威登每年提拔 10% 的营业额作为营销广告之用。公司的品牌广告主要选择高级时尚和生活杂志。路易威登和多数品牌一样，难免会利用重要的国际赛事建立时尚消费品形象，因此赞助美国杯。路易威登在赞助这类活动时，总是特别小心谨慎，确保活动完全符合品牌形象。

2008 年，公司在上海传媒集团旗下的 5 个电视频道推出了 90 秒广告。有趣的是整支广告片完全没有提到产品，只是介绍旅行的艺术和旅行改变生活。

4.1.7.2.2　路易威登的供应链管理模式及其过程的文化增值

时尚消费品行业与大众消费品企业有许多不同。在供应链的要求方面，两者最大的不同在于，首要不是节约成本，而是保证服务——把商品及时送到消费者的手中才是最重要的，这有以下两个原因：

首先，时尚消费品行业的顾客的忠诚度很低，但凡产品在商店断货，顾客就会选择竞争对手的产品。除非顾客一开始就是打算等待某品牌专有产品，并把等待的过程当作享受时尚消费品的一种方式（例如某品牌的包具，顾客愿意等待 3 年来购买）。

其次，时尚消费品具有非常高的毛利率（根据财务年报，世界上最大的时尚消费品集团 LVMH 在 2012 年的毛利率为 67%），"时间就是生命"，缺货对于这些行业集团来说是无法接受的。时尚消费品行业宁愿增加一定的运输成本和成品库存，来实现用最快的速度把商品送到客户的手中。因此，衡量时尚消费品行业供应链表现的标准的重要性依次为服务、成本、库存。

当然，路易威登也将其品牌文化灌入了服务这个供应链的环节中，例如，订购产品送货上门服务时，送货员统一穿着路易威登西服，彬彬有礼，手持精美的包装袋，并会向其顾客细心地讲授产品保养方法以及其售后服务。路易威登将时尚消费品文化的精致、优雅溶于其服务流程中。

4.1.7.2.3　路易威登文化供应链在中国的运营方式与景德镇陶瓷文化产业运营方式对比

对比可以看出，二者在文化宣传和营销上异曲同工，但景德镇陶瓷在服务上的精致细腻，在亲身体验后，远比路易威登粗糙、逊色。景德镇陶瓷对服务产品带来的利润概念还不够明晰。景德镇陶瓷的消费群体大多还是中国本土群体。国外某些高级餐厅和家装公司会来成批订购产品，但其在海外的零售却寥寥无几。以上这两点或许是景德镇陶瓷产业可以改进和拓展的方向。

4.1.8 结束语

4.1.8.1 对于中国时尚消费品发展的建议

一个强势的品牌应该有能力创造一群崇拜者，一群热切的、并投身于品牌信仰的顾客。时尚消费品的义务是为人们提供物品而不是产品，是一种享受而不是消费。实际上，这样的物品需要人了解和欣赏，这就把那些有能力欣赏的人与其他人区分开来。最有能力解释时尚消费品的消费率的两大要素，除了人们的收入外，就是文化资产。其潜移默化的作用融入其供应链管理中增加了时尚消费品企业金融收入的增值。

4.1.8.2 中国时尚消费品发展的研究展望

中国现在有自己的时尚品牌，却没有时尚消费品品牌。在"文革"中剪断了它的根源，同时又使中国经济得以在消费膨胀和生产力提高的推动下保持两位数的增速。但是从生产者的角度考虑，一个中国的时尚消费品品牌究竟应该是怎样的呢？它应该高于商业世界的、尊贵的，并且源于一种永恒的东西，因此应该从历史中寻找它的根基。中国有着辉煌的历史，但至今为止人们还没有将它充分地挖掘出来，这种做法不是为了复制过去，而是为了寻回一种古老的、神圣的传统，而它们都应该在今天的现代作品或物品中得到体现。

根据实验调查以及各类资料的翻阅统计，时尚消费品供应链金融模式区别于其他商品最重要一点，就是将其文化产业溶于其过程，并且直接体现在消费者自身价值体验上。

中国企业应将尊贵、奢华、稀缺、自信等，以产品为纽带让顾客在消费过程中建立情感桥梁，通过文化广告效果等，在强烈的情感共鸣中宣传品牌，另外，强化顾客文化自我价值。企业可以推出类似会员制度，定期服务回访来提高顾客自我价值认识的水平。满足其追求身份和地位的心理。

在本土时尚消费品的物流供应链方面，我们应该借鉴国外公司的精致供应链管理和区别于一般物品供应链的特征，在物品安全、小批量定制生产、销售环节、文化宣传方面做出突破创新。

4.2　中国动漫产业供应链增值管理及举例

动漫是当今世界的朝阳产业,动漫在中国的发展也日趋成熟,动漫产业群体不断壮大。本书主要分析我国动漫产业的发展现状、发展模式,提出采用供应链的管理思想优化动漫产业的方案,从而实现供应链的增值效应。借鉴日本动漫产业运作模式,我们通过对现有资料的总结,阐述了我国动漫产业发展现状及存在问题,目前我国动漫产业以动画制作为主,并没有形成一体化的动漫产业链。最后结合日本动漫产业模式的特征提出我国动漫产业的发展路径,以及相应的增值管理建议对策。

4.2.1　问题的提出

"动漫"(Animation & Comic)一词是 1996 年以后才在中国大陆出现的,1998 年中国大陆第一本动漫资讯杂志《动漫时代 Anime Comic Time》的发行使得"动漫"以词出现,并且渐入人心,成为当代青少年生活中的一个不可或缺的组成部分。关于动漫,国内尚无非常权威和统一的概念来解释,有人说它是"与动画片相关的新型连环漫画",也有人认为它指"日本战后发展起来的漫画"即"现代漫画"。更确切地说,动漫就是用电影镜头语言绘制的新型漫画,"动漫"是动画和漫画的合称与缩写,不仅包括静态的漫画杂志、书籍、卡片,还包括动态的漫画音像制品。

目前,我国动漫的受众群体还是青少年儿童,新涌现的原创作者也大多是年轻人。普遍人仍习惯性地认为动漫就是"小人书",只是儿童观看的连环画和动画片。然而,动漫作为一种新兴的综合艺术形式,一种艺术表现手段,一种新的文化载体,在表现的内容和形式上相当具有包容性,和传统漫画有着本质区别。在当代社会,动漫的影响力与传统漫画相比已发生巨大的变化。动漫产品早已同电影、电视一样成为社会大众娱乐的消费产品。随着网络和数字技术的发展,动漫产业已经成为一个资金、科技、知识密集的新型文化产业,并被视为 21 世纪创意经济中最有希望的朝阳产业,具有知识经济的全部特征和可观的市场前景。今天的动漫产业已不是单一的漫画卡通创作,而是形成了以动漫形象及品牌为核心,由动漫、漫画、影视、图书、音像制品以及衍生产品和特许经营产品等组成的产业链。

4.2.2 我国动漫产业的三个历史发展阶段

（1）计划经济条件下的中国动漫产业

1979 年，为庆祝新中国成立 30 周年摄制的《哪吒闹海》是我国动漫产业发展的开始，随后上海美术电影制片厂拍摄了一系列动画，在这个阶段中国动漫产业一直在传统的轨道上发展，按照计划进行动画创作，而非根据市场需求决定漫画制作。动漫产品的内容和技术都比较保守，投资和市场开拓等也完全在国家计划之内执行，这使得中国动漫一直没能够真正焕发出生机和力量，在人们心目中动漫就是儿童观看的启蒙作品。

（2）改革开放初期的动漫产业

在实行改革开放之后，中国经历了从计划经济到市场经济的过渡，电视传媒业迅速发展，许多国产动画片开始在电视台上播映。但是，市场制度完善程度还比较低，计划经济模式的影响依旧存在，传统的以产定销生产方式完全脱离市场实际，忽略了市场需求，使得国内动画市场供求失衡，国外的一些优秀作品的涌入，占领了国内日渐扩大的需求市场。

（3）自由经济的全面发展时期

随着社会经济的不断发展，我国动漫产业同样处在这个战略机遇期，单从市场规模来看，我国已是一个动漫大国。近年来，我国动漫产业快速发展，产值从"十五"时期末的不足 100 亿元，到 2010 年达 470.84 亿元，年均增长率超过 30%；

2021 年我国动漫产业 2021 年营业总收入为 1167 亿元，同比 2020 年增长 0.69%。动漫产业作为一种新兴产业正在崛起，它的发展还有待促进和改善。目前，我国动画制作企业有上千家，而进行影视动画原创的企业或机构全国大致有 20 家。更多制作机构开始在全国经济发达省份涌现，这使得产业布局日益合理①。

近年来，中国动漫产业数量大幅攀升，动漫产业链不断延伸，盈利水平实现重大突破。中国动漫企业不断壮大，动漫企业规模发展迅速，涌现出一批成功上市的大型动漫企业，年收入过亿的大型动漫企业达到 13 家。

---

① 郑玉明，牛兴侦，卢斌. 动漫蓝皮书：中国动漫产业发展报告［M］. 北京：社会科学出版社，2013.

对动漫产业供应链的研究可以推动我国动漫产业的建设与完善，动漫产业供应链的整合强调跨组织的信息沟通渠道，建立透明化信息交互平台，更好地组织文化创意者和产品生产者之间的合作，优化动漫及其衍生品生产流程，实现物流无缝对接，提高整个文化创意产品供应链对市场变动的敏感度，降低牛鞭效应，积极改变生产方向以更好地满足市场需求，针对不同的消费群体推出个性化的服务，降低退货率和减少库存积压，使动漫产品供应链条的整体经济效益达到最优。同时我国可以对上游的动漫创意创作者提供更稳定的社会环境和经济环境，对其的创作起到激励作用，使之更能够创作出符合时代追求的人民大众喜闻乐见的动漫作品，对推动社会主义精神文明建设和社会主义法治建设具有积极的意义。动漫产业有助于推动文化产业的发展，促进我国文化的发展，使人民业余生活更加丰富多彩，并产生更多的精神价值。

4.2.3　动漫产业发展现状

4.2.3.1　国际动漫产业发展现状

国际动漫已逐渐形成了日趋成熟的完整产业链体系，动画的票房和电视播出收入是其第一重收入，图书和音像制品是其第二重收入。除了图书和音像制品外，还开发出大量的动漫衍生产品，主要包括玩具、直销纪念品、其他衍生商品和主题公园几大块。动漫作为一种新兴的文化产业，从诞生之初就和高新技术紧密相连，因此很多人认为动漫作品只是一种新技术下的产物，并不具备艺术性。然而随着动漫产业日趋成熟，这种新的文化传播方式引起了人们的关注。目前，全球动漫市场已形成美日领先，中韩并驾的格局。详情见表4.4所示。

表4.4　美国、日本、韩国、中国动漫市场对比

	美国	日本	韩国	中国
年产值（美元）	2000亿	90亿	7亿	6.9亿
代表制作公司或代表作品	迪士尼、华纳、福克斯、梦工场等	宫崎骏系列动画	《龙珠》《剑灵》	《黑猫警长》《喜羊羊与灰太狼》

	美国	日本	韩国	中国
成功因素	美国的动画电影业带动整个动漫产业的发展，各种动画明星出现在衍生产品中，成为带动相关产业发展的关键因素	日本动画片在特许授权方面获得巨大的成功，日本在动画片方面具有强大的市场竞争力，并且其在漫画方面也成绩斐然	从为美、日及欧洲作外包加工起步。20世纪90年代开始步高速增长期	产业链条断裂，版权保护不完善，发展不平衡，产业链上游制作与下游的衍生产品生产脱节
市场分布	影响力遍及全球	欧美、东南亚及我国	东南亚及我国	多数于我国
动漫产品形式	电影，图书，游戏，衍生品，主题公园	连载漫画，动画，衍生品	动画，游戏	以动画及衍生品为主，主题公园
受众群体	市场细分，针对青少年儿童与成年消费者	市场细分，集中于青年	青少年	多数针对少年儿童

4.2.3.2　国内动漫产业发展现状

首先，中国大多数动漫产品质量不高，动画缺乏内在精神，缺少有竞争力的品牌形象。虽然近年来，中国动漫产品的数量有大幅的提升，但是具有深刻内涵、具备独特风格、绘画形式新颖、具有中国特色的精品动画并不多，缺少在国际国内有竞争力的动漫品牌形象。

其次，动漫产业内部结构不合理，整体发展水平低下。中国现有成千上万家动漫制作企业，但这些动漫制作企业总体还处于规模小、分布散、竞争力低的状况，企业盈利水平普遍偏低，品牌企业少，企业核心竞争力不足。动漫的衍生品的开发相对较少，上下游行业之间没有形成良好的协作关系。各地政府在动漫发展方面存在急功近利、盲目跟风的现象，造成了同质化低水平的恶性竞争。

最后，动漫产业缺乏高端人才，特别是缺少创意策划和经营管理方面的专业人才。目前，中国动漫从业人员在校生人数不少，但是创意策划和管理等高端人才匮乏，很多优秀的动漫专业学生选择了设计、游戏等其他行业。动漫产业人才流失显著，高端人才的缺乏制约了动漫产业的发展。

4.2.3.3 我国动漫产业供应链发展现状增值管理现状

在国内的创意产业中，动漫产业的产业链根本没有搭建起来，往往是在动画节目的制作完成播放这一个环节后。我国动漫产业基本处于被动停滞的状态，后期图书与音像进行出版发行无法跟进，而玩具和形象授权问题得不到重视。一部动漫产品的生产制作仅靠播放收入很难无法填补其前期投入的资本，必须通过动漫衍生产品的开发生产才能实现更好盈利。

动漫产业以影视动漫作为产业主体，动漫舞台剧是动漫产业的延展和提升，其中每一个环节对动漫产业供应链都有拉升和整合的作用。玩具、动漫游戏等周边产品的开发是整个动漫产业链的主要盈利部分。就动漫产业来说，整个产业链条比较长，它的盈利模式独特，完整的动漫产品产业链一般从研发制作和销售开始，到图书和音像制品出版发行，教育软件的开发与传播，再到玩具、文具、服装等衍生产品的开发与制作、推广与销售，以及主题公园的建设运营等，通过开发动漫产品形象的品牌价值，可提升授权产品的市场价值，使其边际效益递增。目前，我国动漫产业盈利现状来看，市场开发极度不完整，国产动漫产品主要的盈利环节是动漫产品的直接消费，而动漫产业链的延伸部分也才刚刚起步，衍生产品的开发速度十分缓慢，因此放弃了大的盈利渠道，导致有些动漫产品的衍生设计无果而终。产业链的极不完整，会对企业造成巨大的经济损失，从国际经验来看，衍生产品创造的发展价值，带来的效益是巨大的，增长空间是很大的。

中国动漫产业链的搭建缺少创意研发、市场营销、人才管理等各类人才，我国与传统的动漫强国美、日等国相比还有巨大的差距，我国现有的动漫产业团队的完善，发展多方面人才已经成为我国动漫产业发展亟待解决的严峻问题。

4.2.3.4 我国动漫产业供应链含义

动漫产业是指以创意为核心，以动画、漫画为表现形式，包含图书、报刊、电影、电视、音像制品、舞台剧和基于现代信息传播技术手段的动漫新品种等，动漫直接产品的开发、生产、出版、播出、演出和销售，以及与动漫形象有关的服装、玩具、电子游戏等衍生产品的生产和经营的产业。

动漫产业供应链即指围绕动漫产品制作的公司，通过对信息流、物流、资金流的控制，从挖掘动漫创作者的创意开始，通过现代信息技术手段制作动漫产品及其衍生品，最后由销售网络把产品送到消费者手中的在上游保护文化创意，在下游拓展消费群体的供应商、制造商、分销商、零售商，直到最终用户形成一个整体的功能网链结构。

动漫产业供应链增值管理即加强动漫产业上游的创意开发形象设计与产业链中游的漫画产品制作衍生产品制造管理的，与中游生产企业及下游市场推广销售服务的联系，细分市场，明确定位，使得上游产品形象能够更符合消费者的需求，精确中游生产开发，缩短投资周期，扩大消费市场，增加企业收益。

动漫产业的供应链区别于传统产品的供应链，其上游产品是无形的文化产品，是一种精神消费品，动漫产品制作公司应保护动漫创作者的作品，使其能够产生经济效益，划清版权界限，将无形的文化创意转化为有形的动漫产品，使得上游的文化创意可以与中游的工业生产结合起来，拓展消费群体，才能够真正实现供应链的增值。

按照国际惯例，动漫产业链的构成，主要有三个层次：第一个层次是动画片的票房和电视播出收入；第二个层次就是图书和音像制品等市场；第三个层次就是卡通形象所衍生的大量的产品，而且其收入比前两个层次都要多，周期也比较长，主要有玩具、网络游戏、主题公园和直销等几个方面。并且，动漫和网络游戏表现出越来越紧密的关系，任何一方的走红都能带动另一方的发展。很多网络游戏的人物造型都与动漫的人物相似，网络游戏的开发过程也与动漫的制作过程相差无几。主题公园这业务的增加更是不能忽视动漫产业的影响。2006年香港地区推出的香港迪士尼，还有日本、美国等地区的主题公园，都呈现一种平稳的不断增长的态势。

4.2.4 中国动漫产业供应链增值管理系统分析

4.2.4.1 中国动漫产业供应链

4.2.4.1.1 动漫产业的主要特点

（1）高投入、高利润和高风险性。作为一种资本密集型产业，其前期的动漫形象创意和塑造投入大，这些产业链源头行业的发展影响着市场的占有率，好的创意和动漫形象塑造具有艺术感染力和持续冲击力，能锁住消费者眼球而获得高额利润；反之就会丧失市场，前期投入功亏一篑，构成巨大的经营风险。

（2）与科技结合紧密，对人才需求量大。动漫是网络和数字技术发展的产物，动漫作品的创作需要更多的技术支撑，对既懂艺术又有技术的综合型人才需求量大，除了前期的创作和技术人才外，还需要后期衍生产品生产销售的营销策划人才及其他相关行业人才。

（3）衍生产品多，营销周期长。动漫产业的衍生产品很多，使得整个产业链的营销周期拉长，获得的利润丰厚。其产品可获得多次、多地域以及主产品、衍生产品的综合性永久回报[①]。

4.2.4.1.2 动漫产业的涉及领域

（1）动漫影视作品的创作和生产、出版（包括电子及网络）。

（2）动漫游戏（包括网络、掌上、电视等游戏）产品的开发、生产和服务。

（3）与动漫影视和游戏产品相关的软件及工具的开发、生产和服务。

（4）动漫影视及游戏衍生产品的开发、生产、销售。

（5）动漫影视和游戏人才的培训。

（6）动漫影视及游戏产品（包括衍生产品）、知识产权的交易。

4.2.4.1.3 动漫产业的供应链迷思

郭红（2007）对我国动漫产业振翅艰难的迷局进行了解析，认为造成这种情况的原因固然很多，但最为关键的因素有二：一是体制问题，各地各级管理机构管理职能管过多过死，时而因涉及本部门利益而出现"越位"的现象，身兼多职于一身。从管理机制上看，目前管理机构已经存在多头管理问题，在配套机制方面，缺乏相关法律来保护动漫原创，在盗版的巨大压力下原创动漫不得不偃旗息鼓。二是企业创新力的缺失，使得动漫产业链条断裂。动漫产业板块之间业务没有有效的配合，制作、播出、后期衍生开发等环节各自为战，互补协调，制播不分离使得多数企业回收渠道单一，仅靠播出无利可得；动漫产业链中各个板块发育不全，且成熟度参差不齐。例如我国动画游戏较强，动画制片较弱；中期加工技术较强，前期策划弱、剧本弱；玩具生产能力极强，国产动画形象弱等[②]。

4.2.4.2 中国动漫产业供应链结构

动漫产业一般由动画前期市场调研和策划、动画生产制作、动画片营销（发行）、动画片的播放、动画片的衍生产品开发经营五个部分组成，环环相扣的产业链，在这个产业链中每一个环节的运作质量都直接影响下一个环节的成败，这是一个相互交叉又相互制约、相互促进的有机整体，其中的每个环节又牵扯众多的行业发展（如策划公司、动画制作公司、广电业、出版业、玩家业、服装业等

---

① 邓林. 世界动漫产业发展概论［M］. 上海：上海交通大学出版社，2008：9-16.

② 金元浦. 文化创意产业概论［M］. 北京：高等教育出版社，2010：74-76.

20 多个行业)①。漫画出版—动画制作播出—版权授权—衍生品生产及销售—部分动漫作品外销授权—成功动漫产品的深度开发及新动漫产品开发—良性再循环,极具品牌价值的可以开发具备混合消费模式的主题园区或主题店铺。以上模式是日本已经形成的产业模式,也是典型的以漫画为基础发展产业的模式。

我国在动漫产业供应链最成功的部分就是其中游的部分,也就是动漫产品衍生品的工业生产阶段。版权界限不明晰,市场需求的扩大,大量国外优秀作品的涌入,使得产品生产企业从中寻得商机。制作人在制作动画片并播放后,就不再参与其他环节,形成了中游的播出和衍生品开发倒推动漫公司制作链条,并且各个经销商的水平参差不齐,对卡通形象仿造过重,彼此之间缺乏关联,没有主打产品,从而呈现出:衍生品生产及销售—数字动漫制作—版权授权—衍生产品生产及销售,这种周期短、效益高但是无良性循环的产业链条。因而造成了众多动画片投资失败,出现此种现象的主要原因在于:衍生产品是整条动漫产业供应链中盈利最多的环节,动漫产品的制作直接指向衍生品的开发连接,使得生产更符合市场需求,对于我国动漫产业起步晚,市场薄弱的现状来说,可以缩短投资周期,提高投资回报率,并且扩大我国市场,随着人民消费水平的不断提高,衍生产品需求量大。

4.2.4.3 中国动漫产业供应链各主体关系

4.2.4.3.1 供应链上游和中游主体关系分析

中国动画渠道缺失,很大程度上影响了漫画家的整体收入。一方面,大量优秀国外漫画对我国自产漫画产生了巨大竞争压力。中国漫画市场 90% 被外国漫画抢占,在大多数"粉丝"的眼里,中国动漫作品已经被戴上一顶"技不如人"的帽子,为了迎合大众的口味,业界不得已只能大肆推广外国动漫,使许多优秀的国漫找不到对外展示的机会。另一方面,中国自产漫画竞争力较弱,作品分散,没有形成系统的产业群。目前我国还没有一个较为完善的平台对中国的漫画资源进行整合,一些企业为了自己眼前的利益而利用作家,而漫画作家只能接受低廉的稿费,这种恶性循环造成了动漫作家在夹缝中艰难生存的局面。针对中国动漫产业的萎靡不振,政府曾经出台了一系列鼓励政策,伴随《国家"十一五"时期文化发展规划纲要》鼓励发展动漫、游戏、设计等文化

---

① 张斌,何艳. 浅析我国动漫产业的现状及其发展的对策思路 [J]. 特区经济,2007 (10):20-22.

类创意行业，一大批漫画创意设计出现在大众的视野当中，但由于产业链不健全，这些激进的鼓励机制却适得其反，使漫画创作一度饱和，最后产业链发展停滞。我国动漫产业链疏松、脱节，商业化水平非常低。最近网络上出现了不少根据国漫改变的漫画作品，这仅仅是凤毛麟角，多数国漫作家并没有机会进行其他衍生品的创作和开发。

4.2.4.3.2　供应链中游和下游主体关系分析

我国动漫形象无法顺利进入流通领域，与动漫生产企业市场运作手段的匮乏，无法准确把握消费者的需求有着很大关系。正常的动漫市场状态应该是制作人制作，代理商销售，影视系统播放，企业购买产品形象并开发衍生产品，商家销售产品，而目前中国动漫却尚未进入投资与回报的良性循环轨道中。制作人只能完成产业链的第一个层次即播出市场，而第二个层次、第三个层次几乎是断裂和缺失的。因此，形成了投资人因 99% 的亏损而减少甚至放弃投资动漫节目制作，电视台缺少足够数量的高质量节目，企业不愿贸然参与动画衍生产品的开发与生产的一种恶性循环。而且，诸多管理部门都从不同角度管理动漫产业，条块分割、步调不一，也使动漫产业难以形成产业链。由于法律制度的不完善，国家监管的不透明，我国动漫产业市场普遍存在竞争无序、盗版猖獗的现象，使得中下游产业链的收益无法反哺上游的动漫创作，上游的动漫创作缺乏经济效益的支撑，其发展必然受限。

4.2.5　日本动画电影对我国动画电影的启示

本节从宫崎骏的动画电影对我国动画电影的启示为例，分别从三个方面论述宫崎骏对日本动漫电影的贡献，宫崎骏的动画电影成就对国际影视发展的影响，宫崎骏的动画电影对我国动画作品价值观传播的启示进行论述。如何借鉴日本动画电影制作，完成嵌入我国优秀传统文化元素的动画电影制作，实现中国动画电影向世界文化输出的目标。

4.2.5.1　宫崎骏对日本动漫电影的贡献

宫崎骏之所以为大师，是因为他的博大精深、他的洪钟巨响、他的不同凡俗的影响力。宫崎骏具有浓郁东方色彩的唯美影像和哲学思考，给日本，乃至世界动画电影带来了深刻冲击，成为影迷们心中不朽的传奇。

宫崎骏电影独特的人物塑造、场景架构处处体现出作者的人性观、反战思想、自然观等，对日本青少年的成长产生正面引导。其电影甚至影响到日本商业、建筑、美学等领域。

本书赞同之前一位的说法，最简单的一句话就是：代表着日本动画的巅峰成就！

4.2.5.2 宫崎骏的动画电影成就对国际影视发展的影响

宫崎骏是日本著名的动画导演和制作人，他一生中取得了许多成就。如果你影视特效是零基础，不建议选择自学的方式。因为学习过程会遇到过不去的难点，有可能会磨掉你最初的热情，旁边没有经验丰富的人指引会极大消耗你的时间和成就感。

宫崎骏的主要成就：创办吉卜力工作室：宫崎骏于1985年创办了吉卜力工作室（Studio Ghibli），成了日本动画界的重要力量。该工作室创作并发行了许多备受赞誉的动画电影，成为国内外观众熟知的品牌。《龙猫》和《千与千寻》的成功：宫崎骏执导的《龙猫》和《千与千寻》等作品在全球范围内取得了巨大的商业和艺术成功。这些电影深受观众喜爱，并在国际上赢得了多项奖项，将宫崎骏的动画作品推向了全球舞台。

宫崎骏的作品影响力和声誉：宫崎骏被公认为世界动画界的重要人物之一，他的作品具有广泛的影响力。他以其对自然、人性和环境问题的关注而闻名，通过动人的故事和精美的视觉呈现方式，深深触动了观众的心灵。

宫崎骏的作品对影视领域发展产生了重要的影响和帮助：①塑造了独特的动画风格：宫崎骏的作品以精美的绘画风格、丰富的情感表达和深刻的主题而闻名。他的作品对于动画电影的艺术性和创新性产生了积极的影响，启发了许多后来者。②提升了动画电影的地位：宫崎骏的作品在商业上取得了巨大成功，证明了动画电影不仅可以吸引年轻观众，也能够打动成人观众。他的作品使得动画电影在全球范围内获得了更高的认可和重视，推动了动画电影行业的发展。③探索了深层次的人性主题：宫崎骏的作品常常涉及人性、环境保护、亲情等深刻的主题，通过动人的故事和角色塑造，引发观众对于这些议题的思考和反思。他的作品对于影视领域的发展带来了更多关注人性和社会问题的动画作品。

总之，宫崎骏一生的成就不仅体现在他的作品上，还在于他对于动画电影行业的推动和影响。他的作品开拓了动画电影的新领域，为影视领域的发展做出了重要贡献。

4.2.5.3 宫崎骏的动画电影，对我国动画作品价值观传播的启示

影视动画如今已成为人民群众生活娱乐、获取信息、陶冶情操的重要渠道

之一，因此，动画创作应该要保证有一个积极的价值取向。目前我国影视动画在这方面还存在着许多问题，宫崎骏作为世界动画大师，其执导的动画电影在主题思想、社会责任、价值观表达等方面都值得我国动画学习借鉴。

依凭优良故事承载正确价值观。动画文化中以好故事为载体的价值理念是动画作品的核心，是支撑动画作品的精髓。让观众可以在精彩奇特的剧情中感悟影片中所蕴含的价值观并间接促进对其的认同正是宫崎骏作品的一个特色，也是宫崎骏动画电影深受欢迎的原因之一。

在《起风了》（2013）中，宫崎骏以主人公堀越二郎的追梦为线索，朴实地描绘出他实现梦想的过程。在这部作品中宫崎骏并未对战争有正面的刻画，但从电影的情节、台词、画面等方面还是可以窥探到其本人对战争的态度，和对年轻人努力生存的鼓励。

相比之下，我国的动画作品的故事内容则显得立意浅显，让人觉得在观后缺少思考的空间。例如，2016 年上映的《大鱼海棠》，口碑两极分化十分严重。平心而言，这部作品的制作精良程度也算可圈可点，总的来说，导演梁旋、张春花费十二年心血精精心打磨出来的这部影片制作精良程度也算可圈可点，画面具有视觉冲击力，画工精湛细腻工。

加之影片取材于《庄子·逍遥游》《搜神记》《山海经》，这也让这部电影具有强烈的民族文化内涵。但这部影片之所以为吐槽，除了在动画人物形象被指抄袭宫崎骏之外，故事的剧情也值得商榷。《大鱼海棠》有着宏大的世界观，但影片空洞的剧情内容无法支撑起影片宏大的基调。女主人公椿更是让不少观众产生了厌恶的情绪，原本是一个引人深思充满哲理性的故事，表现出来的却像一个恋爱脑的姑娘报恩的故事。呈现在大家面前的，就是一个十几岁的少女，为了去报恩，不惜搭上全族人的性命，这种剧情设计和传递的价值观着实是叫人有些无法接受。而且我国的动画作品往往通过对话或台词直接表明影片主旨和价值观。一方面，这种直接粗暴的方式具有使主题更加明确的效果，有利于帮助观众感悟电影中的价值观，帮助年龄较低的观众树立和强化正向价值观。但这种方式也有不好的一面，那就是浓重的说教性容易引人反感。结果就是不仅没能促使观众认同电影的价值观，而且可能会产生相反的效果，产生对价值观的抵抗心理。简单来说，好的故事剧情是电影作品的精髓，不能一味将动画的教育意义作为影片的质量衡量标准而忽视了对情节和动画趣味性的重要性。中国也许不缺乏想用心做动画的人，却缺少会讲故事的人。《大鱼海棠》世界观很宏大，可是导演却讲不出去自己想讲的，最后让大家看得莫名其妙。因此，在中国动画电影的未来发展中，有必要摒弃人物脸谱化、道理说教化，学会利用故事来完成价值观的传播。

融合民族文化形成强大引导力。如今多元文化的世界格局已基本定型，各个国家也意识到软文化意识形态输出的作用和意义，中国想要在国际中获得话语权不仅要有过硬的经济军事实力，更要找到属于本国核心的文化思想，这就是文化自觉。宫崎骏的电影作品汲取吸收了"物哀"文化美学理念、阔叶林文化思想等日本民族传统文化，他在深刻理解并继承的基础上紧扣时代潮流主题对日本民族元素实现了当代变奏。

随着经济全球化的不断发展，开放共赢成为时代的潮流，各国的经济和文化不断融合，各国在电影艺术中体现民族文化特色的同时也积极寻求跨文化价值观的表达。随着大量美国和日本动画作品进入中国市场，国内观众的喜好和审美倾向都发生了一定程度的变化。因此，在很长一段时间里，大量的国产动画倾向于美国和日本的风格，催生了一大批毫无鲜明特色的电影诞生，失去了民族特色。

近年来，中国动画产业飞速发展，但就现状而言，国产动画电影在文化输出和价值引导方面存在不足，仍存在较大提升空间。想要改变这种现状就需要回到原点对自身文化进行挖掘和探索。如何在"拿来主义"和文化交融这种趋向下保持本身的文化，恰当拔取接收他乡文化中的精华部分是我们需要思考的问题。回溯中国动画电影的发展史，我们可以发现，传统文化 IP 和与国产动画电影有着千丝万缕的交织，传统文化 IP 在国产动画电影发展历程中担当着重要角色。

从我国第一部动画长片《铁扇公主》到近年来引起热议的《大鱼海棠》《白蛇：缘起》《哪吒之魔童降世》《姜子牙》等作品中看到对传统民俗文化元素的运用。这些国产动画电影注入了中国特色文化内涵，使得国产动画电影重新回到大众视野，为国产动画电影带来了新的发展思路。但需要注意的是动画电影对于传统文化的融合运用并不是仅仅流于表面的元素堆砌，更要对传统文化和精神有深入透彻的理解，真正感受传统文化精髓所在。提高角色形象、建筑风格、造型服饰等内容的应用水平，引导观众的思考方向，使受众在观影过程中无形认同本民族的文化，达到价值观无声传递的最高层次。

中国优秀文化遗产浩如烟海，大量传统文化素材等待中国电影人去发掘，国产动画创作者应根植于中国优秀传统文化进行现代性转化，创作具有民族特色的动画作品。深挖我国优秀历史文化传统，创作发人深省的经典作品，让传统文化精华焕发时代价值，延续国产动画电影的春天。拓宽受众群体打破定位传统性。动画艺术在发展早期，受制于技术条件，只能创作简单的画面内容和故事情节，因此也决定了它初期受众群体的低龄化和单一化。

随着全球经济的腾飞，影视文化产业的快速发展，动画的受众群体也从低龄孩童向各个年龄层延伸扩散，单一的剧情模式、苍白空洞的说教已无法满足人们对动画的需求。英国知名传播学家丹尼斯·麦奎尔认为："受众的行为，很大程度上由个人的需求和兴趣来加以解释。"换句话说，国产动画电影不用担心因为将受众群体的年龄层提高而使低幼年龄段的受众群体受到影响。因为不同年龄段的受众群体会从自己的兴趣点出发，选择影片中能满足自己精神需求的内容来欣赏。比如在观看宫崎骏执导的动画电影时，低幼层次的观众会欣赏动画最表面的方面，即画面的色彩搭配、人物的外貌形象、音乐的欢快与否等内容；初中生和高中生则会关注情节是否跌宕起伏、故事是否扣人心弦，还可能会尝试将自身代入故事情节中，与电影产生共鸣。成年人在观影后则会引起更深层次的思考，思考人的生命价值、社会存在、人与自然不可调节的残酷战争，并在思考中反思自己的人性和价值观，这一个过程同样也是宫崎骏悄无声息传递自身价值观的过程。因此，虽然宫崎骏的动画电影更能影响和触抵成年人的内心，但同样不影响其他年龄层次的受众观看电影。目前我国的动画很大程度上还是将观影群体聚焦在低龄儿童身上，认为动画片只能是小孩子的娱乐休闲内容。正是这种思想束缚桎梏了我国动画产业的发展，无论片中的情节多么搞怪无厘头，都无法抵消低龄化的故事内容带来的空洞和苍白说教。而且我国还有广大受众对动画电影的认知还停留在"动画电影并不是电影而是动画片"的阶段，要改变这种偏见不是一个短期能完成的事情。但我国动画创作人应该要走在时代浪潮前头，积极制作有思想内涵，将受众群体扩大至成年人的作品应该是国产动画电影努力的方向，也只有如此才能让国产动画电影成为向世界输出文化的重要武器。

4.2.6　我国动漫产业系统优化的建议和对策

4.2.6.1　我国动漫产业链结构及运作模式

4.2.6.1.1　重视以漫画为核心的漫画企业建设

漫画企业作为整个动漫产业的上游，为整个动漫产业提供核心创意，其占整个动漫产业的比重较大。纵观整个日本动漫产业，漫画在日本动漫产业中占了非常重要的地位，日本动漫产业也以其众多的漫画而独具特色。在我国动漫产业中，漫画占动漫产业比重小。我国为缺少漫画企业，导致我国动漫产业核心创意欠缺。目前，我国动漫产业以动画制作为主，这些企业大部分是依靠海外动画外部而存活的，只有少数大企业能够独立创造。这些大企业独立创造的作品直接被制作成动画，成本相对较高。新的创意意味着新的动画制作，大的制作成本导致杭州动漫产业作品单一，数量较少的现状。一部漫画作品的制作发行成本相对较低，漫画家一旦有新的创意，可以随时开始绘制，成本对其的限制就没有那么大。

我国动漫产业要想更好地发展，必须打破以动画制作为主的现状。从政府层面上讲，有计划地增加漫画企业的建设数量，为漫画企业引进优秀的漫画人才，加强漫画企业和漫画人才的结合；保护一般的漫画工作室的发展，提供一些优惠政策，使其能够向企业化发展。从企业层面上讲，要主动引进优秀的漫画人才，提高企业制作漫画的水平；吸收较小的漫画工作室，加强漫画制作团队的实力；积极利用动漫基地服务平台，为企业发展提供便利。

4.2.6.1.2　建立一体化的产业运作模式

日本一体化动漫产业运作模式很好地减少了企业运作风险，这是我国动漫产业又需要学习的地方。日本动漫产业运作的四个步骤开始于漫画原作的发行，经过市场的检验后，受欢迎的作品才会被动画化，在动画化之后再经过市场的检验后，动画影视才会被启动。相关的衍生产品企业也会随着市场反响度的不同，而决定衍生产品的生产量。动画在被制作动漫的过程中，都是基于市场对上一环作品的反响度，这样很好地减少了企业的运作风险。我国动漫产业因为开始于动画行业，动画制作的投入相对很大，其中缺少漫画环节，不但缺少了创意来源，还给动漫产业运行带来了较大的市场风险。始于漫画行业的日本动漫行业，前期接受市场检验的是投资较少的漫画作品，不被市场接受就不会有之后的运作，风险也就较小①。如何改变这样的高风险的运作模式，本书给出以下对策建议：首先，在有一定数量的漫画企业存在的情况下，加大漫画企业创作的数量，提高漫画作品的质量。我们要有足够数量的优秀的漫画作品，通过合适的途径在市场上发行。

---

① DICKSON G W. Analysis of Vendor Selection Systems and Decisions［J］. Journal of Purchasing, 1966, 12（01）: 5–17.

其次，相关企业及部门做好动漫市场的市场调查，及时进行下一步的相关产品生产。例如一部漫画在被推向市场一段时间后，动画制作企业或者相关的专门机构要及时做好市场调查，这部作品如果市场反响不错，要考虑对其进行动画化。影视行业、游戏制作行业及衍生产品行业也要及时做好调查，对其进行各自行业里的制作。

最后，在不同的阶段选择适合的发行方式和途径。前期一般采取成本较低、有针对性的方式和途径推广。例如日本前期漫画会在杂志上连载，后期才会出单行本、合订本，扩大漫画的发行量；前期的动画作品会通过 OVA 形式进行小范围的试映，到后期才会通过电视台、网络、音像商店等大规模上映。

4.2.6.2 对动漫产业人才引进与培养

4.2.6.2.1 要有自己的漫画大师

漫画大师是动漫产业运作的关键，优秀的漫画大师是动漫产业成功的前提，我国动漫产业必须要有自己的动漫大师。日本的动漫产业在发展的过程中，几位著名的漫画大师功不可没，例如早期的手冢治虫以及现在的宫崎骏。动漫产业是以创意为核心的文化产业，只有好的漫画创意才有可能获得成功。优秀的漫画大师可以给整个动漫产业发展带来好的创意，可以说漫画大师是整个动漫产业发展的核心力量，然而目前我国动漫产业缺乏知名的漫画大师。现有的一些漫画家缺乏创意，作品题材比较单一，没有市场的影响力，因此培养和引进漫画大师是我国动漫产业必须解决的一项任务[1]。我们关于培养和引进漫画大师的对策建议有以下几点：

首先，政府要加大引进力度。一般的小企业没有引进知名漫画大师的经济实力，只有从政府层面加大引进力度，国际知名漫画大师才有可能落户我国。具体措施有给予优厚的经济补助，为其配备优秀的团队，为其打造良好的工作室，成立动漫研究机构等。

其次，动漫行业要挖掘已有动漫工作者中的佼佼者。动漫制作是一项很繁杂的工作，许多有才华的漫画家或许只是从事其中很小的一块工作，无法发挥其能力。我国动漫行业可以定期举办一些动漫方面的比赛，设立有分量的奖项，鼓励有才华的漫画家进行创作，为其提供展现才华的舞台。

最后，相关的高等院校要加大培养力度。我国要成立相关动漫高校这些高

① WEBER C A, CURRENT J R, BENTON W C. Vendor Selection Criteria and Methods [J]. European Journal of Operational Research, 1991, 6 (50): 2-18.

校对培养动漫人才有重要的作用。目前，杭州已有了几所高等院校培养动漫人才，积极挖掘那些有才华的学生，重点培养，使其能够发展成为未来杭州市的漫画大师。

4.2.6.2.2 重视一般的动漫工作者

我国动漫产业的运作除了漫画大师外，还需要大量的优秀动漫导演及工作在一线的动漫人才，他们是整个动漫产业运作的根本保证。如今日本动漫产业的运作发展，有大量的一般动漫工作者为之辛勤付出，这中间不单单只有日本本土的工作者，还有许多通过动漫外包参与制作的海外工作者。一般的动漫工作者从事着动漫作品发行的所有环节，例如构图、上色、拍摄、后期特技、出版等。可以说，我们见到的动漫作品是由他们辛勤劳动所完成的，他们的重要性不言而喻。

政府要重视一般动漫工作者的培养。动漫工作者分为两类：第一类是从事和动漫作品制作直接有关的动漫工作者；第二类是负责动漫制作管理及作品营销的动漫工作者。我国目前最缺乏的就是第二类。这类人才既要懂动漫产业的相关知识，又要懂得管理营销方面的专业知识。因其知识结构要求的全面性，在人才供应数量上也就相对较少。有关一般动漫工作者的对策建议有以下几点：

首先，相关动漫高校的培养。并不是所有动漫高校的毕业生都可以成为漫画大师、动画大师，大部分都会成为一般的动漫工作者。国家对他们的培养更应该有针对性，可以按动漫工作的主要环节，来专门培养，为以后的分工合作打好基础。

其次，政府及企业要改善一般动漫工作者的工作待遇。在日本，愿意从事动漫一般工作的年轻人越来越少，因为这是一个工作时间长，收入相对较低的工作。我国政府和动漫企业要吸取这点教训，给一般动漫工作者较好的工作待遇，使其愿意为之长期工作。

最后，对第二类一般工作者的培养要加强。动漫作品必须被市场接受才能够得到回报，好的管理和市场营销是必须的。经济管理类和动漫专业的学生可以相互转化，成为复合型的人才，从而他们能从事动漫市场的开发推广活动。

4.2.6.3 市场培育

从日本动漫产业发展的模式特征，我们可以知道，细致的分类有助于贴近市场的需求，准确把握受众的心理特征，打造适合不同人群风格的动漫，精细的市场分类更是扩大市场、增加盈利、分散风险的必要前提。我国虽然没有像日本有"全民动漫热"的群众基础，但深厚的文化底蕴和杭州国际动漫节的举办，也使我国有着不错的动漫群众基础。目前，国内动漫市场正被日本、美国等几个国家占据，夺回国产动漫市场很有必要。本书给出以下几点对策：

首先，要对国内动漫市场进行市场细分，了解各个细分市场的需求特点。针对不同细分市场创作不同类型的动漫作品，来满足其需求。

其次，加大国产动漫作品的宣传力度，发挥好国际动漫节的宣传作用。

最后，政府在现阶段可以采取减少引进国外动漫作品等措施，从小孩子开始培养国产动漫的观众群。文化也有侵略性，几年前正因为我国政府没有有效控制日本等国的动漫输入，致使目前国产动漫作品本土创作较薄弱。目前，我国政府也确实在加强管理减少引入。

4.2.6.4　产品开发模式

良好的动漫产业产品开发模式，可以使动漫产业正常有序地进行运作，并得到很好的市场回报。从日本动漫产业发展模式的特征中可以发现，一个动漫作品往往是由多方面共同投资的。目前我国动漫产业，因为行业间的联系不是很紧密，一个动漫作品往往只在一个行业里发展，这也就不能达到多方投资的效果。

4.2.7　结束语

我国好的动漫产品开发模式是这样的：以动漫产业链的构造方式出发，以漫画企业、动画制作公司、电影公司、游戏开发公司、衍生品生产公司及电视台、广告企业、出版社等行业为组成成分，按不同的比例出资，共同开发，促使其实现一体化发展。

日本好的动漫产品开发模式是这样的：以动漫产业链的构造方式出发，以漫画企业、动画制作公司、电影公司、游戏开发公司、衍生品生产公司及电视台、广告企业、出版社等行业为组成成分，按不同的比例出资，共同开发，促使其实现一体化发展。高投入的产业特点缺乏一个有效的投资盈利模式，这样使国内动漫产业缺乏运作的资金。因此，要改变这种局面，我国要采取共同投资、风险共担、收益共享的产品开发模式。

此外，我国的动漫企业发展应注重品牌文化战略。产业依托的原则是确定自身发展优势，加强品牌观念（明确自身发展特点，特色越鲜明，生命力就越强）、产业链延伸的有序拓展（避免规模太大，规避回报周期较长的风险）、制订品牌文化战略计划。我国应学习日本动漫产业在题材和人物来源方面的创作精神，在创作"有中国特色漫画"的基础上兼容并蓄，借鉴和汲取别的国家、地区、民族的文化，并根据我国的文化特色创造具有中国特色的动漫产业。

4.3 陶瓷工艺品战略伙伴型供应商的选择与评价

电子商务的迅猛发展和信息时代的到来使企业面临更残酷的生存挑战。企业发展的首要任务是维持低廉的成本优势，满足顾客"个性化"的心理需求，同时开发更具竞争力的产品，有效扩大市场份额。因此，构建供应链的核心竞争力，首要问题就是在众多的供应商中选择长期合作的战略伙伴，建立良好的战略伙伴关系，实现供应链的优化整合与良好运营。

首先，本书对比分析了现有供应商选择评价的模式及其弊端，提出战略伙伴型供应模式及其新特点，论述建立战略合作伙伴关系的重要性；其次，本书结合陶瓷工艺品的行业背景特点，提出陶瓷工艺品战略伙伴型供应商评价设计方法，并采用平衡计分卡法建立了一套客观合理的选择与评价指标体系；最后，文章分析了影响供应商战略合作伙伴关系的客观因素，阐述了战略合作伙伴关系的建立与维护，从而完善战略合作伙伴供应商的评价激励机制，实现战略合作伙伴的互利共赢。

4.3.1 问题的提出

4.3.1.1 研究背景

经济全球化的发展，信息时代的到来，为制造商进行全球化的采购、生产、销售等经营活动奠定了基础，使得虚拟经济的竞争愈加激烈，导致如何提高市场份额、保持企业竞争力成为所有制造企业不得不面对的一个共同问题。与此同时，日趋多样化、个性化的消费者需求给制造商带来更多的机会与挑战。由此可见，对于制造商而言，供应链的有效管理和供应商的战略选择是关注的重点。在新形势下，针对供应链管理方面，更新原有的供应商选择系统，建立新的合作伙伴关系是必要的。挑战原有的供应商关系也成为越来越多制造商的选择，以求达到产品的高品质、低成本，供应链的快速响应，生产的灵活性等目的。那么，企业发展的关键就应该是选择适合自己经营活动发展需要的供应商，并与之建立战略合作伙伴关系。

4.3.1.2 研究意义

目前，在国外，在理论层面上，人们运用不同的方法对供应商进行选择与评价分析，已然是成果颇丰。在针对战略伙伴型供应商的选择与评价方面的研究也是硕果累累。但是，由于社会环境与制造企业本身存在的差异，当下为了保持制造商的竞争力，本书提出通过缩短新产品的开发周期、提高产品的质量、维持低廉的生产成本、提高交货频率，并确保供应链的不间断性和稳定性来实现这一目标。仅依靠制造商自身的力量来实现这些目标是不可能的，因此建议采用供应链与供应链管理思想，通过合作的方式向外部制造延伸，从而实现物流、信息流和资金流的有效整合。在实现个体发展和整体运营最优化的前提下，供应链的优化整合已经成为提高制造企业综合实力和竞争力的关键。在此基础上，我们研究战略伙伴型供应商的选择与评价，这具有重要意义。

4.3.2 文献综述

4.3.2.1 国外研究现状

1966年，Dickson开始着手对供应商评价指标体系进行系统的研究。他调查了美国采购经理协会的273位采购经理与采购代理，整理了23项评价供应商的准则，之后对23项选择供应商的评价指标的重要性进行了排序[①]。如表4.7所示。

表4.7 Dickson供应商选择因素重要度排序

序号	影响因素	重要度
1	质量	非常重要
2	准时送货	相当重要
3	历史绩效	相当重要
4	担保与赔偿	相当重要

---

① 朱道立，林虹，曾宪文. 供应商决策——集成化管理软件ERP系统供应商选择 [J]. 物流技术，2000，101 (02)：25-27.

续表

序号	影响因素	重要度
5	装备与能力	相当重要
6	价格	相当重要
7	技术能力	相当重要
8	金融地位	相当重要
9	程序合法	相当重要
10	通信系统	相当重要
11	行业名誉地位	重要
12	交易迫切性	重要
13	管理与组织	重要
14	运作控制	重要
15	维修服务	重要
16	态度	重要
17	印象	重要
18	包装能力	重要
19	劳务关系记录	重要
20	地理位置	重要
21	以往贸易量	重要
22	培训帮助	重要
23	互惠安排	不太重要

Weber 在 1991 年又对在 Dickson 的研究论文发表之后的选择供应商的指标研究进展做了一次总结。他通过对从 1967 年到 1990 年出现的 74 篇研究文献进行统计，总结了 23 项评价指标在文献中的出现次数，并对其进行了排序。可以看出，随着环境的变化，原有的供应商选择评价体系已经不能迎合企业在新形势下的需求。Zhang 等人自 1991 年以来审查 49 个文学上的供应商选择和评估，按照相同的号码进行了排序，同时也增加了供应链环境下的数量，以适应评估

的选择。随着世界经济一体化的发展，供应链成员必须维持稳固的合作关系，因此，位置等指标已经不怎么重要了，反而是互惠安排等方面显得尤为重要。同时，企业也加强了对供应的商财务、信息共享等指标的重视。

4.3.2.2 国内研究现状

供应链管理思想引入中国，就引起了中国各界人士的广泛关注。由于经济发展的需要，中国学者开始对供应商的选择评价体系进行逐步深入的研究。朱道立深入地讨论了 ERP 软件供应商的选择，他指出，ERP 软件供应商的选择包括如下四组指标形式：（1）技术特点。包括四项指标的相容性，文档、设计质量、用户界面可以修改，功能具有多样性。（2）费用。费用有软件价格、实施成本、培训成本、维护成本等等。（3）用户服务。包括实施服务、培训服务、维修服务、售后服务等。（4）供应商特性。包含有供应商的信誉、供应商的稳定指标、供应商的合作伙伴、供应商的技术水平等等。

林勇和马士华依据企业调查研究，将供应链的伙伴选择因素归纳为以下四类：企业业绩、质量系统、生产能力和业务结构。为选择、评价战略合作伙伴，他们依据评价指标系统全面性、科学性的原则，构建了一个基于三层次的评价指标体系（如图4.2所示）。第一层是目标层，包含以上四个主要因素，第二层是影响合作伙伴选择的具体因素，与其相关的细分因素建立在第三层①。

李钧提出在动态、合作、竞争和要求快速反应的环境下，要成功实施供应链管理，须把各节点企业看作一整体，企业间的协调合作是整个供应链成败的关键。在选择供应商时，可从供应商信誉，企业能力，协调合作程度三方面考虑进行合作伙伴选择的基础②。

对于国内的供应商选择方法。我们也可以看出，借鉴了国外的一些理论方法的基础上，也自主提出了一些供应商选择方法，方法的选择上从定性方法向定量方法转变，使得供应商选择方法也更加趋于理性、客观。

---

① 林勇，马士华. 供应链管理环境下供应商的综合评价选择研究 [J]. 物流技术，2000，5（104）：30-32.

② 李钧. 基于供应链合作伙伴关系的供应商选择方法研究 [J]. 北京工商大学学报（社会科学版），2006，21（06）：40-45.

图 4.2　林勇和马士华的供应商评价指标体系

4.3.3　陶瓷工艺品供应商关系现状的研究

4.3.3.1　陶瓷工艺品制造业的发展现状与特点

4.3.3.1.1　陶瓷工艺品制造业的发展现状

改革开放 30 多年来，我国陶瓷工业迅速发展，我国如今已成为世界上名副其实的陶瓷生产大国、消费大国。中国生产的日用陶瓷产量占全世界的 70% 左右，陈设艺术陶瓷产量是全球的 65%，建筑陶瓷产量也占世界总产量的一半[①]。

中国是世界上日用陶瓷和建筑卫生陶瓷的生产大国。随着中国陶瓷在世界陶瓷市场中的地位的不断提高，出口量与出口额不断增加。中商产业研究院数据库显示，2016-2020 年我国陶瓷产品出口量呈下降趋势，由 2016 年的 2344 万吨降至 2020 年的 1768 万吨，尤其是 2020 年陶瓷产品出口量同比下降 16.7%。2021 年开始恢复增长，2021 年 1-12 月中国陶瓷产品出口量达 1863 万吨，同比增长 5.4%。从金额方面来看，近年来，我国陶瓷产品出口金额与出口量走势不同，总体呈增长趋势。最新数据显示，2021 年 1-12 月中国陶瓷产品出口金额达

---

① 中国陶瓷工业发展迅猛 消费者要求日渐增高［EB/OL］. 中国轻工业网，2013-03-21.

30703.4 百万美元，同比增长 22.3%。①

图 4.3　2016—2021 中国陶瓷产品出口数量统计情况

图 4.4　2016—2021 中国陶瓷产品出口金额统计情况

从产业布局来看，我国陶瓷工艺品产业主要分布在广东佛山、江西景德镇、福建德化、湖南醴陵。其中以佛山的日用陶瓷与卫生陶瓷创效最高，德化则以瓷雕闻名，景德镇一直有瓷都的美名，醴陵则以彩瓷扬名。

我国陶瓷工艺品出口商毫无例外都面临以下问题：

（1）市场的渐趋饱和与各个陶瓷出口国家的迎头直追。其他陶瓷出口国家市场行情走俏。据搜狐网 2021-10-19 报道，2021 年 1-9 月中国陶瓷产品出口

---

① 中商产业研究院 . 2021 年中国陶瓷产品出口额达 30703.4 百万美元，同比增长 22.3% ［EB/OL］. 佛山市陶瓷行业协会，2022-02-18.

额 1390.8 亿元，同比增长 20.3%。佛山陶十大出口国占世界出口总量 85.2%，中国、印度、西班牙和意大利去年瓷砖出口量占全球出口的 65%。如果包括其他 6 个主要出口国，这一数字将上升至 85.2%。意大利和西班牙在出口份额上的领先地位进一步扩大，分别占产量的 86.5% 和 92.4%（占总销量的 75.9% 和 81.2%），而阿联酋的这一比例为 65%，波兰为 44%，伊朗为 40%，土耳其为 36% 等。①。

陶瓷行业中位数毛利率，最新2021-09数据为26.6%
陶瓷行业中位数毛利率

图 4.5　2007 年 9 月至 2021 年 9 月陶瓷行业中位数毛利率动态表

（2）成本费用的大幅提高和利润增长幅度的总体下降。

（3）劳动力成本的不断提高。生活成本的增加和人口老龄化，使劳动力数量减少，并使劳动力成本提高，迫使企业增加劳工薪酬福利的问题。

（4）贸易壁垒的严重阻碍。受金融危机的影响，为保护本地经济，许多国家出台反倾销政策，直接阻碍了我国制造业的良性发展。

（5）人民币的不断升值。直接导致产品在国外销售价格的提高与销售量的减少。致使很多缺乏防范意识的中小企业面临倒闭、破产。

4.3.3.1.2　陶瓷工艺品制造业的特点

与其他行业相比，陶瓷工艺品制造业的特点在于：

（1）低壁垒，高竞争。个体想要进入陶瓷工艺品制造行业本身就没有太多限制，也不需要太多资金与技术方面的支持。因此在市场调节的情况下，大批中小企业涌入市场，竞争力加强。

---

① 佛山市陶瓷研究所 . 2021 年 1—9 月中国陶瓷产品出口额 1390.8 亿元，同比增长 20.3% [EB/OL]. 搜狐网，2021-10-19.

（2）离散型经济模式，人工参与度高。陶瓷工艺品产业分散，规模小，企业多集中于经济较为落后的地区。小企业经营者通常把产品的生产过程划分成几个加工环节，每个环节占用企业较少的资源。整个生产过程以工人手工操作为主，自动化程度低，工人的数量和熟练程度决定了生产能力的高低和产品质量的优劣。

（3）市场对个性化的需求愈加明显。当下市场需要企业不断进行产品的创新与更新，显然在这种情况下，中心企业的反应速度要快，因此竞争力反而更高。在陶瓷工艺品行业中，消费者喜好的零散性、独特性更为明显，很难有某一标准化的产品能被大众所喜爱。

4.3.3.2　陶瓷工艺品供应商选择、评价模式现状分析

4.3.3.2.1　现有供应商选择、评价模式分析

现在的供应商选择、评价的基本方法有：

（1）直观判断法：采购者凭借自身的主观判断和采购经验向供应商询问相关信息，再结合企业的综合分析判断进行供应商的选择。该方法简便易行。人们通常倾向于依据自己的知识、经验对未知进行主观判断。

（2）综合评估法：企业成立采购评估小组，收集供应商各个方面的信息，如报价、交货期、生产能力、信誉等，对供应商进行各项目的评估，最后建立选择评价指标体系，选出最符合企业采购需求的供应商。

（3）公开招标法：当企业有大规模采购计划时，并且在供应商足够多的情况下，企业提出自身的采购需求，即采购标书，由各个供应商来竞标，选出最佳供应商。公开招标的优点在于选择性大、竞争强、择优率更高，也可在降低贿标行为的发生率。

（4）采购成本比较法：通过计算分析针对各个不同伙伴的采购成本，选择采购成本较低的合作伙伴的一种方法。当物资质量、信誉、履约率及销售后的服务均能满足要求时，采购成本就成为我们选择供应商的主要因素。采购成本比较法，是根据物资采购总成本（包括物资价格、运费及其他采购费用）来评选对象①的。

现有供应商选择、评价的基本步骤如图 4.6 所示：

---

① 吴福存. 供应商评价与选择［J］. 合作经济与科技，2008，7（349）：23.

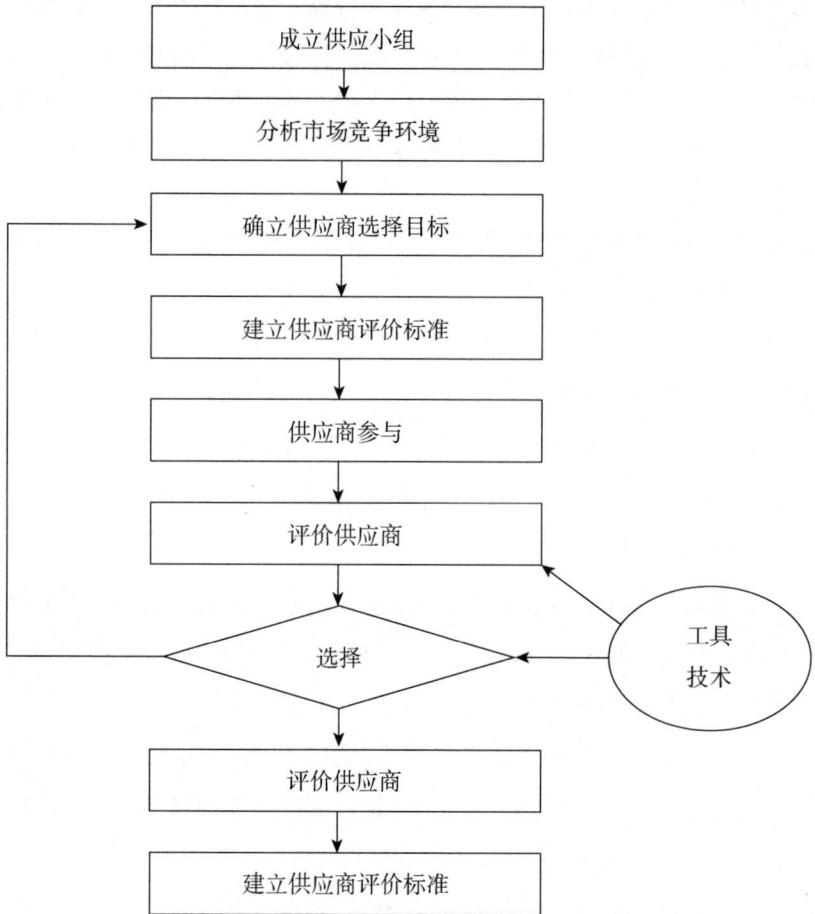

图4.6 供应商选择、评价的基本步骤

4.3.3.2.2 现有供应商选择与评价模式的弊端

现有供应商选择、评价的弊端，主要表现在以下几方面：

（1）现有采购基于安全库存之上，是一个静态的采购过程，很大程度上依赖采购人员的决策，会有相对的市场信息滞后性。

（2）采购的分散性和单一性。采购商与供应商着眼于短期的利益，基本属于单次采购而没有长期的合作。供应商方面的产品过于单一没有创新，无法符合市场对个性化的要求。

（3）供应商的选择评价标准是不够全面的。其过多关注产品的价格，忽视了产品质量、服务、仓储等因素对成本的影响；对陶瓷工艺品的品质没有一个明确的界定，导致一些恶性的价格战。这样只会不断出现短期问题，其选择的指标没有定量分析，有主观判断，缺乏可操作性。

（4）无法收集到有效的客观依据。从图4.6可以看出，供应商的评价资料多数还是由供应商自己提供，很难避免不实数据的出现。企业内部也缺乏有效的评价体制，对供应商的评价多由采购部门进行，较易产生腐败现象。

4.3.4 陶瓷工艺品战略伙伴型供应商的选择与评价模式的建立

4.3.4.1 陶瓷工艺品战略型供应商选择、评价的背景

供应商管理是供应链管理的一个重要组成部分，双方之间进行合作的关键第一步是选择供应商。在新的市场环境下，选择供应商或合作伙伴，不再是简单地获得质优价廉的供应源，传统的供应商选择评价模式显然不能满足当下市场的需求。因此，建立科学、合理、有效的指导模式，对完善供应商的选择和管理至关重要。

4.3.4.2 陶瓷工艺品战略伙伴型供应商关系的重要性

供应链的优化程度决定了企业的市场竞争优势。与其他企业进行合作，发挥企业独特的核心优势，建立双赢局面就是企业在激烈市场竞争中取得胜利的关键一步。面对陶瓷工艺品产业高度分散、规模小、技术含量低、机械化程度低的情况，企业对战略伙伴型供应商的选择具有十分重要的意义，我们主要可以归纳为以下三个方面：

（1）陶瓷工艺品复制性强，很少有企业能够独占某块市场，企业对陶瓷工艺品市场大方向的影响很小。企业间可以通过战略合作提高企业知名度，提高市场占有率，同时可以获得协同效应，实现组织间信息、资源共享，并利用现有的生产要素，优化资源。

（2）战略合作可以降低经营风险。我国陶瓷制品制造商以中小型的民营企业为主，抗风险能力弱。随着市场竞争日趋复杂，尤其是在金融危机后，各国贸易保护日趋严重，企业面临经营风险不断增大。此时，企业间采用战略合作可使一部分因为经营者缺乏营销能力，导致不能有效快速地突破市场阻碍的陶瓷制品供应商突破困境。

（3）战略合作可以加强企业间信息的交流，提供绩效反馈。这样可以指导供应商提高与改善自身以达到对双方有利的结果。那些表现平平的供应商，若

不具备改善空间则考虑更换。

4.3.4.3 陶瓷工艺品战略伙伴型供应商的选择与评价模式的建立

4.3.4.3.1 陶瓷工艺品战略伙伴型供应商评价指标的设计原则

建立任何评价指标体系，都必须遵循一定的原则，陶瓷工艺品行业战略伙伴型供应商评价指标的设计也不例外，须遵循以下几项原则：

（1）合理科学原则：评价指标的建立应具有科学性，且数据要合理，大小适宜。如果指标体系过大，指标太过繁杂、冗长，则会导致评价者花费过多的精力在细节上，这样则不能更准确地对供应商进行评价。

（2）客观可比原则：评价体系必须在企业内部环境和外部环境运作稳定的情况下运行，在可计算和测量范围内采用数据，且数据要在时间、空间等方面具有可比性。

（3）灵活性原则：评价指标体系须具有足够的灵活性，企业在使用时才能根据企业自身情况和市场行情调整评价指标。

（4）全面性与适用性原则：评价指标体系必须能够全面反映当前战略伙伴供应商的综合水平。建立的评价指标体系必须能被大众所采用。

（5）定量与定性相结合的原则：定量指标和定性指标是在综合评价战略伙伴时都要考虑到的。明确定性指标的含义，并按照一定标准对其进行赋值，使其能够较准确地计算出指标的量。

4.3.4.3.2 基于平衡计分卡（BSC）的供应商选择与评价指标的建立

平衡计分卡法（BSC）是由 Robert Ka-plan 和 David Norton 提出的一种新型的企业绩效评价方法，也是一种重要的战略管理工具，它从财务、顾客、内部业务流程以及学习与成长等四个维度对企业绩效进行评价①。相较于其他评价方法，BSC 是一个动态的评测方法，能够较全面地评价考核对象综合水平，评判被考核方是否沿着既定方向前进，实现绩效考核—绩效改进以及战略实施—战略修正的战略目标。

BSC 供应商选择与评价的模型如图 4.7 所示。

---

① 张悦玫，栾庆伟. 基于平衡计分卡的战略实施框架研究 [J]. 中国软科学，2003，167（2）：86-90.

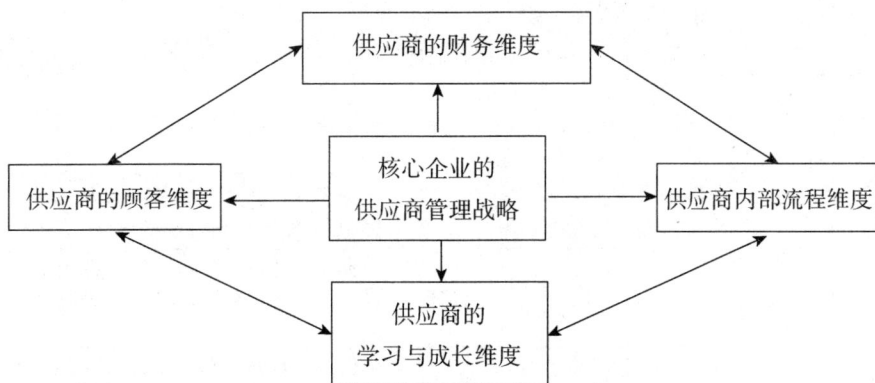

图 4.7 供应商选择与评价的 BSC 模型

BSC 评估的四个方面：财务、客户、内部运营、学习与成长。本书设计的战略伙伴型供应商的选择和指标体系及其计算方法如表 4.8 所示。

表 4.8 基于 BSC 的陶瓷工艺品战略伙伴型供应商的选择和

评价指标体系及其计算方法

	第一层指标	第二层指标	第三层指标	指标性质	计算方法
陶瓷工艺品战略伙伴型关系的选择评价	财务	偿债能力	流动比率	定量	流动资产合计与流动负债合计的比值
			速动比率	定量	速动比率＝（流动资产总和-存货）/流动负债合计×100%
			资产负债率	定量	资产负债率=负债总额/资产总额×100%
		获利能力	成本费用利用率	定量	成本费用利用率＝一定时期内的利润总额/该段时期成本费用总额×100%
			资本金利用率	定量	利润总额占资本金总额的百分比值
			销售收入利用率	定量	利润总额占销售收入净额的百分比
		经营效率	市场占有率	定量	销售量占同类产品销售量的比重
			产销平衡率	定量	生产产量与销售产量的比值
			现有设备利用率	定量	现有设备利用率＝实际使用设备数/现有设备数×100%
		发展能力	销售增长率	定量	一段时期内销售增长额与上年同期销售额之间的比率
			净资产利用率	定量	净资产增长率＝(本期净资产总额-上期净资产总额）/上期净资产总额×100%

续表

第一层指标	第二层指标	第三层指标	指标性质	计算方法
陶瓷工艺品战略伙伴型关系的选择评价	客户	市场形象和信誉		
		银行和客户给予企业的信誉和评价等级	定性	根据银行回馈信息评判
		新增客户销售额增长率	定量	新增客户销售额增长率=新增客户销售额/上期客户销售额×100%
		企业客户保持率	定量	企业客户保持率=（企业期末客户量-企业期初客户量）/企业期末客户量×100%
		质量		
		产品合格率	定量	合格产品数量在总采购数量的百分比
		ISO及全面质量管理	定性	根据实际情况评判
		成本		
		产品价格水平	定量	单位产品价格水平=一定时期内企业购买该产品款项+可变费用/该时期内企业购买该产品的数量
		降低成本计划	定性	根据计划完成质量评判
		价格调控水平	定量	价格调控水平=（当前产品价格-折后价）/当前产品价格×100%
		交易		
		交货及时率	定量	本期提供的该产品的及时交货次数占该产品交货的总次数的百分比
		交货差错情况	定量	一段时期内（一个季度或者半年），供应商交货出现差错的次数占这段时期总交货次数的百分比
		订货提前期	定量	测评小于提前期的送货次数占总送货次数的百分比
	内部运营	新产品开发		
		新产品开发投入强度	定量	产品开发投入强度=一定时期内研发费用/该时期内的销售收入×100%
		新产品开发成功率	定量	产品开发成功率=一定时期内企业开发成功的产品数量/该时期内企业开发的产品总数量×100%
		柔性		
		数量柔性	定量	$R=[Q(max)-Q(min)]/A×100\%$ 产品需求量平均值为A，获利的产量最小值为Q（min），反之Q（max）
		种类柔性	定量	供应商能够同时期生产的产品品种数
		合作		
		与客户沟通	定性	根据沟通进度评判
		与客户战略目标的兼容性	定性	根据战略目标的兼容性评判
		与客户企业文化的兼容性	定性	根据企业文化兼容性评判

续表

	第一层指标	第二层指标	第三层指标	指标性质	计算方法
陶瓷工艺品战略伙伴型关系的选择评价	内部运营	售货服务	质量改善计划	定性	根据计划完成质量评判
			客户抱怨率	定量	客户抱怨率=一定时期内客户投诉产品的总价值/该时期内供应商向客户供应该产品的总价值×100%
			客户抱怨满意处理率	定量	客户抱怨满意处理率=一定时期内抱怨满意处理的次数/该段时期内总的抱怨次数×100%
	学习与成长	员工工作满意度	关键岗位员工保持率	定量	员工保持率=1-关键岗位员工流失人数/员工总人数×100%
			员工对工作回报的满意度	定性	工作回报满意率=工作回报满意的员工人数/员工总人数×100%
	学习与成长	员工培养情况	部门培训完成率	定量	用部门实际完成情况与计划完成量之间的百分比作参考
			部门员工培训参加率	定量	用参加培训的员工数量与应参加培训员工总数量之间的百分比作为参考
			储备干部培养达成率	定量	储备干部培养达成率=（合格的上岗人数+潜在的可上岗人数）/应上岗人数×100%
		企业发展环境	企业经营理念文化建设	定性	根据文化建设实际情况评判
		企业信息化程度	外部商务信息化	定性	根据外部商务信息化水平评判

然后，通过建立层次结构，就可以确定上线层级之间的隶属关系。假定目标元素为 A_k，同与之相连的有关元素 L_1、L_2、……、L_n 有支配关系假定，以上一层次某目 A_k 作为准则，通过向决策者或者专家询问在原则 A_k 下元素 L_i 对元素 L_j 的优劣比较，构造一个判断矩阵 L，其判断矩阵形式如表4.9所示。

表 4.9 判断矩阵形式

A_k	L_1	L_2	...	L_n	
L_1	L_{11}	L_{12}	...	L_{1n}	
L_2	L_{21}	L_{22}	...	L_{2n}	
...	...	...	...	...	
L_n	L_{n1}	L_{n2}	...	L_{nn}	

4.3.5 陶瓷工艺品战略伙伴关系的实施

4.3.5.1 影响建立战略合作关系的因素

基于合作环境可能会导致本企业机密外泄的情况,就供应商与供应商的关系而言,它们之间往往都是利益对立的竞争关系。在新的国际形势下,为寻求企业的长期发展,双方不得不开始考虑转变关系。它们之间有一种新的合作模式——战略合作伙伴关系悄然诞生。影响双方合作的因素主要有:

(1)传统组织结构模式的制约。大多数陶瓷生产企业仍沿用传统的垂直组织结构模式,使得企业内部很少考虑与其他企业合作可能会产生的整体效益。恰恰战略采购就是要求企业跨越部门的界限,寻求在供应链上的流程重组。

(2)个体利益与团体利益的冲突。以中小型规模的手工作坊经营模式为主的陶瓷工艺品制造商,不同程度地坚守着传统的信念,一味追求自身利益的最大化,不断与团体利益发生冲突与碰撞。为求自身的发展,它们隐瞒或者虚报信息,这成为公开的秘密,严重阻碍了双方互利共赢关系的发展。

(3)合作历史和商誉对战略合作的影响[①]。信息对称和彼此信任是成功建立合作伙伴关系的两个基本前提。企业在寻求合作伙伴时会随其过往的交易活动进行考察,将这些交易活动作为一个重要的参数来确定是否进行合作。企业商誉是企业在过去交易活动过程中所获得的其他企业对该企业的运营能力、生产效率、经营理念和文化内涵等多方面客观的综合评价。

其中,L_{ij} 表示对于 A_k 来说,L_i 对 L_j 相对重要性的数值体现,通常 l_{ij} 可按表 4.10 中"1~9 比例标度法"进行量化。

---

① 郭媛芳,杨育,马家齐,等.基于 BSC-AHP 的高新技术企业战略业绩评价研究及应用 [J].现代管理技术,2011,7(38):41-46.

表 4.10　1~9 比例标度法

标度		l_{ij} 含义
1		i 与 j 同样重要
3		i 比 j 略微重要
5		i 比 j 重要
7		i 比 j 明显重要
9		i 比 j 极端重要
2, 4, 6, 8		以上两判断之间的中间状态对应的标度值
倒数		若 j 与 i 比较，得到判断矩阵值为 $l_{ij} = 1/\, l_{ij}$

判断矩阵中的元素具有下述性质：① $l_{ij} > 0$；② $l_{ij} = \dfrac{1}{l_{ij}}$；③ $l_{ij} = 1$。

接着，确定各层次下指标相对权重。这一步要根据判断矩阵计算对上一层某元素而言各元素的相对重要性次序的权值。计算判断矩阵 N 的最大特征根 λ_{max} 和其对应的经归一化后的特征向量 $W = \left[w_1, w_2, \ldots, w_n \right]^T$。即首先判断矩阵 L 求解最大特征根问题：$LW = \lambda_{max} W$，得特征向量 W 并将其归一化，将归一化后所得到的特征向量 $W = \left[w_1, w_2, \cdots, w_n \right]^T$ 作为本层次元素 L_1、L_2、……、L_n 对目标 A_k 的排序权值。

计算 λ_{max} 和 W 一般采用近似计算的方法根，步骤如下：

①将判断矩阵 N 中的元素按行相乘，即 $\prod\limits_{j=1}^{n} l_{ij}$ $(i = 1,\ 2,\ \cdots,\ n)$；

②计算 $\overline{w_i} = \sqrt[n]{\prod\limits_{j=1}^{n} l_{ij}}$

③将 $\overline{w_i}$ 归一化得 $\overline{w_i} = \dfrac{\overline{w_i}}{\sum\limits_{j=1}^{n} \overline{w_j}}$，$W$ 为所求特征向量；

④计算最大特征根 $\lambda_{max} = \sum\limits_{i=1}^{n} \dfrac{(LW)_i}{n w_i}$，其中，$(LW)_i$ 表示向量 LW 的第 i 个元素。检验判断矩阵的一致性：$C.I. = \dfrac{\lambda_{max} - n}{n - 1}$。

最后，计算各层次元素的加权值。将测评指标的实际值与目标值进行比较，可知其在满分制中指标的得分值，最后算出得分值与权重，求得最终加权得分，即可判断该企业的业绩①。

4.3.5.2 供应商战略伙伴关系建立步骤

战略合作伙伴关系的建立关乎着企业的利益问题，不是简单地选择与交易，必须慎之又慎。基本关系建立的步骤可以参照图4.8所示。

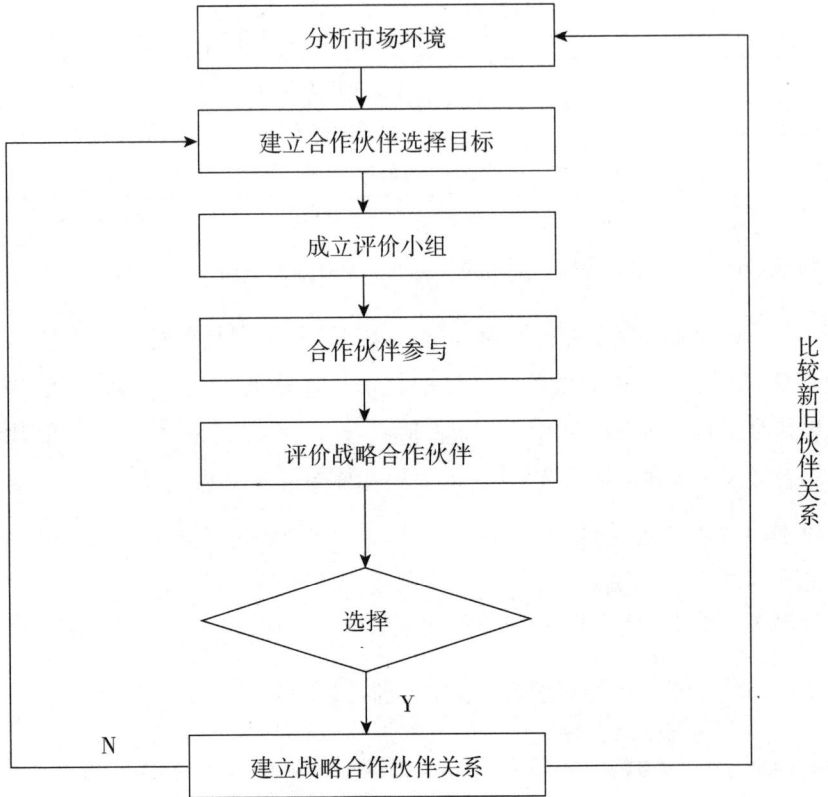

图 4.8 战略伙伴型供应商的评选流程

（1）分析市场环境。陶瓷工艺品市场的门槛低，竞争又激烈。在当前国际形势下，行业形势瞬息万变，机遇与挑战并存。企业如何在做到规避风险的同时抓住机遇是当前需要解决的首要问题。

（2）建立合作伙伴选择目标。企业该如何建立合作伙伴选择目标关乎着企业流程能否顺利重组再造，能否完成初衷降低生产成本，提高产品品质。

（3）成立评价小组。采购商挑选供应链各节点的成员组成评价小组，他们

---

① 蒋建华，邱建林．战略采购影响因素的理论分析与实证研究［J］．管理视觉，2006，7
（18）：55-58．

必须具备相应的知识面与分析能力，对供应商进行全面有效的研究与评估，提出可行的实施战略合作计划，以求尽可能在双向选择的情况下实现互利共赢。

（4）合作伙伴参与。专家小组对第一轮删选过后的供应商进行更为深入的沟通与了解，观察他们是否具有强烈的长期合作发展的欲望，是否愿意全面配合采购方提出的流程重组的建议达到双方利益的最大化，并尽可能邀请他们参与到流程设计中来，尽最大的努力规避未知的风险。

（5）评价战略合作伙伴。在了解到供应商的合作意愿后，基于之前收集的数据，采用合理的数据分析工具，对数据进行整理分析，对各供应商进行综合评估。

（6）建立战略合作伙伴关系。在实施战略合作伙伴关系的管理过程中，采购决策者应根据市场需求的不断变化不定时地重新评估合作伙伴的绩效，必要时给予一定的技术支持和鼓励。但是倘若合作伙伴的配合胜任力仍不能适应客户化的定制要求时，企业就有必要进行新一轮的选择合作伙伴了①。

4.3.5.3 供应商战略伙伴关系实施中的障碍与维护

在进一步发展战略合作伙伴关系的过程中，会存在各种各样的障碍，障碍的存在对发展战略伙伴是一个威胁，从合作双方内部和外部来分类几种主要的潜在威胁：

1. 合作双方外部的威胁。

（1）更具有竞争力的新的供应商介入。新成长的供应商为进入市场，不惜以低廉的价格促使客户与他们合作，且不论在产品、工艺还是服务上，新供应商都比现有供应商更具有优势。

（2）市场需求不断变化。一则，由于市场调节具有滞后性，导致原供应商跟不上市场进度；再则，经济危机使得采购商降低了采购量，同时，供应商方面产品价格不断上涨，两者随即产生矛盾。

（3）国内政策调整。国内劳动者最低基本工资保护法的调整唤醒了工人阶级的维权意识，他们更愿意接受那些较少地依赖于手工生产的产品。

（4）国外贸易保护的不断升级，反倾销力度不断加强。

---

① 黄菊，马东晓，易树平. 基于供应链管理选择供应商的成本计算法 ［J］. 重庆大学学报，2004，27（03）：5-8；刘晓，李海越，王成恩，等. 供应商选择模型与方法综述 ［J］. 中国管理科学，2004，2（12）：139-148.

2. 合作双方内部的威胁。

（1）决策层人事调整。当双方的合作关系建立在现有人际关系的基础之上，则无论哪一方发生人事上的调整都容易导致合作出现问题。

（2）合作涉及核心竞争优势。在合作过程中对核心竞争优势，如产品设计、信息共享这些方面容易产生矛盾。

（3）利益分配。无论是哪种合作关系，共同利益分配都是合作双方之间的关键问题，利益分配不均、不公易导致合作关系的破裂。

综上所述，即使建立了战略伙伴关系，合作过程中仍面临着各种威胁。这时候共同的战略目标才显示出了它的重要性。以下几点阐述了如何在合作过程中使双方目标一致，利益共享。

（1）企业决策层领导的态度。当出现摩擦时，决策层领导对这些问题持有的态度，将直接影响到合作关系的进一步发展。

（2）合同或协议的限制。尽可能细化合同或协议，以降低在合作过程中产生摩擦和争议的可能性，维持战略合作伙伴关系的稳定。

（3）长期目标和短期利益。在双方战略合作的情况下，长期目标和短期利益仍会存在或多或少的冲突。

（4）冲突管理。在冲突不可避免时，企业双方应理智地换位思考，进行深刻的自我剖析，共同商量解决方案，不推卸责任，否则只会拖延解决问题的时间，最终导致合作双方矛盾升级。

（5）定期评估和改进。对合作伙伴的定期评估不可或缺。这样可以及时对存在的问题进行调整补救。促使双方的战略合作伙伴关系稳健发展。

同样的，发展战略伙伴关系的过程漫长且复杂，对于战略伙伴关系的维护，不同企业依据自身不同的情况会有不同的做法。没有一个标准化的模式可以应用于所有企业。

4.3.6　结束语

随着经济全球化发展的逐渐深入，陶瓷工艺品行业面对越来越强的竞争压力。原有的供应商关系已经不适合新的经济环境，建立战略合作伙伴型供应商关系才是维持竞争优势的根本①。本章结合现实生活中陶瓷工艺品行业面对的问

① 翟钢军，田丹，刘洪祥. 供应链环境下供应商关系管理研究［J］. 大连理工大学学报（社会科学版），2006，27（4）：12-17.

题，通过对新的战略伙伴型供应商关系的研究，为提高陶瓷工艺品行业竞争力提出理论依据①。文章对现有的供应商关系与缺陷进行了描述，分析了战略伙伴型供应商关系所具备的优势，并运用 BSC 方法建立了战略伙伴型供应商的选择与评价模式②。本章具有以下特点：

（1）从实际出发，建立理论依据。在提出战略伙伴型供应商关系之前，先对陶瓷工艺品行业的现状进行分析，再探讨战略伙伴型供应商关系存在的优点，提出理论，应用于实际③。

（2）本书基于 BSC 的思想，从四个方面建立了战略伙伴型供应商关系的选择与评价指标体系，全面探讨了各项评价指标，力求达到各项指标的客观科学性④。

由于时间及资源的限制，本章也存在一些不足之处：

（1）本章在定性指标的定值方面没有提出具体计算方案。暂时还不能很好地运用于实际。

（2）存在一定局限性。本书基于战略伙伴型供应商关系，以 BSC 为主要设计思想，存在一定局限性，因此研究结果只能作为参考。

（3）本章的研究范围局限于采购商与供应商的战略伙伴关系，并未对供应链上其他节点进行整体探讨，有待继续研究。

---

① 陈汉东，马传军. 供应链环境下的战略供应商关系 ［J］. 物流技术，2006，9（12）：78-80.

② 祝伟. 木制工艺品行业战略伙伴型供应商的评价与选择 ［D］. 北京：北京交通大学，2012.

③ 王志文. XM 公司战略伙伴供应商的选择与评价研究 ［D］. 大连：大连理工大学，2009.

④ 宋华. 现代物流与供应链管理机制与发展 ［M］. 北京：经济管理出版社，2003：60-66；王文杰. 供应商评价指标体系现状述评及未来展望 ［J］. 时代经贸，2010，4（18）：17-23.

第 5 章　基于 Agent 的供应链金融协同现状分析

5.1　问题的提出

本章通过总括供应链金融的研究背景，明确供应链金融服务实体经济的意义。对供应链金融的相关研究及方法进行综述，确定了本章的研究方向和方法，进一步提出论文的结构安排，并对文章的特色之处和不足给出说明。

5.1.1　选题背景与意义

5.1.1.1　选题背景

1998 年任文超引用物资银行概念的启发，针对解决企业三角债的问题提出开创性的想法。2002 年罗齐和朱道立等迫于实践的需要，也提出了"物流企业融通仓"服务的理念。可以发现这两种理念在整个发展过程中的延续性，在探讨相应的金融服务问题上，也都在供应链和物流发展的角度上相对薄弱。其实之前的"仓储融资"模式就构成了供应链金融最原始的形式，这种模式随着农产品等季节性商品的资金需求应运而生，而且由于这种模式的操作环节、技术水平和市场容量受到限制，所以其发展阶段一直处于较低的水平，就这样起源于 20 世纪 80 年代的供应链金融概念一直沿用至今。当今跨国公司寻求"成本洼地"的趋势，使全球范围内的业务都采取了外包以及采购的方式，促进供应链金融理念的发展。供应链外包业务其实是一把双刃剑，促进国际分工却也带来相关企业的资金缺口问题。随着国际企业对业务外包策略达成共识，越来越多的供应链企业卷入这场国际企业分工协作的运动中，供应链中企业与企业之间的关联程度，也随着业务的深化得到进一步提升。资金链连接各生产环节，若供应链中某一环节出现资金缺口问题导致供应链断链，将给下一环节的生产购买商带来直接冲击，甚至整个供应链系统也会受到影响。因此，保证供应链稳定性，最直接有效的方式是保证企业的资金流畅性，这也是供应链管理的大势所趋。完善供应链上的融资方式，营造一个将资金流、物流以及信息流整合起来的供应链融资系统，是这方面研究的重中之重。供应链金融在我国也发展了很长一段时间了，理论创新和实践水平都有稳定提高，最主要的原因是其适应中国市场的特点，从供应链金融角度对供应链资金管理进行深入研究，建立了一个完善的供应链金融融资平台，这是一条行之有效的路径。考虑到中小型企业在我国的经济地位和发展特点，供应链金融模式应优先解决中小企业融资问题。根据《中小企业标准暂行规定》，2013 年上半年我国中小企业数量已达4200 多万户，占全国企业总数的98%以上，创造了全国80%的就业岗位。因此，解决中小企业融资问题关系到我国经济发展，乃至社会稳定。而国家发展创新委员会发布的一项调查显示，只有 10%的中小型企业获得了银行的贷款，5%获得了地方政府的津贴。银行为控制风险对中小企业几乎不做信用贷款，仅以不动产为中小型企业提供贷款服务。但是，由于不动产只占中小型企业资产的小部分，因此，中小型企业不能更多地使用流动资金从事设备更新和拓展业务，否则容易造成资金链断裂，这也就限制了我国中小企业的发展。

5.1.1.2　研究的意义

供应链金融的兴起给中小企业融资带来了契机，同时也在行业的供应链上，乃至产业链上起到了积极作用，可以说供应链金融可以大大改善集成产业的金融资源配置。由美国次贷危机引发的全球金融危机，揭示了一个基本事实，这就是一国金融资源的开发和利用，必须有一个合理的限度，必须遵循经济与金融的相互关系。面对金融资源过度开发和滥用带来的冲击，实体经济的承载力是相当脆弱的，很容易引起经济运行的内在结构的破坏，甚至引发金融和经济危机。中国是一个新兴的转型经济体，在转型环境下供应链金融作为标新立异的产品，其业务的开展必须受到多重约束，它不仅要面临市场、信息、交易费用的约束，而且更重要的是受到转型的经济体制下宏观调控的约束。因此，供应链金融作为中国转型经济中金融深化的表现，首先就是要受金融稳健有效运行的宏观监控，这既是供应链金融业务发展的基本要求，又是供应链金融协同和供应链经济发展的共同指向。供应链金融协同的研究为宏观调控提供理论依据，实现供应链金融业务收益和风险控制有效结合，引入商业银行和第三方物流企业协商合作，服务供应链企业，最终实现供应链金融服务整条供应链金融资源优化配置的目的。

5.1.2　国内外相关研究综述

5.1.2.1　供应链金融研究综述

在当前的经济形势下，由于银行的信贷额度有限而中小企业融资需求却不断增大，所以中小企业依靠银行进行融资受到了很大约束。作为商业银行信贷业务专业领域的供应链金融，协同供应链第三方物流企业为供应链企业尤其是中小企业提供融资渠道，这无疑能够启发市场解决中小企业融资难题。简单地说，结合第三方物流企业，从整条供应链价值角度考察中小企业融资需求，为供应链中处于弱势地位的中小企业提供融资服务，实现供应链上金融机构、生产企业及相关配套企业相互协作，以保证整条供应链稳定运营。学者从多方面对这种金融业务模式进行了研究。

1. 供应链金融含义的研究

新兴的供应链金融融资模式，其理论及实践在我国还处在发展阶段。从早期物资银行的设想一直到目前的供应链金融理念，一直处于不断发展的过程。邹小芃、唐元琦（2004）提出"物流金融"的概念具有开创性意义，借助开发的金融产品服务面向物流业的资金与信用，采取行之有效的运筹来实现生产方和需求方的资源对流的平衡①。胡跃飞（2009）认为供应链金融具有资金融资的定价功能，并流动于市场交易活动，这样就将供应链生产组织体系用量化的金融工具串联起来②。谢圣涛（2009）借鉴在供应链金融研究领域领先的Aberdeen公司的研究成果，提出供应链金融提供的基于供应链的系统集成解决方案，有利于解决企业内部与其他企业之间，以及供应链中其他企业之间的集成问题，克服以往解决方案的局限，实现供应链的资金流、信息流、物资流的集成，对我国开展供应链金融的提出具有相当重要的借鉴意义③。徐学峰（2010）认为供应链金融不能规定到供应链范畴之外，同时将同一供应链的企业看作一个集成的单位，那么提供的融资方案就应该涉及有链条关系和行业特点的设计参数，

---

① 邹小芃，唐元琦．物流金融浅析［J］．浙江金融，2004（5）：20-21.
② 胡跃飞．供应链金融与中小商业银行的竞争策略［J］．商业银行家，2009（2）：23-26.
③ 谢圣涛．Aberdeen公司供应链金融研究及启示［J］．西南金融，2009（4）：63-66.

供应链资金的注入更具针对性①。一直发展到近两年，肖奎喜、邹宁波（2013）总结供应链金融是由商业银行开发面向中小企业的新型信贷模式，其通过将供应链中资金流、物流和信息流有机结合，拓展了银行贷款业务的同时，更注重银行对中小企业的信贷风险合理控制，将供应链中的核心企业和有融资需求的中小企业捆绑起来，提供更为有效的风险度量的金融服务②。

在国外，供应链金融类似于物流金融，但供应链金融理论的研究要后于物流理论的研究。谷物仓单是物流和金融最早融合的标志性产物，等到其在金融机构内流传，就被认作供应链金融模式的萌芽。更为高级的谷物抵押贷款模式便被认作供应链金融的雏形。Petersen 和 Rajan（1997）认为供应链融资是世界范围内小企业和大企业一个重要的资金来源③。Erik Hofman（2005）从供应链金融的特征全面研究，合理解释其在服务供应链上是交叉的，由原来的各单位企业关系并联，实现供应链企业整体串联的组织控制，分享供应链上的资源，相应也要承担供应链上的风险，让战略合作得到长足发展④。Hans-Christian Pfohl Moritz Gomm（2009）发展了供应链金融的理念，认为其是企业间融资的优化，对供应链上资源流进行融合来达到融资过程的突破，增加供应链企业的金融价值⑤。Leora Klapper（2012）指出供应链金融的任务是通过更好的相互调整或供应链中完全新的融资概念来节约资本成本，供应链金融可以给企业提供更有成本效益的融资，因此将供应链内部企业间的融资称为供应链金融⑥。

国内外供应链金融研究背景的差异，使国内外供应链金融理论的研究也有了不同的发展路线，不过对于发端于 20 世纪 80 年代的现代供应链金融来说，其产生的动力来源于世界级核心企业寻求最小化成本，伴随在这类核心企业全

---

① 徐学峰，夏建新. 关于我国供应链金融创新发展的若干问题［J］. 上海金融，2010（3）：23-26.

② 肖奎喜，邹宁波. 商业银行创新型信贷模式——供应链金融的实质与特点［J］. 中国商贸，2013（8）：90-91.

③ PETERSEN M A，RAJAN R G. The Benefits of Lending Relationships：Evidence from Small Business Data［J］. The Journal of Finance，1994，49（01）：3-37.

④ HOFMANN E. Inventory financing in supply chains：A logistics service provider approach［J］. International journal of Physical Distribution Logistics Management，2009，39（09）：716-740.

⑤ PFOHL H C，GOMM M. Supply chain finance：optimizing financial flows in supply chain［J］. Logistics Research，2009（1）：149-161.

⑥ KLAPPER L，LAEVEN L，RAJAN R. Trade Credit Contracts［J］. Review of Financial Studies，Society for Financial Studies，2012，25（3）：838-867.

球性外包业务之中，它与供应链管理一脉相承。正因为如此，可以说现代的供应链金融核心理念由原来的差异发展及演变，产生了当今国内外供应链金融的许多共性。

2. 供应链金融业务模式的研究

对于供应链金融业务模式的研究，近十年国内有了很大的发展。袁红和王伟（2005）认为，物流中金融服务的引进机制，正成为物流企业立足于市场激烈竞争，并带动整个银行业共同参与的新型金融业务。物流金融作用表现在资金支持、结算支持、个性化服务支持等方面，通过各种基金方式转化或分散物流业的经营风险①。王治（2005）详细阐述了融通仓和物资银行的概念，说明了通过融通仓和物资银行实现企业资金创新，突破资金瓶颈的具体方式②。郑绍庆（2006）分析了我国当代中小企业融资难的主要原因，他归纳了现有的为解决中小企业融资难而开辟的各种融资渠道，提出了融通仓对解决部分中小企业，特别是销售和生产季节性较强的企业的短期融资需求是非常有效的③。闫俊宏（2007）归纳供应链金融三大模式包括应收账款融资模式、存货融资模式和预付账款融资模式，直观反映供应链金融的盈利及风险模式④。许彦妮（2011）通过银行企业双方博弈模型引入灵敏度，对供应链金融应收账款模式做了新的阐述⑤。

在国外，自20世纪90年代以来，UPS的发展动向在业界备受瞩目，主要原因是其独具匠心的供应链解决方案。供应链解决方案是一个流线型组织，能够提供货物配送、全球货运、金融服务、邮件包裹服务和业务拓展咨询等一揽子服务方案，从而真正实现货物流、信息流和资金流的"三流合一"。Albert R. Koch（1948）给出了基于库存和应收账款进行融资的经济模型⑥。Raymand W. Burman（1948）给出基于库存进行融资的操作方法和监控流程⑦。Barnett W

---

① 袁红，王伟. 物流服务的新领域 [J]. 中国物流与采购，2005（2）：3-4.

② 王治. 融通仓与物资银行 [J]. 中国物流与采购，2005（2）：28-30.

③ 郑绍庆. 物流金融：中小企业融资渠道的创新研究 [J]. 浙江金融，2006（8）：58-59.

④ 闫俊宏. 基于供应链金融的中小企业融资模式分析 [J]. 上海金融，2007（2）：14-16.

⑤ 许彦妮. 基于博弈论的供应链金融应收账款模式银行检查率的研究 [J]. 江苏商论，2011（9）：155-157.

⑥ KOCH A R. Economic aspects of inventory and receivable financing [J]. Law and Contemporary Problems，1948，13（04）：566-578.

⑦ BURMAN R W. Practical aspects of inventory and receivables financing [J]. Law and Contemporary Problems，1948，13（04）：555-565.

（1997）描述了资产抵押的借贷模式在国外的应用及展望①。Weisun（2004）面向现代物流金融服务的创新进行研究，得到加快质押贷款，推动中小企业发展的第三方物流服务创新模式和供应链系统下中小企业融资的商业模型②。Eric Fenmore（2004）分析了基于定单的融资业务，扩展了供应链金融的范畴③。

国内外对供应链金融融资模式的探讨，由以往的实践指导模式创新，逐渐演变成通过理论创新，来指导供应链金融业务模式的开发和实施，以这样的方式试图促进供应链金融业务的良性增长。

3. 供应链金融风险的研究

在国内，供应链金融风险的研究，沿袭了商业银行信贷风险研究方法的同时，也基于系统动态研究的角度，对供应链金融的风险有了新的认识。吴冲（2004）采用模糊神经网络对商业银行信用风险进行评价④。徐华（2006）认为复杂的供应链环境给银行和企业的监管和控制带来很大的困难⑤。随着供应链管理的发展，供应链金融的风险管理更趋向科学管理。冯静生（2009）将供应链金融的风险分为供应链自身风险、企业信用风险、运营风险及汇率风险四大类，运用供应链金融风险管理机制，全面控制供应链各节点存在的风险⑥。毕家新（2010）具体阐述了供应链金融动产质押融资模式、应收账款融资模式及保兑仓融资模式的运作方式，由这三类模式展开，分析了供应链金融业务风险的表现形式⑦。吴瑶、程国平（2013）通过研究供应链金融在汽车产业的运用，系统分析了供应链金融存在的风险，开始进行供应链金融风险的实证研究⑧。

① BARNETT W. What's in a name：A brief overview of asset-based lending ［J］. The Secured lender, 1997, 53（06）：80-82.

② SUN W, LI J, LIV D et al. Business models and solution architectures for SMB financing in a supply chain ecosystem ［A］. IEEE International conference on E-Commerce Technology for Dynamic E-Business, Beijing, 2004：130-133.

③ FENMORE E. Making purchase order financing work for you ［J］. The Secured lender, 2004, 60（02）：20-24.

④ 吴冲. 基于模糊神经网络的商业银行信用风险评估模型研究 ［J］. 系统工程理论与实践, 2004（11）：1-6.

⑤ 徐华. 供应链金融融资模式的风险分析与防范 ［J］. 金融经济, 2006（3）：71-72.

⑥ 冯静生. 供应链金融：优势、风险及建议 ［J］. 区域金融研究, 2009（2）：51-52.

⑦ 毕家新. 供应链金融：出现动因、运作模式及风险防范 ［J］. 华北金融, 2010（3）：20-22.

⑧ 吴瑶, 程国平. 汽车产业供应链金融业务及其风险防范研究 ［J］. 当代经济, 2013（7）：40-43.

而国外，Sunil（2004）从社会环境和市场环境的角度找到突破口，研究供应金融的风险多元性和复杂性①。Rosenberg（2005）从金融风险管理的整体角度出发，从信用风险、市场风险及操作风险等方面引发对供应链金融风险的思考②。Tao Yang（2011）在对供应链风险研究中，着重分析了供应企业金融风险的模式，从供应链系统的角度分析了供应链金融风险③。

5.1.2.2　供应链金融协同的研究

在国内，张铁男（2006）指出了供应链相关企业的核心战略是与利益相关者共同发展④。肖敏（2008）引入协同学理论对供应链金融协同管理进行研究，给出了供应金融系统运行的序参量及自组织演化规律，构建了供应链金融协同管理模式的实现策略，在建立了协同管理绩效评价指标体系的基础上，给出了协同度的测量模型⑤。孙寿亮（2008）对金融业与物流业的协同发展从物流业本身的发展需要金融业提供支持和金融业的创新推动物流业的创新两方面进行说明，构建了物流业与金融业协同发展的系统⑥。刘皓天和彭志忠（2009）提出物流业与金融业有必要构建形成一个协同发展的系统，并对协同系统的内涵、模式进行了说明⑦。张岩（2009）运用协同学的相关理论对物流业与金融业协同发展系统的依存支持度模型进行了说明，并进行了实证分析⑧。

在国外，Beamon（1998）定义的供应链协同，是指供应链上某成员通过提供某种激励来试图改变另一个成员的行为，从而使最终目的均衡决策实现供应链的整体利润最优⑨。David Anderson（1999）发表文章提出新一代的供应链战

① SUNIL C，MANMOHAN S. Managing risk to avoid supply chain breakdown [J]. MIT Sloam Management Review，2004，46（01）：53-61.
② ROSENBERG J V，SCHUERMANN T. A general approach to integrated risk management with skewed fat-tailed risks [J]. Journal of Financial Economics，2006（79）：569-624.
③ YANG T. Multi objective optimization models for managing supply risk in supply chains [M]. ProQuest：UMI Dissertation Publishing，2011：1-39.
④ 张铁男，张亚娟. 基于遗传算法的企业种群进化能力评价 [J]. 哈尔滨工业大学学报，2006，38（12）：2155-2162.
⑤ 肖敏. 供应链金融的协同管理研究 [D]. 南昌：江西财经大学，2008.
⑥ 孙寿亮. 物流业与金融业的协同发展机制研究 [D]. 北京：北京交通大学，2008.
⑦ 刘皓天，彭志忠. 物流业与金融业协同发展机制构建研究 [J]. 东岳论丛，2009（6）：38-41.
⑧ 张岩. 基于协同学的物流金融协同系统研究 [D]. 济南：山东大学，2009.
⑨ BEAMON B M. Supply chain design and analysis：Models and methods [J]. International Journal of Production Economics，1998，55：281-294.

略就是协同供应链的思想①。Heather（2001）认为，供应链的协同包括内部协同和外部协同。近年来国外从技术层面研究供应链金融的协同，Alea Fairchild（2010）采用智能匹配的方法作为一个沟通和自动决策过程的机制，通过智能匹配方案，可以将供应链各个要素进行科学的整合，指向了供应链金融信息透明化的研究②。Liu Xiang（2010）为提高供应链金融决策的有效性，探讨了利用情境感知和数据挖掘技术，构建供应链金融合作体系决策机制的问题③。Viktoriya、Sadlovska（2010）认为，可以通过构筑供应链金融技术平台这一方法讨论整个供应链金融系统的协同④。

5.1.2.3　Agent 研究综述

在国内，张江（2006）通过人工经济仿真模型分析了组织在市场中的涌现和动态演化现象，模型结果表示只要在简单的市场规则下，市场就为可能因为单个企业"自下而上"的作用从而涌现出各种组织，同时不断产生出组织行程与分裂的动态演化过程⑤。石纯一、张伟⑥、李剑等（2008）在文献中将混合遗传算法应用于 Multi-Agent 的电子商务多议题协商当中，实验结果表明算法能够提高各 Agent 的协商效率⑦。王国成（2012）基于 Agent 建模进行计算实验，来验证几种复杂的社会经济现象⑧。因此引入 Agent 计算的建模在经济研究过程中受到普遍认可。

在国外，委托代理的研究由来已久并且应用广泛，为当今经济系统的计算机建模提供了理论及实践的依据。Kiyotaki 和 Wright 建立的理性预期货币生成模

---

① ANDERSON D，LEE H. Synchronized supply chains：the new Frontier［J］. ASCET，1999，6（01）.

② FAIRCHILD A. Intelligent matching：Integrating effciencies in the financial supply chain［J］. Supply Chain Management：An International Journal，2005，10（04）：244-248.

③ LIU X. A multiple criteria decision-making method for enterprise supply chain finance cooperative systems［J］. IEEE Xplore Digital Library，2009，9（03）：139-144.

④ Viktoriya，Sadlovska. Financing the Supply Chain：Are Companies Feeling the "Credit Crunch"［EB/OL］. http：//www.aberdeen.com，2010

⑤ 张江. 基于 Agent 的计算经济学建模方法及其关键技术研究［D］. 北京：北京交通大学，2006.

⑥ 石纯一，张伟. 基于 Agent 的计算［M］. 北京：清华大学出版社，2007：98-115.

⑦ 资武成. 基于 Multi-Agent 的供应链协商模型研究［M］. 北京：北京理工大学出版社，2011：1-15.

⑧ 王国成. 基于 Agent 真实行为揭示社会经济复杂之谜——集成建模与计算实验的实现途径［J］. 中国社会科学院研究生院学报，2012（5）：35-41.

型、Lane 首次提出的基于 Agent 的计算经济模型的概念及 Arthur 和 Holland 等人合作的人工股市模型，都是 Agent 建模很好的应用①。Charlotte（2004）开始基于 Agent 的计算经济学的研究②。Wang 等（2008）将 ACE 模型应用到电子商务市场中，根据电子商务的特点来分析供应链伙伴是如何结成暂时联盟以应对顾客需求与库存的快速变化③。Mauro 和 Richiardi（2011）等建立的市场模型分析"羊群效应"，都是采用了 Agent 建模的方法。我们可以得出结论，Agent 的研究在国外越来越受到关注。

5.1.3 本章研究的内容及思路

供应链金融迎来快速发展的时期，在业务模式、技术方法和风险控制等方面也有很多理论研究，然而在供应链金融协同方面的研究较少，同时在实证方面的论证也相对缺乏，因此本章沿用外国第三方物流视角下的供应链金融模式，整理出构建供应链金融协同 Agent 的模型，结合市场实际证明供应链金融在中国市场可适性的思路④。总结起来全文的思路可用技术路线图 5.1 表示。

文章的结构安排从发现问题、分析问题和解决问题三方面进行展开。

第 5.1 节通过描述供应链金融的背景，整理现有文献材料，从而确立供应链金融协同的研究目标，这属于文章发现问题的部分。

第 5.2 节详细阐述供应链金融协同的理论研究，从供应链金融的业务模式出发，确定供应链金融主体的协同关系。

第 5.3 节着重描述了供应链金融各主体的发展现状，为供应链金融协同研究提供实证依据，5.2,5.3 两个章节构成分析问题的部分。

第 5.4 节基于 Agent 建模的方法，构建供应链金融各实体的 Agent，并得出供应链金融协同 Agent 的模式。从各主体追求自身利益最大化出发，提炼出供应链金融协同的数学模型，作为供应链金融可行性的依据。再对所得到的供应链金融协同数学模型进行转化，具体研究批发零售业总额与金融机构短期贷款和

---

① 拉奉特. 激励理论：委托代理模型（英文）[M]. 北京：世界图书出版社北京分公司，2013：60-82.

② LEBARON B. Agent - based computational finance [J]. Handbook of Computational Economics, 2004（2）：1187-1233.

③ WANG M. On demand E-supply chain integration：A multi-agent constraint-based approach [J]. Expert Systems with Applications, 2008, 34（04）：2683-2692.

④ 张潜. 区域物流配送动态建模与实证研究 [M]. 北京：科学出版社，2012：189-219.

票据融资总额的联动关系，并通过计算机软件 Eviews 进行 VAR 计量分析与结果检验。

第 5.5 节根据第四章的实证结果，最终得出供应链金融在中国市场适用的结论，同时对供应链金融协同模式的建立提出展望，旨在推动供应链金融在我国的发展，建立一个市场有序、风险可控的第三方物流与金融机构相互协作的供应链金融市场，组成解决问题的部分。本章技术路线图如图 5.1 所示。

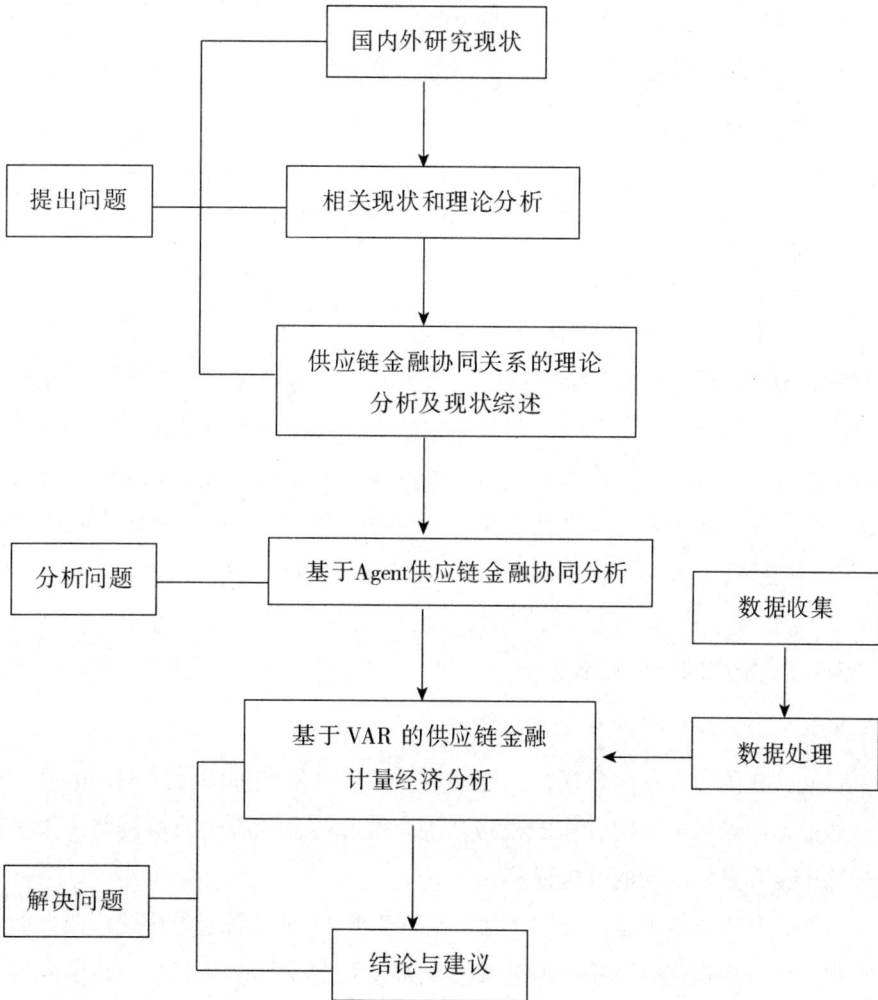

图 5.1 本章技术路线图

5.1.4 研究方法

本章包含了对供应链金融协同发展的构建、实施的理论研究及其可行性的实证研究。综合系统工程和计量经济等领域的理论与方法，定性分析与定量分析相结合，基于 Agent 的系统工程方法进行理论探索，并利用 VAR 计量方法进行实证分析①。

5.1.4.1 定性分析与定量分析相结合

本章在供应链金融协同研究中，重视文章逻辑的连贯性，以定性分析为基础，提出论文研究的对象及其内在联系。以定量分析为手段，实证分析文章所提出的理论假设。将定性分析和定量分析紧密结合，以正确把握我国供应链金融发展的现状与特点，为实施供应链金融协同发展提供理论依据和支持。

5.1.4.2 系统分析方法

研究主要基于 Agent 的方法将供应链金融的各参与主体集中到代理机制中进行分析，再归纳得出供应链金融协同的数学模型，为供应链金融可行性分析提供理论依据。同时在实证部分运用现有的数据，进行筛选及简化，再对处理好的数据进行 VAR 计量经济的分析，从而得出基于第三方物流企业与金融机构的联动关系，证明基于第三方物流企业与金融机构合作下供应链金融协同模型的可行性，最后提出第三方物流企业与金融机构协作的建议②。

5.1.5 研究的特色与不足

5.1.5.1 本章的特色之处

首先，在国内许多商业银行相继开展供应链金融业务的背景下，从第三方物流企业与金融机构协同合作的视角，研究供应链金融协同的可行性，这在同类研究中，算是比较新的分析视角。

其次，分析方法上也有特别之处。虽然基于 Agent 的计量经济建模与案例分析在中国诸多产业都有运用，但这类产业都是制造业等主要产业，文章将其引入新兴的供应链金融业务体现其创新之处。

---

① 高铁梅，等.计量经济学分析方法与建模 [M]. 北京：清华大学出版社，2011：319-350.

② 李蔚田，谭恒，杨丽娜. 物流金融 [M]. 北京：北京大学出版社，2013：193-197.

最后，本章结合面向服务的 Agent 分析及可行性分析这类交叉学科的思想，分析供应链金融协同的方法也是文章的一个特色①。

5.1.5.2 本章研究存在的不足

本章对供应链协同的研究侧重各参与主体的研究，假设在理想市场环境中运行，缺乏全面系统地考虑供应链金融系统整体的外部环境和内部环境，这对实证结果会有一定影响。如果能够引入外部市场 Agent，对整个供应链金融协同系统的实证结果进行模拟实验，得出可行性分析的结果就会更具说服力。

5.2 供应链金融协同的理论分析

5.2.1 供应链金融相关理论的界定

5.2.1.1 供应链的相关概念

供应链的概念产生于 20 世纪 80 年代末，是德鲁克所提的经济链和迈克波特的价值链等这类理论不断发展的结果，在实践中各个行业渐渐引入并完善供应链管理的体制，最终就有了现在的供应链。现代管理研究者把供应链定义为围绕核心企业服务其他配套企业，从基本的生产到产品最终消费，将所有的参与企业联动成一个整体，共同作用于一个功能网链结构。在这个复杂的动态网链结构中，实现对信息流、物流、资金流的高效控制，促进链上企业的协商与合作，以获得最大的竞争优势和最多的利润潜力。

全球制造已经在国际众多制造企业全面展开，对物流业务外包的需求不断提高，也对这类物流业务外包企业的自身风险控制管理提出了挑战，供应链的集成理念也渐渐得到人们的关注。供应链集成是供应链各节点企业之间高度联动的表现，对执续性、稳定性也有很高的要求。在节点企业之间相互协调的管理模式下，提升企业利润的同时也促进企业之间的再协调，具有动态的影响关系。而这种供应链协调的思想，就要求各节点企业必须考虑自身行为对整条供应链的影响。整个供应链的供给和需求的预测具有不确定性，很难保持稳定，企业间合作性和协调性自然比较差，这样会给企业的生产和运输造成不均衡，

---

① 刘莎. 在中国发展供应链金融的探索 [J]. 经济师，2009 (3)：90-91.

整体经济效益比较低。所以，保证严格的协同要求才能实现供应链管理的系统、集成、敏捷的核心理念。

协同是供应链管理深入发展的要求，实现供应链协同仅仅只由生产企业突破，实践与理论已经给出了更行之有效的答案。生产企业追求更高利润率所要求的生产协同，银行金融机构为获取优质贷款的利息所要求的金融服务协同，第三方物流企业追求成本最小化所要求的物流协同，都完善了供应链资金流、商品流和信息流的配置，充实了供应链管理的理念。现代就有人把这样理想的管理状态称为供应链协同管理，从原供应链管理思想的静态合作模式，转变为供应链节点企业相互联动的动态合作模式，解放资源在供应链企业之间的限制，实现企业间物流、信息流和资金流的自由流动和整合。因为有现代管理水平和技术创新的支持，很多电商企业开始了供应链协同的尝试，其中不乏成功的案例。引入这种协同的思想是对供应链理论的补充，为供应链管理的发展指明了新的方向①。

5.2.1.2　供应链金融的概述

供应链金融对于不同层面有不同的解释，比如，基于银行层面来说，供应链金融是其业务拓展的方式，集中考虑服务对象的选择与风险控制，银行在其专业领域方面对所提供的供应链金融服务进行定价，并对供应链金融服务的违约提出解决方案，实现供应链金融业务的稳步发展。基于供应链融资企业层面来说，供应链金融是其资金需求的表现。众所周知，一家企业的财务信息往往带有机密性，在接受银行提供的供应链金融服务过程中，融资企业如何防止其相关机密的流失至关重要，这就要求融资企业对供应链金融业务保持理性的预期。如果引入第三方物流企业进入供应链金融，基于第三方物流企业层面，供应链金融业务是被服务的对象，由于第三方物流企业的专业服务符合供应链金融业务开展的要求，而与供应链上其他企业相比，第三方物流企业是融资企业最直接的合作企业，其对供应链金融提供的服务主要是担保产品的监管及信息的披露，这也是银行所需要的服务。

侧重于物流与信息流控制的现代供应链管理已经突显其不足，虽然供应链管理的科学理念可以降低供应链整体生产制造的流通成本，物流和信息流的通畅也带来供应链整体利润的增加，但是供应链运作过程必然要有资金流的支持，

---

① 刘汝德，章文燕. 供应链金融业务的发展策略 [J]. 经济导刊，2010 (3)：30-31.

供应链下生产制造企业的生产增速，对资金流的需求同样激增，不能满足其运作的资金保证，供应链管理模式带来的发展就是不对称的，而对于供应链上资金需求敏感的企业就是一项巨大的挑战。供应链金融顺应这个需求，将资金流的管理并入了现代供应链管理，可以说，实现供应链管理带来的经济配置优化的进一步突破，就要看供应链金融的发展是否能达到供应链上各参与企业对其预期的均衡①。

供应链金融的开展依赖于核心企业的支持，在供应链的生产企业上寻找核心企业比较难以突破，这类核心企业要支持自己正常生产的同时，还要为供应链金融注资，这就对其资金的流动性提出更高的要求。而作为服务提供商的第三方物流企业，对资金流动性的管理会比生产企业灵活，特别是上市的第三方物流企业，其融资渠道和信用水平已经达到服务供应链金融的要求，仍然以银行业金融机构作为供应链金融提供资金的主体，其代理融资企业的信用担保，让银行业金融机构，乃至资金充足的其他核心企业为供应链运作注资，那么供应链资金流的运转也将活跃起来，供应链融资企业也有了走出资金困境的希望。我们可以发现，供应链金融的发展更趋于合理，这也是市场经济选择的结果。

5.2.1.3 供应链金融的业务模式及风险

供应链金融并不是国内独创的，它沿袭物流金融，受到世界金融业务很大的影响。国外很多龙头企业拉动了其国内供应链的发展，并把这方面的优势延展到国际竞争上，借助供应链金融的优势带动其下很多配套的企业竞争力的提高。恰是这些配套企业的发展对国内同业企业带来了危机意识。可以说，供应链金融业务在国内的兴起，大部分借力于中小企业的推动。国内核心企业在国际上的竞争有其局限性，对国际巨头企业竞争的反抗总是滞后和不灵敏，但是其受到竞争压力造成的生产效率下降，对国内的中小企业的冲击是明显的、快速的。所以，我国供应链金融业务的发展与中小企业有密切的联系，与国际供应链金融业务模式也有很大的差别，借助银行业金融机构与国外供应链金融业务在资金流上形成对接②。

从供应链融资来看，国外供应链金融业务模式是一种基于完整供应链的融

---

① 深圳发展银行与中欧国际工商管理学院"供应链金融"课题组. 供应链金融：新经济下的新金融 [M]. 上海：上海远东出版社，2009：31-58.

② 谢江林，何宜庆，陈涛. 数据挖掘在供应链金融风险控制中的应用 [J]. 南昌大学学报，2008（3）：278-281.

资，而国内的供应链金融业务模式却是基于供应链特定环节的融资。所以，供应链金融业务模式在国内发展更具多样性。近年来国内银行业金融机构先后推出了几种供应链金融业务，其中以应收账款融资模式、库存商品供应链融资模式和应付账款融资模式最受欢迎，下面对这三种融资模式的特点及其业务风险进行简要的阐述①。

1. 应收账款融资模式

应该区别开供应链金融的应收账款融资模式与传统的应收账款融资，他们都是服务卖方企业的融资模式，但供应链金融的应收账款融资模式比传统的应收账款融资更具优势，这主要表现在，参与这项业务的买卖双方中有一方的资信水平较高，银行基于战略合作的地位，为其提供更为便捷的服务，更重要的是能跨过金融交互的其他环节，大大降低了一部分融资成本。而国内供应链应收账款融资的卖方通常资信不是很高，其融资成本要高于拥有自有品牌的跨国公司，为了获得平等的融资服务，就要求买方核心企业参与到供应链应收账款融资模式中来。显而易见，供应链应收账款融资模式对银行订单数据的管理水平提出了相当高的要求，只有卖方的发票数据与买方的订单数据准确对应，才能更有效地防范风险。模式如图 5.2 所示。

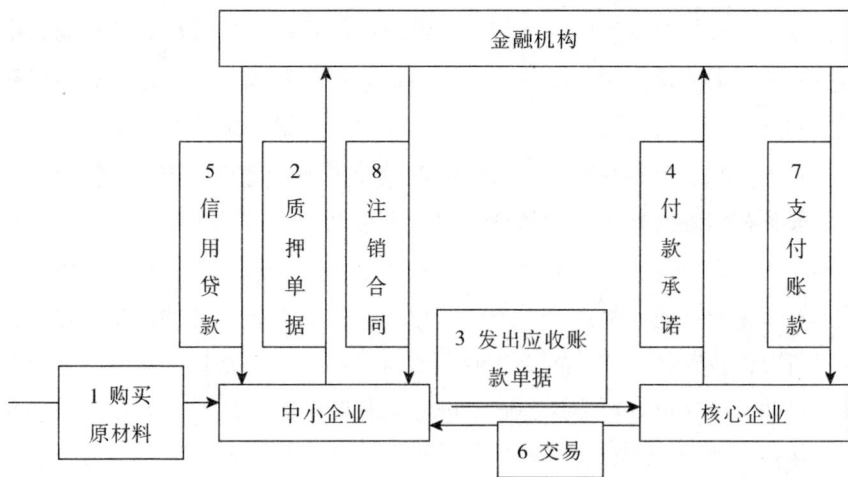

图 5.2　应收账款融资模式

由应收账款融资模式图可知，该金融业务工作开始于原材料的购买，结束

①　张前荣. 中国宏观经济模型的研制与应用［M］. 北京：经济管理出版社，2012：148－150.

于核心企业应付账款的支付。融资所产生的票据会随着交易的发生，在中小企业、核心企业和金融机构之间发生流转。这种融资模式服务商品市场的销售环节，直接原因就是积压的应收账款给中小企业带来的财务压力。应收账款的直接执有者制造商，成为这种供应链融资风险控制的重点。国内金融机制在选择这种工具服务供应链融资问题时，优先考虑核心企业。这主要来自金融机构对核心企业资金、产品、技术等的信心，可以维持比较高的信用等级。

2. 动产质押融资模式

这种动产质押融资方式为金融机构从卖方手中买下转运途中、仓库中的货物，直至买方一次或分批买下这些货物，从而减少买卖双方对流动资金的需求，动产质押模式如图 5.3。开展这项业务必须有有效的手段跟踪货物的运输及仓库的进出，除了需要控制客户的信用风险，还必须充分考虑各种市场风险。

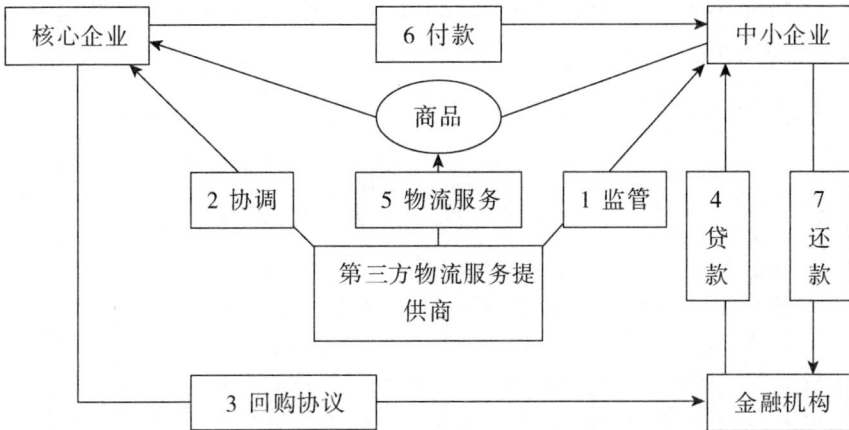

图 5.3 动产质押模式

动产质押带来的货币时间价值的损失是一块不小的成本，这就要选择一样工具解决存货时期的货币时间成本。动产质押融资模式服务于卖出存货和现金支付的时间间隔中，银行金融机构对中小企业的授信就有了信用支持，而第三方物流仓储企业，给予整个融资过程更好的安全保证。当然实现的过程，就对银行金融机构提出存货服务水平的要求，包含了提供专业服务、账户管理、以及评估征信水平。这种融资模式应该有独立特色的各方协议。协议包含的文件应该包括声明质押的对象，有效的时间界限，仓储协商的价格等。而银行金融机构保存资金需求方开具的存单证明，发放资金。当然在动产质押期间，银行金融机构就需要不定期的货物清查。而仓储物流企业不仅提供基本的存储服务，还要保证所存动产的真实性，以及信息的可靠性。这才能保证最终付款企业，在查验动产以后，接收动产并还清货款。

对于为中小企业提供动产质押融资支持的银行金融机构，其对中小企业运营水平的认识就有相当高的要求。作为动产质押的商品能否实现买方和卖方之间的交易，直接关系到这类供应链融资方式能否实现最终资金安全和结清。那么相应对质押动产的标准是动产质押融资风险控制的特殊要求，通过对存货等动产的监管，最终把风险转移为市场运营的系统性风险①。

3. 应付账款融资模式

应付账款融资模式是引入第三方物流企业进入供应链金融业务的经典模式，与其他融资模式相比，其运营的结构上具有很强的稳定性。第三方物流服务提供商在供应链金融服务过程中，不仅具有物流服务的功能，更重用的是其发展了自己的业务能力，承担供应链金融服务的担保职能。这不仅大大地解决了供应链金融服务的资金安全性问题，同时也对参与供应链金融的第三方物流服务供应商的业务专业化程度提出了更高的要求。应付账款融资模式如图 5.4 所示。

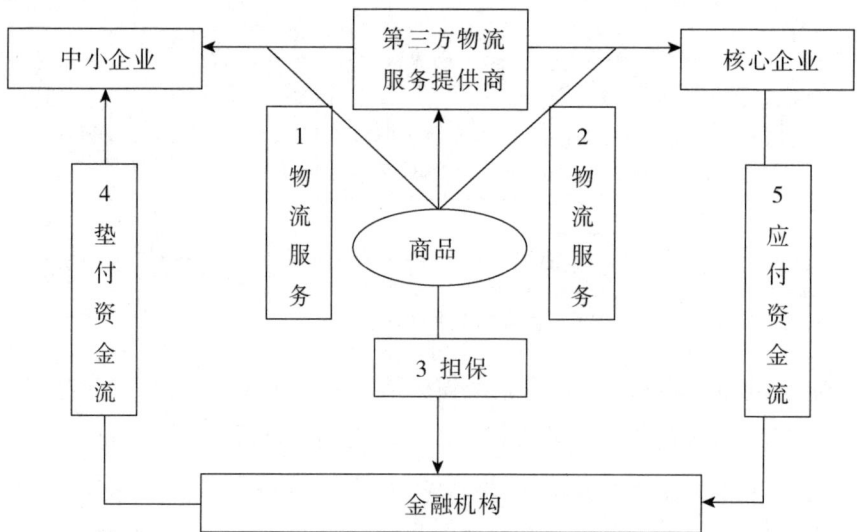

图 5.4　应付账款模式

通过对应付账款运营模式的研究可知，控制资金流动性的主动权能归属于银行业金融机构，而第三方物流服务提供商所扮演的角色，主要承担的是保障

---

① 吴窑. 供应链金融系统协同发展研究 [D]. 北京：北京交通大学，2012.

供应链金融业务资金安全的同时，加速银行业金融机构对供应链的资金链的运行。流通中的商品在第三方物流服务提供商的监管下，成为银行业金融机构资金流动的最主要参照对象。而且银行业金融机构根据流通中商品的供应额定值，对供应链上的融资企业提供相应的信贷支持。简单地说，第三方物流服务提供商实现了金融机构及相关融资企业对供应链的资金流与信息流，更加充分地共享，大大地提高了供应链金融业务服务的效率。

应付账款这种融资方式的风险控制的关键环节，由传统融资的银行业风险控制，转移到第三方物流服务供应商的业务风险控制，及由整个供应链承担市场风险的控制。市场风险具有很强的确定性，而整条供应链共同承担，才能实现共荣的目标。对于第三方物流企业所面临的业务风险，则具有很高的专业性，同时也会面临信息不对称的问题，这就要求市场对第三方物流企业进行严格的监管，这也与以往的融资业务有很大的差别①。

5.3 供应链金融协同关系研究

研究供应链金融的协同，需要对协同的对象进行界定。首先将对供应链金融的主体要素进行分析，并分析主体要素相互之间的合作关系所形成的不同供应链金融结构，最后将对供应链金融的具体功能以及系统的特性进行说明。供应链金融的内部要素主要包括金融机构、第三方物流企业、供应链核心企业以及供应链中小企业等运作主体，各主体之间相互依存，共存共荣，构成一个协调发展的动态系统②。本章介绍在第三方物流企业支持下的供应链金融系统结构，及系统内部各主体不同的合作关系。

5.3.1 供应链金融各参与主体的界定

5.3.1.1 供应链金融的金融机构

银行金融机构是供应链金融的融资服务提供者，也是供应链金融业务的主

① 祝文峰. 商业银行供应链金融业务的发展及对策建议 [J]. 郑州航空工业管理学院学报（社会科学版），2010（2）：199-202.
② 杜亚江，刘茜. 基于 Agent 的供应链复杂系统研究 [J]. 物流技术，2011（17）：188-190.

导者及管理者。银行传统的授信模式是以一对一的方式开展的，所涉及的也只是银行与中小企业之间的双方关系，信贷评审的重心在于授信客户的抵质押资产、企业的经营能力及第三方保证。在供应链金融中，银行不再局限融资企业不动产抵押支持，而是基于上下游中小企业之间所形成的真实贸易背景，使得这一过程中银行不仅与中小企业建立了资金的联通关系，同时将自身发展为供应链第三方物流企业承包的财务战略伙伴，由此银行在派生出新增商业利润和金融服务收益的同时，极大地降低了融资的风险①。

5.3.1.2　供应链金融的中小企业

供应链金融的中小企业，是供应链金融业务开展的最直接服务对象，反映了供应链金融的资金需求。受国内市场环境的影响，供应链参与的中小企业也存在很大的相似性。首先，大多中小企业在供应链上的劣势地位，是由其与核心企业信息不对称产生的，容易受核心企业在产量规模、资金规模上发展的不平衡所影响，可以说供应链中小企业也是供应链信息对称的需求方。其次，供应链中小企业在规模及技术上要求比较低，对准入企业的限制较小，所以在供应链生产上，聚集很多依附核心企业而冗余的不良企业，而优良的中小企业本身受不良竞争的影响，发展也大受阻碍。可见对中小企业的监管也尤为重要。再次，中小企业资金被占用问题也因为其主体地位没有发生根本改变。最后，银行等金融机构对中小企业信用水平的界定仍有不科学的方面，这也给中小企业短期应对财务风险带来了更严格的挑战。所以在供应链金融协同的理论下，中小企业寻求的是一个对自身生产、资金需求及信用水平能够正确反映的供应链金融协同模式②。

5.3.1.3　供应链金融的第三方物流企业

第三方物流企业是供应链金融业务代理的主体，是供应链金融服务的提供商，与供应链金融的金融机构居于同等地位。由于供应链金融业务涉及多领域的操作环节，专业部分已经超出了银行的管理能力，因此引入第三方物流企业进行资源互补，这是银行控制供应链金融风险的管理办法。第三方物流企业参与供应链金融，以能够获取真实交易背景的需求为依据。第三方物流企业参与了供应链内部的整个过程，对融资过程中涉及的物流、资金流和信息流不断交互，所以获得的

---

① 林侠，罗霄峰. 供应链金融主体发展趋势分析［J］. 经济导刊，2011（04）：29-30.
② 江宁. 我国供应链金融公司的创立模式研究［J］. 特区经济，2011（02）：233-234.

需求信息真实可靠。在供应链金融过程中，银行需要对质押物流环节进行实时监控，但由于这种监控是动态的，很难保证银行所获信息的实时性，为了保证在可控风险下不影响借款企业的正常营业，通常银行需要与第三方物流企业结成联盟，这样既可以满足借款企业的需要又可以对借款企业的实际运营情况及质押物进行有效监管。对于第三方物流企业来说，供应链金融中的货物监管业务是属于自身专业技能的非主营业务，是企业在传统利润基础上的新增利润，所以这在一定程度上创造了第三方物流企业的盈利模式。另一方面第三方物流企业在代理银行对融资企业货物进行监管的过程中，银行的客户同时也成为第三方物流的客户，第三方物流企业在供应链金融中成了银行和客户双重利益的代表方，所以他们之间常常需要建立一个战略伙伴的关系，这样不仅稳固了第三方物流企业的客户群而且又扩展了客户群。

5.3.1.4 供应链金融的核心企业

核心企业也是供应链金融的主要参与者，担当着配合与协调整条供应链的责任。这些企业通常是知名大公司或者是跨国集团公司，控制着较多的社会资源，而且所处的市场结构一般为寡头垄断或垄断竞争，因此具有较强的市场影响力，所以这类企业一般具有普遍明显的特征。第一，控制着整个产业链价值链中的核心环节，在与上下游企业交易过程中获得了更多的话语权和定价权。第二，核心企业资金实力突出、信用水平普遍较高，在金融市场具有较高的资信等级。而且由于核心企业资产规模大，企业可担保的资源丰富，所以是各家银行争宠的对象[①]。

作为供应链和渠道链的组织者、管理者和最终受惠者，尽管核心企业很少会出现获得金融服务的瓶颈问题，但由于链中其他企业的绩效水平与核心企业本身的绩效是直接相关的，因此核心企业必然会在考虑到自身企业发展的同时，为其他成员提供融资服务上的便利。这种服务既包括直接的信用融资也包括在依托第三方机构提供融资服务时提供信用支持等。

5.3.2 供应链金融各主体的相互关系

5.3.2.1 银行与中小企业的关系

我国中小企业与银行的关系和正常的银企关系是背离的，一方面中小企业

---

① 刘炯艳，杨小青．基于多 Agent 的协同物流系统构建及运行研究 [J]．江苏商论，2010（02）：52-54．

资金需求旺却融资难，另一方面银行资金充足却对中小企业惜贷。由信息不对称理论可知，银行缺乏中小企业经营状况方面的信息，为了控制自身财务风险，对中小企业选择限制贷款或不发放贷款，造成了逆向选择。同时对于中小企业来说，中小企业接受银行贷款，在市场环境不能达到预期时，中小企业很有可能改变自身投资方向，接受资金进行高风险的投资项目，当无法承担风险造成投资损失而不能归还银行贷款的本息，这时银行就要承担道德风险，这就是信息不对称给银行和中小企业关系带来的扭曲。在中国市场环境下，中小企业与银行的这种关系降低了银行向企业发放贷款的意愿。

引入第三方物流企业参与供应链金融的协同，可以改善银行与中小企业关系。基于第三方物流企业在供应链金融模式的地位，其不仅能够专业从事供应链企业交易的外包业务，同时也能获得供应链市场的供求情况，对供应链参与企业的经营比银行具有更客观的了解。如果整合供应链上第三方物流企业的资源，形成一个第三方物流集成代理系统，全面收集供应链各参与企业的信息，参与供应链金融业务，在供应链金融协同的模式下，代理供应链中融资企业与金融机构形成合作竞价的关系，就可以大大破除信息不对称带来的融资壁垒，同时也能够带来自身利润的增长①。

供应链金融的中小企业与第三方物流企业建立长期稳定的客户关系，利用现代物流技术整合中小企业的资源，由第三方物流企业代理这些资源，这样就能在与银行融资谈判过程中，拉回到公平的地位，让银行金融机构发现中小企业集群下中小企业具有众多优势和价值。同时也削弱了融资过程带来的道德风险和逆向选择的影响。

5.3.2.2 银行与核心企业的关系

传统金融模式下的核心企业因为融资成本较高，并不会把银行金融机构作为首选的融资渠道，而银行金融机构视核心企业为目标优质客户，这样双方的谈判通常很难达到平衡，会出现资源配置不匹配的困境。

核心企业在选择资金投向时，往往不会把银行放于首位，根据市场地位来安排资金投向往往有较高的效益率和稳定性，这主要还是受到银行业金融机构严格的监管所影响。而银行业金融机构的资金支持对于核心企业来说，也犹如鸡肋，在关键时刻往往不能成为及时雨，来解决核心企业的燃眉之急。但核心

---

① 张帆. 基于博弈的供应链协作策略决策模型及其在智能 Agent 平台上的实现 [J]. 长沙铁道学院学报（社会科学版），2009（02）：79-84.

企业又想通过掌握这部分资金，增强其在业务上的机动性。那么这种情况下，核心企业和银行业金融机构的关系最好的解决方式是发展长期关系，破除短期关系对双方合作带来的不利影响。本章就是借助供应链第三方物流企业在整个供应链管理整合的优势，将第三方物流企业作为供应链上核心企业的代理方，通过与供应链上核心企业联盟的协商进入供应链金融协同模式①。

5.3.2.3 核心企业与中小企业的关系

由于核心企业与中小企业在供应链中的主体地位不平等，中小企业受自身发展的限制，往往附属于核心企业。这样的关系来源于中小企业基于核心企业定单的发展模式，出于市场风险和运营成本考虑，其自身很难对市场进行科学预测，在稳定的营利模式驱动下，中小企业很难独立于核心企业。

引入第三方物流企业的供应链金融协同模式，核心企业和中小企业的关系将会有所转变。第三方物流集合供应链供求关系和市场信息，对供应链金融协同系统内的参与主体，实现信息共享，也可以提供市场咨询等相关服务，那么中小企业将根据第三方物流代理核心企业的生产信息，进行更加科学的生产计划，有效地控制库存解放受限的流动资金。同时借助供应链金融协同系统反馈给供应链管理系统的信息，在整个供应链上获得更加独立的主体地位。其不会受限于一家核心企业，而核心企业也可以通过供应链金融协同市场，最有效率地发现配套企业，加速整条供应链的运行。使原来中小企业和核心企业的关系转型成中小企业联盟与核心企业联盟合作和协商的关系。

5.3.2.4 第三方物流企业与其他参与主体的关系

第三方物流企业在整个供应链运作过程中，充当的是服务提供商的角色，其自己主营业务的收入与供应链上各生产企业的生产状况有着直接的联系。核心企业和中小企业把业务外包给第三方物流企业，第三方物流企业按照自身的物流配送规划，调整最优的库存量及运输路径。当然，第三方物流企业与供应链的核心企业和中小企业要实现物流业务的协调，双方要满足对供货期的要求，才能均衡相互之间的关系，建立起长期的、稳定的战略合作关系。

在供应链上，第三方物流企业与银行业金融机构都是为供应链上的生产企业提供服务，由于提供服务的项目不同，所以很多供应链上的第三方物流企业

① BAUER B, ODELL J. UML 2.0 and agents: how to build agent-based systems with the new UML standard [J]. Engineering Application Artificial Intelligence, 2005, 18 (02): 141-157.

与银行业金融机构缺乏联系。作为供应链资金流服务提供商的银行金融机构，其对资金安全性的要求比较高。而供应链上能够创造很多价值的流动资产，却不能满足银行为其提供融资服务的要求。第三方物流企业的专业服务就是实现供应链上流动资产创造价值的保证。这样通过第三方物流企业，可以活跃供应链上其他参与主体之间的相互关系。而在这样的机制下，第三方物流企业与供应链上其他企业的相互关系也变得更加稳定。

5.3.3 供应链金融参与方协调的建议

将供应链各参与主体统一起来分析，从供应链企业的角度，不管是供应链上下游的中小企业，还是核心企业都需要缓解供应链上商品链运行带来的财务压力。从金融机构的角度，供应链金融贯穿整条供应链各环节的始终，每个环节都能够为金融机构拓展业务提供利润增长点。从第三方物流企业的角度，供应链金融将成为第三方物流派生出的增值服务，客户企业的融资需求指导供应链金融的方案设计，再向银行申请融资，实现自身资源的充分利用。引入这样一种第三方物流企业参与的供应链金融模式，使得整条供应链的资金流的运作更具有联动性，资金供应与需求实现更好的控制。第三方物流企业就在其中充当服务提供商的身份，让各参与企业之间的关系得到加强。

5.4 我国供应链金融主体的发展现状

对国内供应链金融的兴起进行上述理论的分析可以发现，供应链金融受到广泛的重视和追捧是利益驱动的结果，同时也与产业组织结构变革下的金融需求变化相关，反映了银行等金融机构面对竞争压力时的创新需求。供应链金融的系统环境是由供应链金融参与者的个体环境构成的大环境，在研究我国供应链金融发展的问题上，本章对各参与者市场环境做了相应的分析。

5.4.1 我国银行业金融机构的发展现状

随着银行业等金融机构面对的客户群市场化转型的完成，以及银行新股东的利润和风险控制目标，计划经济体制及其后的金融业发展混沌时期一直沿用的粗放经营模式越来越难以为继。同时，金融脱媒、新竞争主体不断进入、新监管制度环境改变、产业组织模式变革等，都对产品、营销和风险控制技术手段的创新和适应性变革提出了要求。

5.4.1.1 我国银行业金融机构的现状

近五年的银保监会统计数据显示，我国银行业金融机构境内的资产总额保持每年大于10%的增长态势，总额大有突破150万亿元的势头。这也主要归功于我国国内大型商业银行的稳定增长，而股份制商业银行和城市商业银行资产总额的快速增长，无疑在为整个银行业资产总额的增长造势，顺应银行业全新发展的五年。这也同时拉动了占比近30%其他类金融机构的新一轮发展。

在大部分银行管理的内部，人力和产品设计等资源条件日益严苛的重压下，形成核心竞争力的挑战一度提升为公司战略的挑战。各大银行从零售业务寻找开创性的突破口，却也受到了个性化营销和技术手段支持的限制，这也是中国市场金融意识普及不平衡的层次性问题。那么发展零售业务成为核心支柱的设想，就受到了广泛的质疑。在整个银行业金融机构相互之间，中间业务往往体现个别银行在金融服务创新上的个体竞争力，如果这类个体竞争力整体得到提高，那么就为其形成整个行业的核心竞争力做了最充分的准备。目前国内银行业中间业务在整个收入中的低占比，是金融服务缺乏技术含量的直接反映。我国主要商业银行业务结构如表5.1所示

表 5.1 主要商业银行业务结构表

序号	银行名称	资产规模 （亿元）	不良贷款率	资本充足率
1	中国工商银行	334718.51	1.50	16.47
2	中国建设银行	282981.21	1.49	16.88
3	中国农业银行	272967.53	1.43	16.54
4	中国银行	247038.89	1.41	15.69
5	中国邮政储蓄银行	111339.42	0.89	13.86
6	交通银行	107955.71	1.68	14.47
7	招商银行	81567.00	1.14	13.63
8	上海浦东发展银行	76744.79	1.91	13.75
9	兴业银行	76195.39	1.47	12.62
10	中信银行	73233.59	1.83	13.10

资料来源：2021最新商业银行资产规模一览表［EB/OL］.知乎网，2022-06-24.

5.4.1.2　我国银行业金融机构的发展

现代银行业在我国发展 60 多年来，其整体实力持续增强，业务能力、资产总量以及盈利水平等这类可量化的数据，展示出整个银行业金融机构跨越式增长。特别是国有银行和各类商业银行相继上市，全国的银行业金融机构上了一个全新的平台。我国从第一家上市银行深圳发展银行在 1991 年上市，发展到目前总共 16 家上市银行，其整合中国市场的金融资源总量与以前做比较已经没有意义，但整个银行业金融市场的效率提高是显而易见的。银行业金融机构寻求自身发展和国内金融市场的活跃，这样的内部原因和外部原因都驱使国内经济金融体系的深层次变革，而在传统盈利方式上的突破成为变革的重中之重。

股份制银行和城市商业银行的市场份额稳步提高，但从数据依据可以证明这是市场准入放宽带动网点扩张的联动效应。但从总体观察，不难发现国内各家银行明显都缺乏经营特色，目标市场也呈高度的一致性，产品系列也几乎是各银行间相互复制，简单地说，目前各家银行的特点仍然是开发带动跟风，存在缺乏创新引出的破坏性竞争。中小企业市场缺乏适应性的风险评估和控制手段，一直是银行业务创新的壁垒。不少银行提出要向"零售银行"转型，却也总停滞于理论设想，而在实践上都未能有突破性进展，以致对于国内银行业整体而言，公司银行业务仍然是主要的业务类型和收入来源。

5.4.1.3　对我国银行业金融机构的评述

从过去五年的统计数据可以发现，部分银行向零售银行转型正在大力进行，主要的测试指标是零售银行业务在银行总盈利中的占比。而这个测度指标具有高度的不确定性，主要是其受各方面的影响比较复杂，比如，房地产市场与金融市场的交互关系；股票市场利差的正面冲击；银行理财产品的热销；部分银行公私业务联动下的零售发展策略，使得储蓄存款、财务顾问费等产品成为配合公司信贷的搭售和摊派性任务；等等。现代银行业发展的主流方向必然要往更具挑战的表外业务发展，从手续费及佣金收入与利息收入的比值可以知道，我国银行业金融机构服务技术水平明显满足不了广大金融客户的服务需求，而商业银行寻找一个低风险、高收益的基础市场是解决这个难题的重点和难点。

5.4.2　我国中小企业的发展现状

5.4.2.1　我国中小企业的现状

2021 年，我国各类市场主体新增 2887 万户，相比 2012 年底增长 1.8 倍；2021 年市场主体融资 2.1 万多起，融资金额超 3.5 万亿，同比增长分别为 27.07%、44.39%。国家市场监督管理总局副局长蒲淳 27 日在国新办发布会上表示，目前，全国市场主体已突破 1.5 亿户，其中个体工商户突破 1 亿户，亿万市场主体的磅礴力量推动了我国经济总量迈上百万亿元大关、国家财力和社会财富稳定增长，承载 7 亿多人的就业基本盘。

5.4.2.2　我国中小企业的发展

近 30 年的改革开放，给中小企业的发展铺平了道路，其在中国社会经济的地位也稳步提升，中小企业中个体私营经济也占据全国市场主体重要位置，而且近 20 年个体私营经济呈现跨越式增长态势。中小企业对社会消费总体经济的发展起到非常重要的作用。

中国中小企业协会公布了 2021 年第一季度中国中小企业发展指数（SMEDI）及中小企业运行情况。数据显示，第一季度中国中小企业发展指数为 87.5，比去年第四季度上升 0.5 点，连续 4 个季度保持上升趋势，处于去年第一季度以来最高位。

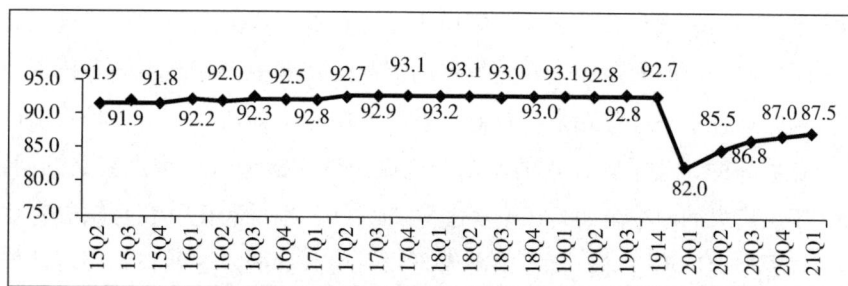

图 5.5　中国中小企业发展指数运行图

（数据来源：中国中小企业协会）

今年第一季度中国中小企业分行业指数全面上升，分项指数 6 升 2 降。在行业选取的过程中，依据国民经济各行业对 GDP 的贡献度，共选取了工业、建筑业、交通运输邮政仓储业、房地产业、批发零售业、社会服务业、信息传输计算机服务和软件业、住宿餐饮业等八大行业。这 8 个行业指数分别比上季度上升0.5、0.1、0.2、0.8、0.3、0.5、0.4和0.6点，但仍都处于景气临界值100以下，尚未完全恢复至疫情前水平。①

分行业	2021Q1	2020Q4	涨幅（21Q1—20Q4）	
总指数	87.5	87.0	↑	0.5
工业	88.3	87.8	↑	0.5
建筑业	91.6	91.5	↑	0.1
交通运输业	77.2	77.0	↑	0.2
房地产业	95.4	94.6	↑	0.8
批发零售业	87.4	87.1	↑	0.3
社会服务业	88.6	88.1	↑	0.5
信息传输软件业	83.4	83.0	↑	0.4
住宿餐饮业	67.2	66.6	↑	0.6

图 5.6　2021 年一季度八大行业总指数环比图

（数据来源：中国中小企业协会）

5.4.2.3　对我国中小企业的评述

世界产业的接轨，让国内产业链发展的技术密集性和资本密集性越来越明显，这就将中小企业隔在世界产业并轨带来的资源共享之外。相当一部分中小企业为了贫乏的经济利益，不得不附属于核心企业生产分工流程内。这也就直接定义了中小企业的配角地位和其发展的局限，发展中受到的不平等待遇也就很难避免。这种不平等首先来自核心企业对其财务上的压力，这也是目前广大中小企业面临的，关乎其存亡的难题，这成为供应链金融要重点突破的问题。另外，中国广大的中小企业自己财务管理的欠缺，也无疑使其在与核心企业谈判协商过程中地位不平等，自身财务管理没有得到突破，这就很难实现从外部得到财务整治的帮助。中国人民银行对我国动产担保授信做过统计，发现授信的价值比例明显偏低，这也反映了中小企业面临的金融资源外部环境的恶劣。所以构建一个帮助中小企业走出困境的供应链金融运行模式，已经在广大中小企业中传来了呼声。

---

① 黄盛.2021 年一季度中小企业发展指数公布：连续 4 个季度保持上升趋势 [EB/OL].
搜狐网，2021-04-10.

5.4.3　第三方物流企业的发展现状

服务生产协调和组织优化的现代信息技术和运输技术得到了发展和突破，加速了产业组织的传统模式向供应链生产的转变。在理论和实践中对供应链的流动性进行了量化，并证明了其与供应链发展水平的相互关系。连接供应链节点的中小企业对流动性有很高的要求，其对供应链中系统性的金融服务需求一直都处于上涨态势。这样，寻找物流和信息流相配合的资金流优化方案，专业服务供应链中小企业融资的趋势，为银行等金融机构开辟了新的市场。在提供这种专业配套的金融服务的实践过程中，前述的银行业发展的问题、中小企业融资难的问题以及供应链竞争力提升的问题，都可以在这个新兴的市场上获得局部或阶段性的破解。面向这类专业的服务，对我国供应链第三方物流企业就提出了巨大的挑战。

5.4.3.1　第三方物流企业的现状

据中国物流与采购联合会发布的《关于 2021 年度中国物流企业 50 强、民营物流企业 50 强的通告》（简称《通告》）显示，50 强物流企业 2020 年物流业务收入合计 13589 亿元，按可比口径计算，同比增长 16.6%。50 强物流企业门槛提高到 40.6 亿元，比上年增加 3.5 亿元。民营 50 强物流企业物流业务收入合计 5770 亿元，同比增长 21.9%，增速高于 50 强企业 5.3 个百分点。民营 50 强物流企业门槛 10.7 亿元，比上年增加 2 亿元。其中国内 50 强物流企业的排名如表 5.2 所示。

表 5.2　中国物流 50 强排名表

排名	企业名称	物流业务收入（万元）
1	中国远洋海运集团有限公司	26286247
2	厦门象屿股份有限公司	21612887
3	顺丰控股股份有限公司	15174316
4	中国外运股份有限公司	8453684
5	京东物流股份有限公司	7337472
6	中国物资储运集团有限公司	4954200
7	中铁物资集团有限公司	3670160

排名	企业名称	物流业务收入（万元）
8	圆通速递股份有限公司	3490704
9	上海韵达货运有限公司	3350043
10	百世物流科技（中国）有限公司	3000000
11	德邦物流股份有限公司	2750345
12	中通快递股份有限公司	2521429
13	建发物流集团有限公司	2484059
14	上汽安吉物流股份有限公司	2296199
15	申通快递有限公司	2156605
16	全球国际货运代理（中国）有限公司	1539786
17	嘉里物流（中国）投资有限公司	1516138
18	日日顺供应链科技股份有限公司	1403623
19	中铁铁龙集装箱物流股份有限公司	1396654
20	准时达国际供应链管理有限公司	1347909
21	一汽物流有限公司	1209000
22	上海天地汇供应链科技有限公司	1049088
23	上海中谷物流股份有限公司	1041918
24	物产中大物流投资集团有限公司	867306
25	湖南和立东升实业集团有限公司	801196

目前中国物流企业的发展仍由国内较强实力的企业牵头，带动区域较小物流企业的共同发展。这类带头企业表现比较活跃应当属国内主板上市的物流企业。这些物流企业的具体运营情况如表 5.3 所列。

表 5.3　物流上市公司的运营效益表（2021 年一季度）

证券简称	营业收入（亿元）	营业收入同比（％）	营业成本（亿元）	营业利润率（％）	每股收益（元）
建发股份	1070.92	58.8	1056.9	1.1	0.271
物产中大	1054.11	52.0	1037.0	1.5	0.183

证券简称	营业收入（亿元）	营业收入同比（%）	营业成本（亿元）	营业利润率（%）	每股收益（元）
厦门象屿	893.88	33.6	881.1	0.8	0.164
顺风控股	426.20	27.1	441.8	-2.7	-0.217
中国外运	289.02	76.4	285.5	3.6	0.113
怡亚通	186.95	35.2	185.9	0.6	0.048
中储股份	131.78	78.0	131.0	0.6	0.024
瑞茂通	114.37	50.5	112.0	2.2	0.201
圆通速递	89.60	61.9	85.2	5.4	0.521
韵达股份	83.30	48.1	80.3	4.1	0.079

数据来源：2021 年一季度中国物流行业 A 股上市企业营收排行榜 ［EB/OL］. 智研咨询，2021-07-13.

国家邮政局快递大数据平台实时监测数据显示，2021 年我国快递业务量已达 1000 亿件。这是我国快递业务量首次突破千亿件级别。2022 年 1 月 6 日，在全国邮政管理工作电视电话会议上，国家邮政局党组书记、局长马军胜在工作报告中表示，预计 2021 年快递业务收入和业务量分别完成 1.04 万亿元和 1085 亿件，同比分别增长 18% 和 30%。2022 年，快递业务收入预计将完成 1.16 万亿元，同比增长 12% 左右；快递业务量完成 1225 亿件，同比增长 13% 左右。"中国快递业的强势洗牌将在未来 1 至 2 年进行。"赵小敏如此判断。①

5.4.3.2 我国第三方物流企业的发展

2021 年，物流需求规模再创新高，社会物流总额增速恢复至正常年份平均水平。全年社会物流总额 335.2 万亿元，是"十三五"初期的 1.5 倍。按可比价格计算，同比增长 9.2%，两年年均增长 6.2%。从年内走势看，由于受下半年散发疫情和上年同期基数较高等因素影响，走势前高后低。一季度同比增长 24.2%，上半年增长 15.7%，前三季度增长 10.5%。如图 5.7 和图 5.8 所示。

---

① 温婷．"千亿件"时代来临 快递物流业开"打"价值战 ［EB/OL］. 人民日报数字传播，2022-01-21.

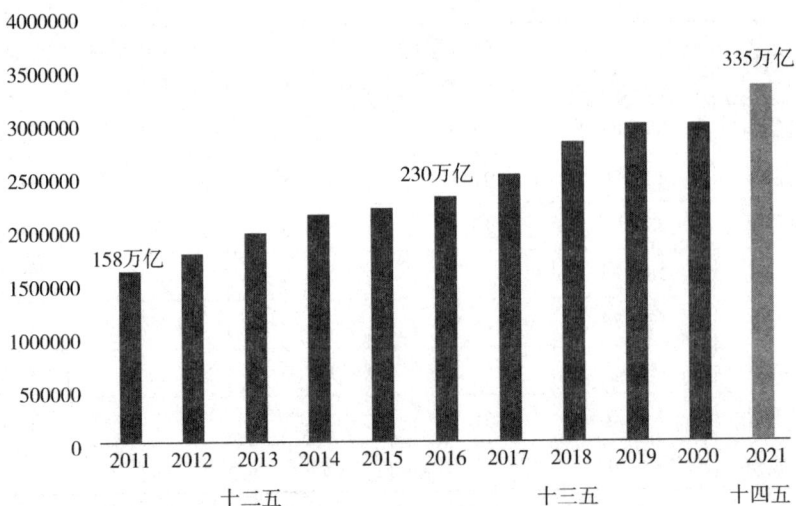

图 5.7　国内物流周转量发展的趋势

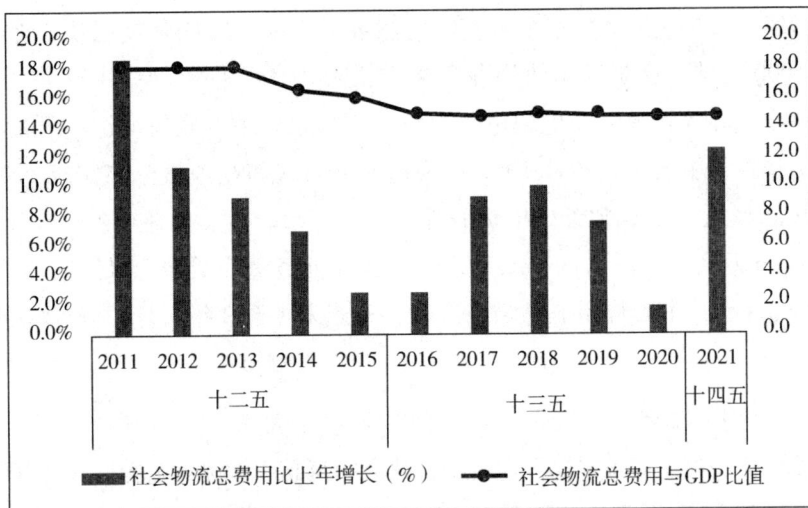

图 5.8　2011—2021 年社会物流总费用及与 GDP 的比率

　　综上所述，2021 年是构建新发展格局的起步之年，国际环境复杂严峻、国内疫情多发散发多重因素倒逼我国物流运行效率、供应链响应水平加速提升，物流在畅通经济内外循环，保障产业链畅通稳定方面发挥了重要作用，助力单位物流成本稳中有降。从物流成本统计来看，2021 年社会物流总成本统计来看，2021 年社会物流总费用 16.7 万亿元，与 GDP 的比率 14.6%，比上年回落 0.1 个百分点，在连续三年持平后首次回落。物流畅通性提升，助力国内国际双循环。物流服务在协助产业链的流程优化的基础上，更是在畅通国内大循环、促进国内国际双循环发挥了重要作用，助力物流成本稳中有降。头部物流企业发挥引领带动作用，大力推进提供一体化供应链物流服务。2021 年 50 强物流企业供应链一体化收入合计增速在 20%～30%，明显高于运输、仓储等单一物流业务；供应链一体化业务首次成为企业的主要收入来源。①

5.4.3.3　对我国第三方物流企业的评述

实体经济与电子商务的结合，带来了第三方物流企业的长足发展，各地物流企业纷纷涌现。虽然第三方物流企业数目的增加，带来了行业内竞争的加剧，但这也促进了物流服务功能的改善。从整体上看，第三方物流企业发展的不平衡性非常显著，企业规模不大的第三方物流企业无法跟上服务水平的提高，而企业规模较大的第三方物流企业，其自身管理水平不高，效益水平就相对较低。所以第三方物流还没有形成高度系统化的网络服务。这主要是因为，首先，国内物流观念并不能完全摆脱国际物流观念的冲击，实现自身物流观念的创新，在适应国内市场发展的过程中相对滞后。其次，国内大多数第三方物流企业是计划经济时期的企业转型而来，其管理理念相对陈旧，并不能适应物流企业运作模式。再次，物流渠道的限制也是第三方物流企业发展的壁垒。最后，物流人才的培养，明显不能满足物流企业发展的需要。

5.5　我国供应链金融参与主体的特点

在我国，供应链金融的四大参与主体都有自己的特点，与国外有很大的区别。我国银行业金融机构受体制的影响最大，其发展与国家经济宏观调控紧密接合。但由于技术手段及管理水平相对落后，所以在开展金融业务过程中，受到了很大的限制，在配置金融资源的服务过程中，造成比较大的资源浪费。但随着世界金融一体化服务进程的加快，迫使中国银行业金融机构引入现代的技术与管理方法，在业务能力上有了显著提高，面对中国国内的最大市场，其金融服务的供应也大大地增加，与现代国际金融发展虽不能并行发展，但也紧随其后。

---

① 2021 年中国物流运行情况分析及 2022 年展望 ［EB/OL］，新鑫物流，2022-02-14.

　　中小企业的发展受自身条件限制，从其本身突破困境在实践上的可操作性不强，所以寻求核心企业的支持成为中小企业探讨的重要课题。但从核心企业的角度可以发现，核心企业虽然资本实力雄厚，但在自身发展与支持配套企业的博弈中，往往从自身利益出发，而不是全局地、系统地考虑整条供应链的发展。同时，考核中小企业发展水平也会给核心企业带来额外成本，并且对信息公布的要求也比较高，对于中小企业与核心企业目前发展的水平来说并不实际，金融机构也因为控制供应链金融风险的顾虑，而选择支持传统金融业务，对供应链金融业务采取审慎措施。所以要在生产制造企业中寻找支撑供应链金融平台的企业比较困难，发展的压力和利益的驱动促使目光转向供应链第三方物流企业。基于前文的分析，设想借助现代科技，引导第三方物流企业支撑金融机构对供应链中小企业授信，在供应链发展中建立起供应链金融协同服务平台成为本章研究的重要依据。

第 6 章　供应链金融协同的实证分析

6.1　基于 Agent 的供应链金融协同分析

软件 Agent 概念的产生，得益于近年来人工智能理论和技术的广泛研究，并且这些研究成果在软件领域得到了应用。计算机软件对市场经济的模拟也日趋成熟，而计算机软件开发的快速发展，也为各行各业设计服务自身要求的软件提供了更为简捷的方法。可以说 Agent 是面向对象的一种软件实体，高度完善各类市场环境不能实现的系统性，接收并响应市场传导的各类信息。将这种面向服务的协商 Agent 思想引入到供应链金融协同，如图 6.1 所示。

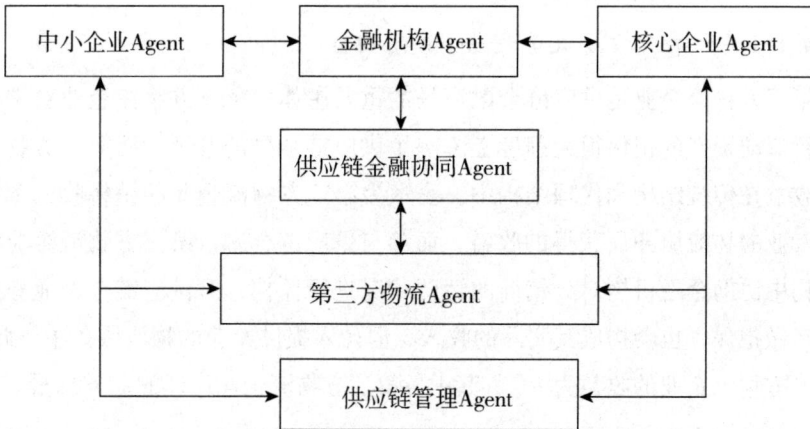

图 6.1　第三方物流企业参与的供应链金融协同模式

对供应链金融系统做以下分析。影响银行放贷的因素众多，供需、成本、宏观经济环境、政策等都是重要因素，供应链金融的供求关系主导着供应链金融的业务波动。而这种供求关系又受各种宏观经济及政策的影响。从复杂适应系统理论的角度来看，供应链金融市场中的各参与主体的行为和决策是真正决定供应链金融业务变化的最直接因素。这些主体都是根据对当前市场情况及未来预期的判断，试图做出对自身最有利的决策。这些决策和行为的总和，导致了宏观上供应链金融业务的变化。

6.1.1 供应链金融市场交易主体 Agent 的分析

供应链金融业务中，有四种市场交易主体：第三方物流企业、中小企业、银行金融机构、核心企业。其中中小企业运营情况、核心企业运营情况及宏观经济情况构成了供应链金融协同的市场环境，可以独立为市场环境 Agent。本章从各主体 Agent 收益分析出发，对供应链金融协同的描述集中在第三方物流企业Agent 与提供供应链金融服务的金融机构 Agent 的协同竞价的描述上。假设产品的市场需求为 D，供应商的生产成本为 C_1，资金不足的中小企业其初始资金为 B_i，中小企业进货的批发价格为 P_1，同时其进货量为 Q_i，其中 $\sum Q_i \leqslant D$，产品零售价格为 P，第三方物流企业提供每单位物流服务的价格为 P_2，提供每单位物流服务的成本为 C_2，其中也包括了中小企业负责购进货物过程中的物流费用。银行的贷款利率为 r_j。进一步假设当银行对供应链金融业务下的企业贷款，可以收回所提供贷款企业应支付的全部本息。

6.1.1.1 第三方物流企业 Agent 的收益

第三方物流企业是供应链金融市场的重要主体。第三方物流企业对中小企业进行流动资产的担保很大程度上影响了供应链金融的开展。而第三方物流企业的收益在传统结构和代理结构中，表示为第三方物流企业的销售收入都是其提供专业的物流服务而获得的收益，而参与供应链金融，第三方物流企业在代理结构中协助金融机构对分销商的运营状况进行监控，对供应链金融业务项下的资产做担保，也会构成其实际的收入，但计入提供专业的物流服务中。此时，令第三方物流企业的收益为 R_{1i}，其中各第三方物流企业代理的业务总量有 Q_i，并且满足 $Q = \sum Q_i$，则可以将供应链金融业务下的第三方物流企业的收益表示为：$R_{1i} = (P_2 - C_2) \times Q_i$，则提供供应链金融业务的第三方物流企业 Agent 的总收益表示为：

$$R_{1i} = \sum R_{1i} = \sum (P_2 - C_2) \times Q_i \qquad 式（6-1）$$

6.1.1.2 金融机构 Agent 的收益

银行金融机构，是开展供应链金融的另一个重要主体，在整个供应链金融系统中充当资金供应者的角色。进入供应链金融系统的商业银行组成要代理系统，根据供应链金融协同 Agent 反馈的资金供求关系，通过第三方物流 Agent 参与的供应链金融资金担保信息，对中小企业提供资金。假设银行处于完全竞争的市场环境，其具有充足的资金能够为零售商提供贷款服务，此时银行的收益即为贷款的利息收入，令银行收益为 R_{2j}，可以得出银行收益为 $R_{2j} = [(P_1 + P_2) \times Q_i - B_i] \times r_j$，则银行金融机构 Agent 的总收益为：

$$R_2 = \sum R_{2j} = \sum [(P_1 + P_2) \times Q_i - B_i] \times r_j \qquad 式（6-2）$$

6.1.1.3 中小企业 Agent 的收益

在供应链金融中，进入的中小企业都是资金不足的企业，是最主要的资金需求者。因此其初始资金 B_i 必然小于其购进产品所需的成本，也就是 $B_i \leqslant (P_1 + P_2) \times Q_i$。在代理结构中，分销商从银行所获得的贷款即为 $[(P_1 + P_2) \times Q_i - B_i]$。又因为已假设 $Q \leqslant D$。因此其所购进产品可以完全以零售价格 P 售出，令中小企业的收益为 R_{3i}，通过计算可以得出：$R_{3i} = P \times Q_i - [(P_1 + P_2) \times Q_i - B_i] \times (1 + r_j)$，所以相应的中小企业 Agent 的总收益表示为：

$$R_3 = \sum R_{3i} = \sum (P \times Q_i - [(P_1 + P_2) \times Q_i - B_i] \times (1 + r_j))$$

$$式（6-3）$$

6.1.1.4 核心企业 Agent 的收益

核心企业由于其资金实力和市场主导地位，在整个供应链交易过程中，有较高的话语权，通常也伴随着定价权，在一定程度上可以反映供应链的市场信息，对于供应链管理 Agent 有比较显著的参考性。而供应商在供应链中所起到的作用是将所生产的产品按照批发价格销售给零售商，因此它的销售收入就主要是依靠零售商的订货数量，令供应商的收益为 R_{4i}，则可以表示为：$R_{4i} = (P_1 - C_1) \times Q_i$，那么其核心企业 Agent 的总收益就为：

$$R_4 = \sum R_{4i} = \sum (P_1 - C_1) \times Q_i \qquad 式（6-4）$$

综上所述，本章所定义的供应链是由核心企业、中小企业、银行金融机构和第三方物流企业四个部分组成的，那么在不考虑供应链所处其他外部环境因素影响的情况下，可以简单地认为供应链的总体收益就是这四个部分收益的加总。通过上面的分析可以看出，在传统结构和代理结构中，均有银行参与到模块之中，通过代数相加即可求得供应链的总体收益为：

$$R_a = R_1 + R_2 + R_3 + R_4$$

$$= \sum R_{1i} + \sum R_{2j} + \sum R_{3i} + \sum R_{4i}$$

$$= \sum (P_2 - C_2) \times Q_i + \sum [(P_1 + P_2) \times Q_i - B_i] \times r$$

$$+ \sum (P \times Q_i - [(P_1 + P_2) \times Q_i - B_i] \times (1 + r_j)) + \sum (P_1 - C_1) \times Q_i$$

式（6-5）

6.1.2 各主体 Agent 分析供应链金融协同

在供应链金融协同 Agent 模型中要实现第三方物流企业与商业银行金融机构的竞争和协商，参与供应链金融的各第三方物流业和各商业银行从自身的利益出发实现自身利益的最大化，进入供应链金融协同系统，通过磋商实现供应链金融业务的协同，最终实现整个供应链下，各参与者资金的最优配置。如下所示：

$$MaxR_1 = Max \sum R_{1i} = \sum (P_2 - C_2) \times Q_i \qquad 式（6-6）$$

$$MaxR_2 = Max \sum R_{2j} = \sum [(P_1 + P_2) \times Q_i - B_i] \times r_j \qquad 式（6-7）$$

其中实现最优配置有供应链金融内部的基本条件，即要满足供应链金融的基本假设的条件；$\sum Q_i \leq D$，$B_i \leq (P_1 + P_2) \times Q_i$。那么实现供应链金融业务协同就要在 Agent 模型中各中小企业的贷款中得到满足，即参与担保的资产数量应该与银行放贷的资产数量相等。

$$\sum Q_i = \frac{R_1}{P_2 - C_2} \qquad 式（6-8）$$

$$\sum Q_i = \frac{R_2/r_j + B_i}{P_1 + P_2} \qquad 式（6-9）$$

两式中的 $\sum Q_i$ 相等，即得供应链金融的协同数学表达式：

$$\frac{R_1}{P_2 - C_2} = \frac{R_2/r_j + B_i}{P_1 + P_2} \qquad 式（6-10）$$

6.1.3 小结

在面向服务的供应链金融 Agent 中，由于信息交互比较完全，供应链生产的供求关系处于长期均衡的状态，即上文提到 $\sum Q_i$ 的值是可以预测的，同时 C_2、P_1 和 P_2 的值会保持长期稳定，而且为了保证生产的持续性，中小企业投入生产的自有资本 B_i 也会趋于稳定，那么在供应链金融协同的情况下，根据公式 6-10 可知，R_1 和 R_2/r_j 也会具有长期稳定的均衡关系，即代理中小企业的第三方物流企业联盟的收益与金融机构对中小企业短期资金供应之间具有长期均衡的关系。

6.2 基于 VAR 模型的供应链金融协同实证

向量自回归模型（VAR 模型）最早由 Sims 提出，用来研究各变量之间的动态关系，通常采用联立方程组的形式，由于其对各变量之间的经济关系限制较少，避免了误设定所带来的误差，而得到广泛运用。考虑到供应链中小企业收益和金融机构对中小企业短期资金供应的实际，选取 VAR 模型对代理中小企业的第三方物流企业联盟的收益与金融机构对中小企业短期资金的供应做实证研究。

6.2.1 VAR 模型的相关概述

VAR 模型中的全部变量都是内生变量，解释变量中不包括任何当期变量，通过对所有内生变量的滞后期进行回归，从而得到全部内生变量之间的动态关系。$VAR(p)$ 模型的数学表达式为：

$$y_t = A_1 y_{t-1} + A_2 y_{t-2} + \cdots + A_p y_{t-p} + \varepsilon_t \qquad \text{式（6-11）}$$

上式中，y_t 为 k 维内生变量向量，A_1，$\cdots$，A_p 为 $k \times k$ 维矩阵，ε_t 为 k 维扰动向量，该项矩阵式展开后可表示为：

$$\begin{bmatrix} y_{1t} \\ y_{2t} \\ \cdots \\ y_{kt} \end{bmatrix} = A_1 \begin{bmatrix} y_{1t-1} \\ y_{2t-1} \\ \cdots \\ y_{kt-1} \end{bmatrix} + A_2 \begin{bmatrix} y_{1t-2} \\ y_{2t-2} \\ \cdots \\ y_{kt-2} \end{bmatrix} + \cdots + A_P \begin{bmatrix} y_{1t-p} \\ y_{2t-p} \\ \cdots \\ y_{kt-p} \end{bmatrix} + \begin{bmatrix} \varepsilon_{1t} \\ \varepsilon_{2t} \\ \cdots \\ \varepsilon_{kt} \end{bmatrix} \qquad \text{式（6-12）}$$

设滞后算子为 1，则上式可简写为：$A(L)y_t = \varepsilon_t$，$A(L)$ 是滞后算子 1 的 $k \times k$ 的参数矩阵，如果矩阵 $\det[A(L)]$ 的所有根模（Modulus）的倒数小于 1，即位于单位圆之内，满足平稳性条件，可以将其表示为无穷阶的向量移动平均 [$VMA(\infty)$] 形式：

$$y_t = C(L)\varepsilon_t \qquad \text{式（6-13）}$$

上式中，$C(L) = A(L)^{-1}$，$C(L) = I_k + C_1 L + C_2 L^2 + \cdots + C_p L^p$。

对 $VAR(p)$ 模型可以通过最小二乘法来进行估计，当 $VAR(p)$ 模型的参数估计出来后，由于 $A(L)C(L) = I_k$，可以得到相应的模型 $VMA(\infty)$ 的参数估计。

由于时间序列数据可能存在不平稳的情况，随机误差项之间出现自相关，导致出现"伪回归"现象。所以在建立 VAR 模式前，通常需要通过单位根检验来判断，主要用于单位根判断的是 ADF 检验法，其原理模型为：

$$\Delta y_t = \beta_1 + \beta_{2t} + \delta y_{t-1} + \partial_i g \sum_{i=1}^{m} V y_{t-i} + \varepsilon_t \qquad \text{式（6-14）}$$

其中 β 为常数项，t 为趋势项，y 为残差项。ADF 检验的方法是判断参数 t 值是否大于 ADF 临界值，临界值参照麦金农临界值，若 t 值小于 ADF 临界值，则认为时间序列是平稳的。

格兰杰（Granger）因果检验在 VAR 实证研究中，也有广泛运用。其判断方法是看滞后期值所包括的条件分布与仅包括的条件分布是否相同。一种最常用的格兰杰检验模型是：

$$y_t = \sum_{i=1}^{k} \alpha_i y_{t-i} + \sum_{i=1}^{k} \beta_i x_{t-i} + u_{1t} \qquad \text{式（6-15）}$$

判断对是否存在格兰杰因果关系的零假设是：H_0：$\beta_j = 0$，$(j = 1, 2, \cdots, q)$，即滞后项参数全部不显著，则可认为零假设不能被拒绝。因此，只要存在一个滞后项参数显著，则认为存在格兰杰因果关系。上述检验可以通过 F 统计量完成。

$$F = \frac{(RSS_2 - RSS_1)/n}{RSS_1/(T - 2n - 1)} \qquad \text{式（6-16）}$$

其中 RSS_2 表示施加约束条件（零假设成立）后的残差平方和，RSS_1 为不施加约束条件下的残差平方和，n 为检验方程解释变量的个数，T 为样本容量。若用样本计算的 F 值小于临界值，则接受零假设，即不存在格兰杰因果关系。

6.2.2　数据提取及分析

根据 6.1 节的分析，选取供应链金融协同研究的两个变量：代理中小企业的第三方物流企业联盟的收益、银行等金融机构对中小企业短期资金供应，分别用 TH 和 FI 表示。金融机构采用供应链金融对中小企业短期资金供应的总量，本章收集全国金融机构短期贷款与票据融资总量进行描述；第三方物流企业收益则用批发和零售的社会总额进行描述。

选取的两个变量中代理中小企业的第三方物流企业联盟收益 TH 和金融机构对中小企业短期资金供应 FI 都是数量级增长序列，一般时间序列的前后数值相差较大或者数量级相差较大时，计量分析前需要取对数，这样处理能使数据更加平滑，在检验中消除异方差，将指数趋势转换成线性趋势，同时得到较平稳的时间序列，而且还不会改变变量之间的统计性质。所以对原变量取完对数表示为 LNTH 和 LNFI。依照本章研究的思路，对供应链金融协同下融资供应冲击与第三方物流企业收益建立一个二元的向量自回归模型。数据描述如图 6.2、图 6.3 表示。

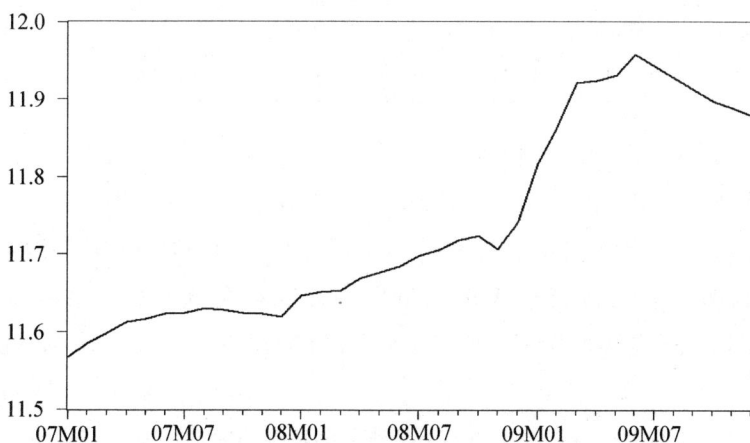

图 6.2　批发及零售业总额的对数走势图（2007/01—2009/12）

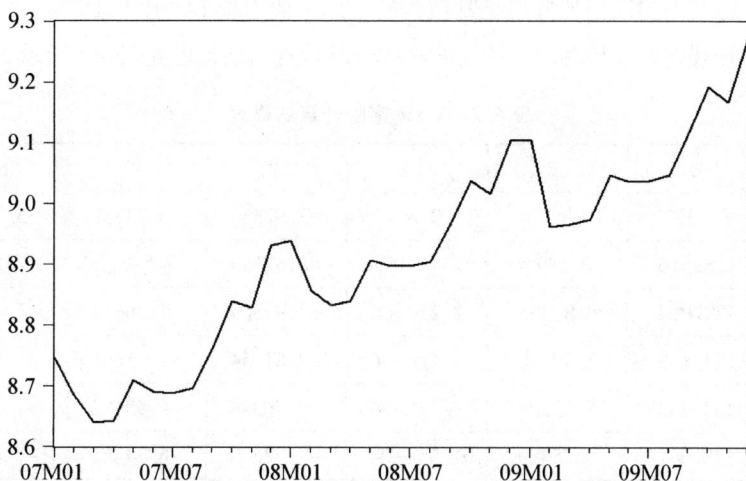

图 6.3　金融机构短期贷款及票据融资的对数走势图（2007/01—2009/12）

6.2.3　单位根检验

对 LNTH 和 LNFI 的时间序列做单位根检验，如果不平稳，则要进行差分后进一步检验，直到成为变量序列平稳为止。这两个变量序列和其一阶差分序列包含截距项和趋势项的 ADF 检验结果如表 6.1 所示。

表 6.1　原变量序列及差分序列 ADF 检验结果

序列	ADF 检验统计量	1%临界值	5%临界值	10%临界值	概率值 p
LNTH	−2.944327	−4.243644	−3.544284	−3.204699	0.1618
LNFI	−3.045170	−4.252879	−3.548490	−3.207094	0.1354
DLNTH	−7.157396	−4.374307	−3.603202	−3.238054	0.0000
DLNFI	−7.033247	−4.242735	−3.55273	−3.209642	0.0000

对照表 6.1 的 EVIEWS 软件计算结果，原变量序列 LNTH、LNFI 的 p 值都大于临界值 0.01，所以接受 ADF 检验时间序列存在单位根的原假设，所以 LNTH、LNFI 都是不平稳序列。LNTH 和 LNFI 一阶滞后序列 DLNTF 和 DLNFI 的 p 值比临界值 0.01 小，所以拒绝 ADF 检验时间序列存在单位根的原假设，所以 DLNTH、DLNFI 为平稳序列。所以 LNFI 与 LNTH 可以建立同阶单整的 VAR 模型。

在 VAR 模型中，一个重要的问题是滞后期长度的确定，即确定应包含多少个滞后变量。而 VAR 模型滞后阶数的确定，通常是以回归方程中的残差是不是白噪声序列，即残差的期望与方差是常数为标准。一般采用 LR 统计量、SC 及 AIC 准则，来保证残差非自相关。本章由 EVIEWS 软件输出结果得到表 6.2 所示。

表 6.2　VAR 定阶计算结果表

Lag	LogL	LR	FPE	AIC	SC	HQ
0	89.350	NA	1.01e−05	−5.82330	−5.72989	−5.79342
1	128.510	70.489 *	9.74e−07 *	−8.16734 *	−7.8871 *	−8.0777 *
2	129.004	0.82295	1.24e−06	−7.93359	−7.46653	−7.78418
3	131.158	3.30306	1.41e−06	−7.81054	−7.15665	−7.60135
4	134.888	5.22204	1.47e−06	−7.79254	−6.95182	−7.52359
5	138.641	4.75399	1.55e−06	−7.77608	−6.74854	−7.44736

通过表 6.2 的分析结果可以看出，LR、FPE、AIC、SC、HQ 五个信息判别准则都得出，滞后阶数为 1 时得到的 VAR 模型是最优的，所以可以选取最佳滞后阶数 K=1。研究代理中小企业的第三方物流联盟收益与金融机构对中小企业短期资金供应的关系，建立 VAR 模型表示为：

$$LNTH = 0.911335018913 * LNTH(-1) + 0.134589546362$$
$$* LNFI(-1) - 0.774371676155$$

式（6-17）

$$LNFI = 0.055784158121 * LNTH(-1) + 0.926516028401$$
$$* LNFI(-1) + 0.37421602529$$

式（6-18）

6.2.4　实证分析及检验

EVIEWS 软件对建立的 VAR 模型做单位根检验，其结果如图 6.4 所示。从输出的结果可看出，表示单位根的小黑点都会落在单位圆内，说明时间序列 LNFI 与 LNTH 可以建立收敛的、稳定的一阶滞后 VAR 模型。基于这个结论可以相应地对文中的 VAR 模型进行格兰杰因果检验和脉冲响应。

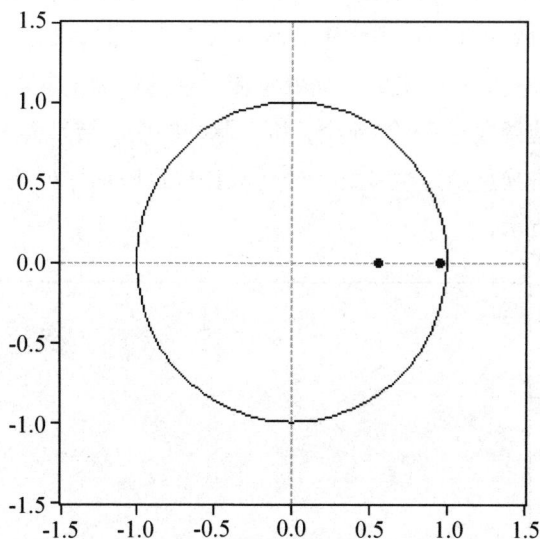

图 6.4　VAR 模型的单位根检验图

6.2.4.1　格兰杰因果检验

利用 EVIEWS 软件计算出来的结果可列为表 6.3，根据显示的结果得到结论，金融机构短期贷款与票据融资总量先是第三方物流企业收益的 Granger 原因，但第三方物流企业收益不是金融机构短期贷款与票据融资总量的 Granger 原因。这就证明第三方物流企业的收益受到金融机构对中小企业放贷的影响，而第三方物流收益对金融机构的放贷影响不大。所以，用第三方物流企业收益为因变量的方程中，金融机构对中小企业放贷可作为外生变量。

表 6.3　格兰杰检验结果表

原假设	样本数	F 统计量	Prob.
LNFI 不是引起 LNTH 变化的格兰杰原因	34	13.0319	0.0011
LNTH 不是引起 LNFI 变化的格兰杰原因	3	0.17267	0.6806

6.2.4.2　脉冲响应

脉冲响应检验（Impulse Response Function，IRF）是分析当一个误差项发生变化或者受到某种冲击时对系统的动态影响，表现为一个变量发生一个标准差冲击后对其他变量的一个短期动态调整过程，最后的理想结果应该以收敛结尾，也就是要回归到合理的稳定值。脉冲响应函数描述的是模型中某一变量的正交化新生（innovation）对系统中每一个变量的影响，而正交化通常采用 Cholesky 分解完成。Cholesky 分解的排列顺序意味着后面变量同期和滞后期都受到前面变量的影响，前面变量只会受到后面变量滞后期的影响。本章中的两个变量可以产生的脉冲响应函数有 $2*2=4$ 个，所有脉冲响应的结果都出现收敛的特点，这表明我们建立的模型稳定性良好。分析只提取反映两序列关系的响应图，如图 6.5 和图 6.6 所示。

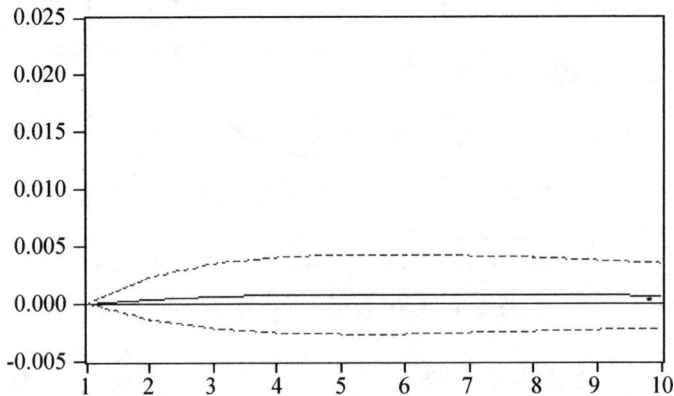

图 6.5　LNTH 对 LNFI 脉冲响应的结果图

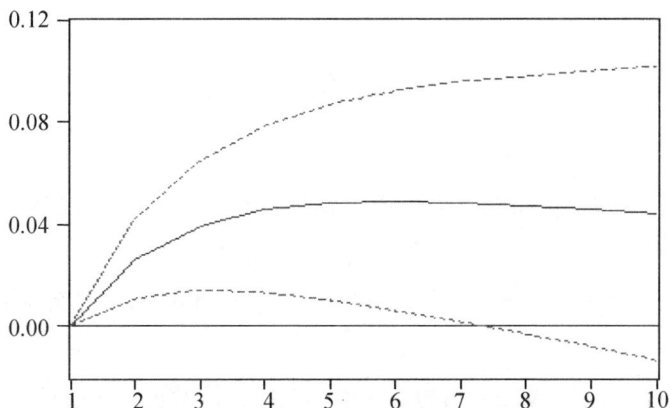

图 6.6　LNFI 对 LNTH 脉冲响应的结果图

从收敛的水平来看，第三方物流企业联盟收益对金融机构对中小企业短期资金供应的冲击收敛并趋向于一个略大于零的常数。这表明第三方物流企业在供应链中运营产生收益对金融机构中小企业的短期贷款和票据融资的增长影响较小，表现并不显著。金融机构中小企业短期资金供给对第三方物流联盟收益的冲击收敛在滞后的 10 期内，使金融机构对中小企业短期资金供给呈现正向变动。并从第 1 期开始逐渐增大，到第 6 期达到最大值，随后开始减小，最终趋向于一个稳定的正值。可见金融机构对供应链中小企业提供信贷支持对第三方物流企业收益的影响是持续的、正向的。

6.2.4.3　协整检验

Johansen 协整检验是检验变量之间是否存在长期稳定的均衡关系的一种方法，它是在 VAR 模型基础之上检验回归系数，从迹统计量检验进行协整检验的输出结果如表 6.4 所列。

表 6.4　协整检验结果表

原假设	特征值	迹统计量	0.05 显著水平	P 值
None	0.317195	12.90619	15.49471	0.1183
At most1	0.009405	0.315181	3.841866	0.5745

表 6.4 中 None 的那一行用来检验原假设变量间是否存在协整关系，该假设下的迹统计量等于 12.90619，小于 5% 的临界值 15.49471，表示接受原假设，在 5% 的显著性水平上变量间不存在协整关系。

6.3 实证结果分析及解释

实证通过建立金融机构对中小企业短期资金供给与第三方物流企业联盟的收益向量自回归模型，分析中国供应链金融市场的协同关系。通过脉冲响应函数验证金融机构对中小企业短期放贷增长率冲击和对第三方物流企业收益的影响。

由式 6-17 分析，从第三方物流企业的角度，其当期的收益不仅受到金融机构中小企业短期贷款及票据融资供应总量的影响，还受前期收益的影响，这也符合我国供应链金融市场现状的经济学解释。第三方物流企业在供应链金融业务受益，支持中小企业信贷融资的同时，也会增强其拓展供应链金融业务的信心，通过准入监管，能够引进更多供应链优质中小企业进入供应链金融协同模式，大大缓解供应链中小企业融资的压力。由式 6-18 可知，从金融机构的角度可以发现，开展供应链金融业务的金融机构受到第三方物流企业前期收益的影响比较小，这是因为第三方物流企业的收益与金融机构的收益没有构成直接的关系，参与供应链金融协同模式的第三方物流企业是供应链中核心第三方物流企业的联盟，很多是上市第三方物流企业，其资金能力相对雄厚，也有充分的融资渠道。其向银行借贷所支付的融资成本也相对较小，这也就为这个现象给出了很好的解释。

从格兰杰因果检验的结果可知，金融机构对中小企业短期资金供应可以有作为第三方物流企业联盟收益的格兰杰原因。从中国供应链金融发展的实际出发，其开发和发展是为了促进中小企业融资问题的解决，以达到缓解整条供应链发展节点资金压力的目的。金融机构对中小企业注资，可以活跃供应链的生产，作为供应链企业外包服务商的第三方物流企业，其业务水平受供应链发展水平的影响显而易见。这就说明参与供应链金融直接影响到第三方物流企业的收益，在利益驱动下，第三方物流企业参与供应链金融具有其可行性，是其拓展业务的另一个方向。而第三方物流企业的收益不是金融机构中小企业短期资金供应的格兰杰原因，这个结论符合目前中国供应链金融发展的现状，第三方物流企业对供应链金融的支持力度不够，金融机构开展金融业务还是以传统的银行授信模式进行，这也就使供应链金融业务的效益水平受到限制，说明第三方物流企业参与供应链金融业务仍有很大的空间。

脉冲响应函数对实证结果的分析，与格兰杰检验的结果一致。第三方物流企业收益对金融机构短期贷款及票据融资的冲击保持在较低水平但仍为正向且持续，而金融机构短期贷款及票据融资对第三方物流企业收益的冲击比较明显。

同时还对原时间序列做了协整检验，得到第三方物流企业的收益、金融机构短期贷款票据融资这两个时间序列不存在协整关系。这说明我国供应链金融发展的协同水平相对比较低，由于第三方物流企业对中小企业融资授信的支持不够，第三方物流企业与金融机构的长期关系并不均衡，这与前文分析的供应链协同的结论并不矛盾，只有改变第三方物流参与供应链金融业务的现状，搭建起第三方物流代理中小企业与金融机构合作与协商的供应链金融协同平台，才能保证供应链金融稳定、均衡地发展，实现第三方物流企业收益和金融机构短期贷款与票据融资的关系长期均衡，实现对未来供应链金融可靠的预测。

6.4　我国供应链金融协调的结论与展望

6.4.1　研究的结论及启示

6.4.1.1　研究的结论

本章通过在第三方物流企业参与供应链金融的协同，建立金融机构与第三方物流企业对供应链中小企业信贷支持的均衡，实证证明引入第三方物流企业参与供应链金融，可以支持金融机构对供应链中小企业的信贷，同时也能增加第三方物流企业的收益，在实践上具有可行性。

理论分析表明，我国第三方物流企业快速发展，但却对供应链金融业务的支持力度不够，也没有有效途径参与供应链金融业务，与金融机构缺乏联系。在供应链生产过程中，不能有效利用自身资源支持供应链融资相对困难的中小企业，不能与金融机构形成有效的协商机制，实现整条供应链资源的有效配置。那么，第三方物流企业收益最大化及供应链收益最大化的实现都相对困难。

理论和实证都表明在我国的供应链金融市场环境下，金融机构和第三方物流企业参与协同与合作博弈机制，建立完善的金融监管手段，可以实现供应链金融市场有序、平稳、持续的发展。将供应链金融各参与企业的信息、物流及资金等资源整合到第三方物流企业与金融机构构成的供应链金融协同机制下，可以提高各企业协商的效率，带动供应链中小企业的发展，解决其短期资金需求的难题。

6.4.1.2 研究的启示

引入第三方物流企业构成供应链金融协同，不仅需要政策的引导，各供应链金融参与主体也应该采取相应的措施。

首先，作为供应链金融的协调中心，第三方物流企业应该形成第三方物流企业联盟的规范，设置联盟第三方物流企业的资产要求、业务范围、担保项目等属性，第三方物流企业按资质受理中小企业供应链金融担保，同时还要监测担保资产的情况，报送第三方物流企业联盟，而且这类信息反映出供应链金融协同下的物流企业联盟借助网络系统向市场公开，保证信贷资本的安全，控制违约风险，稳定市场秩序。同时，供应链第三方物流企业还应保持与中小企业的长期合作关系，不仅可以稳定自身主营业务，同时在供应链金融拓展方面，为金融机构提供良好的依据。

其次，作为资金需求者的中小企业应该形成统一的管制，特别是对作为担保的流动商品的登记与监控。在形成供应链金融中小企业代理系统内部，中小企业共享代理系统内部的信息资源，互相竞争，按供应链管理系统提供的市场动态信息，预测市场需求，并将流通商品与供应链短期融资等专业业务外包给第三方物流企业联盟与金融机构搭建的第四方物流金融平台，实现自身生产过程中资金流与商品流的并轨，加快生产的经济效率。

再次，金融机构代理系统的搭建重点在于整合各商业银行的闲置资金，在供应链金融协同模式下，与第三方物流企业联盟代理达成协商统一的资金供求的平衡，金融机构也要在内部形成有效的系统评价机制，并且自身的供应链金融系统评价机制要与第三方物流企业联盟的供应链金融业务系统评价机制对接，充分发挥 Agent 人工智能系统的优势，不断学习和自我完善，让供应链金融的协同模式达到相对的动态平衡，实现整个供应链的金融资源最优配置。

最后，作为供应链产能代表的核心企业，其整体的生产状况反映了供应链的发展趋势，如果建立核心企业集中管理的机制，使其能够快速并有效地公布其对配套上下企业的需求，就能够大大增强其他三方企业的内部机制系统评价的可靠度。同时核心企业也可将生产销售回笼的短期闲置资金注入第三方物流企业或金融机构，不仅可以分享供应链金融业务带来的收益，还可以通过共享第三方物流企业与金融机构协同下的信息，向市场传达自身准确的需求信息，实现配套企业的快速响应。

6.4.2　供应链金融协作未来扩展的研究方向

本章从供应链金融机构中小企业放贷量的增长与第三方物流企业收益的关系研究出发，主要考虑物流企业联盟整体收益受供应链金融业务的影响，在接下来的研究中，可以基于 Agent 对各参与供应链金融的第三方物流企业做个体协同的分析，引入博弈理论，对供应链金融第三方物流企业个体市场情绪进行研究，这有助于完善第三方物流企业市场运作。同时也可以深入对市场 Agent 的研究，系统模拟供应链金融协同运作，对供应链金融的协同做更深入的讨论研究。

第7章 供应链金融模式构建与举例

7.1 研究的背景和意义

7.1.1 选题来源

在我国的金融实践中，指导理论主要有实体经济学理论和虚拟经济学理论两种。如房地产金融、能源金融、农业金融，钢铁金融等主要依靠实体经济学理论，而股票、证券、期货等则主要依靠虚拟经济学理论。文化产业由于自身特殊性，其发展规律既有别于房地产业，也有别于股市，因此不能完全照搬房地产金融和股市的指导理论，应该结合文化产业的特性总结出符合文化产业与金融相结合的理论体系来。近年来，在科技进步和金融推动下，我国的文化产业得到了巨大的发展。但是因为没有完整的文化金融理论的指导，在发展道路上走了很多弯路，随着文化产业的日益成熟，文化产业融资、信用风险控制、成本收益等问题的出现都亟须文化金融的思想来解决。

供应链上核心企业对供应链的整合优化的核心本质是挤压和掌握上下游企业获取更多的附加价值，这种企业间的天然矛盾使得供应链上的资金流失衡的时候更需要得到外部金融的有效支持。1916 年，《美国仓库储藏法案》的颁布标志着仓单质押开始规范运作，这部法案是早期供应链金融的第一步规范性法案。除发达国家外，亚洲的菲律宾，非洲的赞比亚供应链金融的起步也较早。20 世纪 80 年代以来，随着供应链管理在我国企业中的逐步兴起和发展，供应链中资金流的问题也逐渐暴露出来，因此亟须供应链金融的思想来解决这些问题。本章正是基于文化金融的问题和供应链管理思想提出文化产业供应链金融的概念，利用供应链金融的系统集成和优化方法来解决这一问题。

7.1.2 本章研究工作目的

随着文化市场的日渐开放和激烈的国际竞争的需要，中国文化产业中供应链金融的运用，对我国政治、经济、社会的发展有重大的意义。文化供应链金融理论的提出有利于国家文化政策的实施，符合国务院《文化产业振兴规划》、九部委《关于金融支持文化产业振兴和发展繁荣的指导意见》以及中共中央《关于深化文化体制改革、推动社会主义文化大发展大繁荣若干重大问题的决定》等一系列政策文件发展的需要。文化产业供应链金融的运用不仅满足了社会投资者对新的投资渠道的需求，而且满足了文化企业融资发展的需求。文化产业供应链金融提高了银行供应链金融的风险管理水平和授信度，使银行全面了解了整个供应链的信息，突破了传统的信贷体系，避免了信息不对称的问题，降低了风险水平，增加了银行业务量，提高了利润水平。对文化企业而言，供应链金融思想的融入开创了企业融资的崭新模式，可以防止整个供应链资金链断裂，能够充分利用企业的应收账款等业务，密切了企业上下游的关系，提升了整个供应链的竞争能力，降低了银行对中小企业本身的限制，解决了中小企业融资难的问题，促进了文化产业的发展。

7.2 文化产业发展的国内外相关综述

7.2.1 国外研究综述

7.2.1.1 文化产业供应链研究

Tobias Nielsen 和 Dominic Power（2011）认为创意文化产业主要是集聚在生产和制造活动区域和面向最终用户的区域，同时不同的产品发展可能因为相似的知识技能、广告效应等协同作用而产生集聚，形成创意文化产业化链条[①]。

7.2.1.2 供应链金融研究

从供应链金融概念的角度，研究公司基伦与他的同事联合（2002）把供应

---

① NIELSEN T. The European Cluster Observatory Priority Sector Report: Creative and Cultural Industries. European Commission Enterprise Industry, 2010, 9（1）: 1-15.

链金融定义为在产品供应链中从客户的初始订单到最终消费者交付的交易活动有关的现金流①。Gonzalo Guillen（2006）等人从融资管理的角度定义供应链融资是结合生产与企业融资计划于一体的短期供应链管理，提出了相应的供应链金融管理模式，认为供应链融资模式系统优化了融资企业的运营，还可以增加供应链整体的收益②。The Aberdeen Group（2009）定义供应链金融是建立一个技术平台将所有的参与者和金融中介机构组织起来展开涉及金融机构、第三方供应商、企业的供应链融资交易活动。

从实践的角度，Casterman（2010）认为银行已经认识到在全球信贷紧缩背景下融资活动已经成为一个挑战性工作，同时企业及监管机构也要求通过银行中介的供应链金融解决方案来提供更好的创新业务③。*Fratini Passi & Liliana*（2012）通过介绍意大利同业企业银行利用电子发票市场创造性地运作支持供应链融资的金融服务来阐述如何通过业务服务优化供应链金融④。*Virgil Popa*（2013）从商业信用的角度根据银行供应链金融服务的内容和基本指标提出了保理与反保理的新型供应链金融解决方案⑤。

7.2.1.3 文化产业供应链金融研究

国外关于文化金融的研究主要是从政府的角度提出各项发展战略和融资支持。Jeongmee Kim（2003）从 20 世纪 90 年代的电影文化产业的转型升级中阐述了经济金融结构的变化路径⑥。约翰·哈特利（2005）提出伦敦的文化基础设施的收益补贴等金融支持主要是来自国家非常慷慨的补贴，如新的泰特现代美术馆等⑦。凯文·泰勒（2006）提出美国系统的结合政府和私人机构支持文化

---

① Killen & Associates. Optimizing the financial supply chain［EB/OL］.（2002-04-18）［2009-12-15］.

② GUILLEN G，BADELL M，PUIGJANER L. A holistic framework for short-term supply chain management integrating production and corporate financial planning［J］. International Journal of Production Economics，2007，106（01）：25-27.

③ YAHIA，Z. M. Collaborative Supply Chain Finance. Assembly Automation，2009，29（2）：127-136.

④ PASSI L F. CBI's support to the supply china finance：The Italian experience［J］. Journal of Payments Strategy & Systems，2012，6（03）：260-275.

⑤ 廖婷. 金融供应链研究［D］. 秦皇岛：河北科技师范学院，2011.

⑥ KIM J. The funding and distribution structure of the British film industry in the 1990s：localization and commercialization of British cinema towards a global audience［J］. Media，Culture&Society，2003，25（03）：405-413.

⑦ HARTLY J. Creative Industries［M］. Oxford：Blackwell Publishing，2005（9）：306-328.

艺术产业的发展，认为政府补助艺术项目不应该废除，另一方面联邦预算不能在某些项目上增加支出①。

7.2.2　国内研究综述

7.2.2.1　文化产业供应链研究

沈望舒（2008）从大芬村的文化产业崛起之路分析成功的原因和不足，提出产业的升级需借助软实力学说、蓝海战略、长尾理论，从领域的高端发力，投身国际业界的主体核心业务而增强影响力，加大产业纵深发展，改善文化产业结构形象②。吴志华（2008）从集群式供应链的角度对文化供应链的发展模式进行分析，提出文化产业从源头到最终消费的供应链整合发展之路③。方志国（2010）则对创新文化产业的供应链发展模式进行分析，提出创新型文化产业发展模式和发展措施④。于平等（2013）对涉及我国文化产业发展的创新角度问题提出了各种发展建议，在文化产业链等问题上提出了政策性的建议⑤。

7.2.2.2　供应链金融研究

从供应链金融概念的角度，胡跃飞，黄少卿（2009）从供应链金融业务发展的实体经济背景入手，定义供应链金融是人们为了适应供应链生产组织体系的资金需要而开展的资金与相关服务定价的市场交易活动⑥。从供应链金融运作模式来看，目前研究的重点主要在融资模式上，陈娟（2011）从供应链组织体系发展的角度⑦，乔晓宇（2011）从供应链金融模式下成本收益博弈分析的角度⑧，刘迎欢，史臣旭（2012）从线上供应链金融的角度⑨，阮平南、张文婧

---

① COWEN T. Good and Plenty: The Creative Successes of American Arts Funding [M]. Princeton: Princeton University, 2006: 6-16.

② 沈望舒. 文化产业的供应链、产业链和价值链——以大芬村特色文化产业园区为例 [J]. 城市问题, 2008（12）: 20-24.

③ 吴志华. 基于集群供应链的文化产业园发展路径 [J]. 南京财经大学学报, 2008（05）: 16-19.

④ FAN Z G, ZHANG X L. Cluster-based supply chain study of cultural creative industry coupled [C]. E-Business and Information System Security（EBISS）, 2010: 1-4.

⑤ 于平, 等. 中国文化创新报告 [M]. 北京: 社会科学文化出版社, 2013: 1-65.

⑥ 胡跃飞, 黄少卿. 供应链金融: 背景、创新与概念界定 [J]. 财金问题研究, 2009（08）: 76-82.

⑦ 陈娟. 供应链金融管理模式与发展建议 [J]. 新金融, 2011（07）: 17-20.

⑧ 乔晓宇. 供应链金融模式下成本收益的博弈分析 [J]. 商业经济, 2011（11）: 28-31.

⑨ 刘迎欢, 史臣旭. 线上供应链金融模式探究 [J]. 金融天地, 2012（03）: 83.

（2012）从应收账款融资定价博弈分析的角度分别提出了供应链金融的发展模式和发展建议①。

从供应链金融的风险管理角度，杨凤梅（2012）从博弈论的角度对物流金融违约风险进行研究，提出各项解决措施②。李嫚（2012）从供应链金融信用风险的特征进行分析，提出风险防范措施③。

7.2.2.3　文化产业供应链金融研究

目前关于文化供应链金融的研究，国内主要是从财务供应链融投资问题的角度来分析。岳红记（2007）④ 和于婷（2008）⑤ 认为企业可依据文化产业项目的可实施性选择以下融资模式：BOT（建设—经营—转让）模式、TOT（移交—经营—移交）模式、ABS（资产支持证券化）模式，PPT（公司合作）模式。张庆等（2012）从供应链融资的角度结合湖北中小企业的实际情况对文化产业供应链融资模式进行分析，提出相应的发展战略⑥。张彬等（2012）通过中国和日本文化产业现状及投融资模式的比较，分析出中国的文化产业金融存在的问题，提出要积极拓宽中小企业的融资渠道，大力发展产业内投资基金与投资联盟，完善投融资的法律保障体系。

7.2.3　文献评述

综上所述，国内外学者对文化供应链、供应链金融、文化金融都有一定的研究成果。关于这几方面的研究主要是从概念、运作模式、实践等角度进行定性定量的分析。在这些研究中文化和金融的思想相互交叉，但是并没有将供应链金融的思想完整融到文化产业中，本章基于供应链金融和文化产业发展的理论，对金融支持文化产业发展进行一次从理论到实践的梳理和整合，使读者对我国文化供应链金融发展有一个比较全面的认识。

① 阮平南，张文婧. 基于融资体系效益最大化的供应链融资模式创新［J］，商业时代，2012（13）：66-67.

② 杨凤梅. 基于博弈论的物流金融违约风险研究［J］. 山东社会科学，2012（05）：129-132.

③ 李嫚. 我国供应链金融信用风险：特征及防范措施［J］. 文化商业，2012（04）：157.

④ 岳红记. 西安文化产业的融资模式探讨［J］. 商场现代化，2007（5）：243-245.

⑤ 于婷. 安徽省文化产业融资模式探讨［J］. 现代商业，2008（5）：226.

⑥ 张庆，刘迅，孙波涛. 供应链融资：破解湖北中小文化企业融资难的有效方式［J］. 财务与会计（理财版），2012（05）：31-32.

7.3 研究内容和写作框架

本章以供应链金融和金融支持文化产业发展的理论为出发点，运用文献归纳法和统计方法分析出我国文化产业供应链金融发展的现状和存在的问题，从而建立我国文化产业供应链金融的发展运作模式，并采用经济博弈论对其中的一个模式进行博弈分析，验证供应链金融是否能够得到实现，最后提出我国发展文化产业供应链金融的对策与建议。

7.3.1 研究的方法与思路

本章主要运用了以下研究方法：1. 文献归纳法。回顾该研究领域相关的文献成果，对现有研究成果进行评述，分析我国文化产业金融和文化产业供应链发展现状。2. 对比分析法。通过对银行供应链金融运作模式的成功案例分析，提出我国文化产业供应链金融运作模式的构建和分析。3. 经济博弈分析法。利用经济博弈分析法对文化产业供应链金融进行融资运作模式分析，验证供应链金融系统集成和优化是否能够得到实现。研究思路主要是本章在明确研究目的的基础上，深入了解文化产业供应链相关的背景、概念和特点，再分析文化产业供应链金融的运行模式和构建方法，然后，运用经济博弈论分析方法对某个模式进行分析，验证供应链金融系统集成和优化是否能够得到实现，最后，针对文化产业供应链金融的发展现状，提出相关建议和政策。

7.3.2 本章研究的创新与不足

本章创新之处主要有如下几点：

（1）论文选题具有一定新意。本章在国际经济复苏产业和结构转型背景环境下，对新兴供应链金融理论与文化产业进行研究，因此选题具有创新性。

（2）从链式的角度思考文化产业金融发展问题，分析出我国文化产业供应链金融的运作模式并提出相关的发展建议。

（3）分析方法具有一定的创新性。结合文化产业供应链金融运作模式，采用经济博弈论分析方法来验证文化产业中供应链金融实现的途径。

不足之处：因为缺乏关于文化产业供应链金融方面的数据，因此本章缺乏数据的量化分析，说服力度不够。

7.4　文化产业供应链金融的理论基础

7.4.1　供应链金融理论分析

7.4.1.1　金融系统工程理论

系统是为了达到某种共同的目标，由若干相互作用的因素有机结合而构成的整体。在运用系统思想和工程方法时，金融系统工程强调要从金融系统整体出发将系统进行分解，在分解后研究的基础上再综合集成到金融系统整体，实现整体效益的最大化，最终从整体上研究和解决金融系统问题①。因此，金融系统工程实际上是从系统整体出发，根据金融系统总体目标的要求，运用钱学森提出的综合集成方法，把与金融系统有关的学科理论方法与技术综合集成起来，对金融系统的环境、结构域功能进行系统分析、论证、设计和协调，并最终实施解决问题的动态过程②。金融系统具有一般系统所具有的整体性、相关性、目的性、环境适应性、规模庞大、结构复杂等共性，还具有金融系统自己的个性。金融系统的基本特征是：

（1）金融系统是一个大跨度系统。随着经济全球化、科学信息技术的发展，金融系统逐渐呈现出跨区域、跨行业、跨集团、跨时间等方面的特点，系统越来越复杂，对技术和信息的依赖性越来越高，对信息整合的能力与资本资源配置的能力要求越来越高。因此金融系统是一个大跨度系统。

（2）金融系统是一个多层次和多目标系统。如前文所言，系统是由若干个相互作用因素有机结合而构成的整体，金融系统是由若干个子系统相互构成，通过资源配置、相互协作、风险分担、信息共享等多重因素相互影响、相互作用形成了多层次、多目标的资本资产体系。

（3）金融系统是一个动态系统。由于政策、经济、社会环境与供需关系和投资主体行为的不确定等原因，金融系统内部经常会发生变化，因此金融系统具有明显的动态特征。

---

① 西沐．探索中国艺术金融发展的未来格局［EB/OR］.中国经济网，2016-03-30.
② 于景元．钱学森综合集成体系［J］.西安交通大学学报（社会科学版），2006（26）：40-47.

（4）金融系统是一个复杂的系统。一般而言，金融系统涉及政府监管部门、银行、保险、企业、证券公司等多类参与者，而且金融系统不仅只是资金的运作问题，还涉及和资金流相关的物流、商流、信息流的运作，涉及的面和相互之间的协调关系都是非常复杂的，因此，金融系统具有明显的复杂性特征。

7.4.1.2 供应链融资理论

供应链融资理论从新的视角考虑企业投融资的问题，胡跃飞（2007）对供应链金融的定义：供应链金融是指在对供应链内部的交易结构进行分析的基础上，运用自偿性贸易融资的信贷模型，引入核心企业、物流监管公司、资金流导引工具等新的风险控制变量，对供应链的不同节点提供封闭的授信支持及其他结算、理财等综合金融服务。既包括企业上游的原材料零部件供应网络和链条，也包括下游的分销商、代理商，即渠道链。在本章中我认为供应链融资即基于供应链的基本思想，提供一体化金融服务的产品体系和服务模式，帮助供应链成员实现最大化资金利用价值，最小化资金的获得成本，盘活供应链的资金流，实现整个供应链的有效运作。供应链金融有如下几个特点：

（1）供应链金融是针对供应链核心企业的上下游企业开展的一种金融服务。供应链金融的服务对象是整条供应链，供应链成员的融资严格限定于其余核心企业之间的贸易背景。因此，利用供应链金融来解决企业融资难的问题，首先要整合整条供应链，实现企业之间的协调合作，优化整合配置现有资源，实现产业链的集成化、系统化。

（2）自偿性贸易融资。自偿性贸易融资理论的依据是20世纪60年代的商业贷款理论（又称真实票据理论或自动清偿理论)[1]。供应链金融是在自偿性贸易融资的基础上，即根据企业真实贸易背景和上下游客户资信实力，以单笔和额度授信方式，提供银行短期金融产品和封闭贷款，以企业销售收入或贸易所产生的确定的未来现金流作为直接还款来源的融资业务[2]。供应链金融在整条供应链中，只要核心成员实力雄厚、信用记录良好、贸易活动连续，以商品的销售收入作为还款来源，就可以进行相应的融资。自偿性贸易融资关注于每笔真实的业务，对单边业务进行授信，通过资金的封闭式运作，确保每笔交易后的资金的回笼，具有初步的基于业务流程的监管资金流、物流的风险控制理念，

---

① 李毅学，张媛媛，汪寿阳，等．物流与供应链金融创新［M］．北京：科学出版社，2010：5-28.

② 赵莉．供应链金融融资模式及案例分析［D］．济南：山东大学，2010：1-62.

非常注重结合真实的贸易关系和资金流的流通情况。

（3）供应链金融是通过对供应链的信用捆绑进行授信。在供应链金融中，银行等金融机构对企业的评估，不再以企业本身信用风险的评估为标准，不再强调企业的财务特征和行业地位，而是对整个供应链及其交易活动进行评估，将整个供应链的信用进行捆绑，使得中小企业获贷的范围扩大，同时降低了银行等金融机构贷款的真实风险，对银行、企业特别是中小企业都有利。

7.4.2　金融与文化产业发展的相关理论

文化产业作为资源消耗少、环境污染少、附加价值高、发展潜力大的"绿色产业"，是国家软实力的重要组成部分，在我国 GDP 的贡献值中即将成为我国的支柱产业。文化产业的发展程度影响了文化金融的发展。首先，文化产业发展产生的金融需求促进了文化金融服务水平的提升。文化产品的产业化、资本化程度提高，对金融的需求提高，会促进文化金融服务的发展；其次，文化产业的发展为文化金融的进一步创新提供了基础。只有文化产业发展到一定的阶段，金融创新服务有一系列平台的支持，有稳定的运行机制，有良好的内外部环境才能发展起来，这是金融创新的基础。

金融对文化产业的发展有极大的促进作用。金融发展的过程就是金融功能不断深化的过程，一个好的金融体系可以减少信息与交易成本，影响到企业的投资决策，影响到整个产业的发展，金融对文化产业的发展作用主要体现在以下几方面：一是，金融的发展给文化产业提供了一个支持作用，是整合壮大文化产业的资本基础。如果没有资金，文化产业的各种生产要素投入会非常困难，补充完善多层次金融市场，积极推动企业债券、股票、信托、担保、产业基金活动有利于进一步改善文化产业的投融资结构，扩大融资的比重，充分发挥各类金融市场的作用，发挥金融杠杆的带动作用，吸引社会资金金融文化产业。二是，金融的支持有利于文化产业结构的优化升级。只有信贷资金严格遵循收益和风险控制的原则来决定金融资源配置，产业结构才有可能进行合理的调整。在相当长的时期内，我国文化产业的发展需要突破内部企业的瓶颈，实现集约化、高效率的发展，实现企业内部结构的优化升级，需要金融行业的大力支持。三是，文化产业同金融的结合使得文化产业逐渐走向高端化，从纵向和横向扩大了文化产业链，创造出了广阔的投资空间，资金带动文化产业全面增长。四是，金融是提升文化产业核心竞争力的物质保障，资源分散、资金整合难度大，是制约整体文化产业发展壮大的重要因素，文化产业企业往往采取分散经营的模式，联系分散化，经过金融的整合集成作用，加大各企业间的紧密联系，促进文化产业化的发展，提升文化产业的核心竞争力。总的来说，文化产业的发展离不开金融的支持。

7.5　文化产业供应链金融的基本分析

7.5.1　基本概念介绍

7.5.1.1　文化产业

联合国教科文组织（UNESCO）对文化产业的定义是"结合创作、生产等方式把本质上无形的文化内容商品化。这些内容受到知识产权的保护，其形式可以是商品或是服务"。而文化创意产业则一般指那些"来源于创意或文化的积累，通过知识产权的形成与运用，具有创造财富与就业机会潜力，并促进整体生活环境提升的行业"①。2006年，北京市借鉴英国创意产业工作小组对创意产业的定义，并结合北京市的实际发展状况，把文化创意产业定义为，源于文化创意产业和文化产业，以创作、创造、创新为根本手段，以文化内容和创意成果为核心价值，以知识产权或消费为交易特征，为公众提供文化体验，具有内在联系的行业集群②。2012年国家统计局《文化及相关产业分类（2012）》定义文化及相关产业进一步完善为"为社会公众提供文化产品和文化相关产品的生产活动的集合"。根据这一定义，文化及相关产业包括了四方面的内容，即文化产品的生产活动、文化产品生产的辅助生产活动、文化用品的生产活动和文化专用设备的生产活动。其中文化产品的生产活动构成文化及相关产业的主体，其他三方面是文化及相关产业的补充③。2018年，国家统计局发布《文化及相关产业分类（2018）》，这次的新标准根据国民经济行业分类，对《文化及相关产业分类（2012）》进行修订，将原来的大类由10个修订为9个、中类由50

个修订为 43 个。其中文化核心领域包括 6 个大类、25 个中类；文化相关领域包括 3 个大类、18 个中类。①

本章的文化产业供应链金融的研究对象主要是以文化产业的供应链金融为主要研究对象，本章主要根据有形资产和无形资产对文化产业进行供应链金融分析，主要研究的是银行—融资企业的供应链金融投融资模式。

7.5.1.2　文化产业供应链

供应链是围绕核心企业，通过对信息流、物流、资金流的控制，从采购原材料开始，制成中间产品以及最终产品，最后由销售网络把产品送到消费者手中，将供应商、制造商、分销商、零售商等，和用户最终连成一个整体的功能网链结构。将供应链集成和绿色供应链的思想用于思考如何发展文化产业，结合众多学者的研究和我国文化产业发展现状，本章认为目前我国文化产业在未来的发展将会逐渐形成两类供应链发展模式：一是实体的产业园区及产业集聚，二是虚体即网络层面上的供应链发展模式。在文化产业发展过程中充分发挥供应链管理功能、资金流通一体化功能、资金再造功能。文化产业供应链流程如图 7.1。

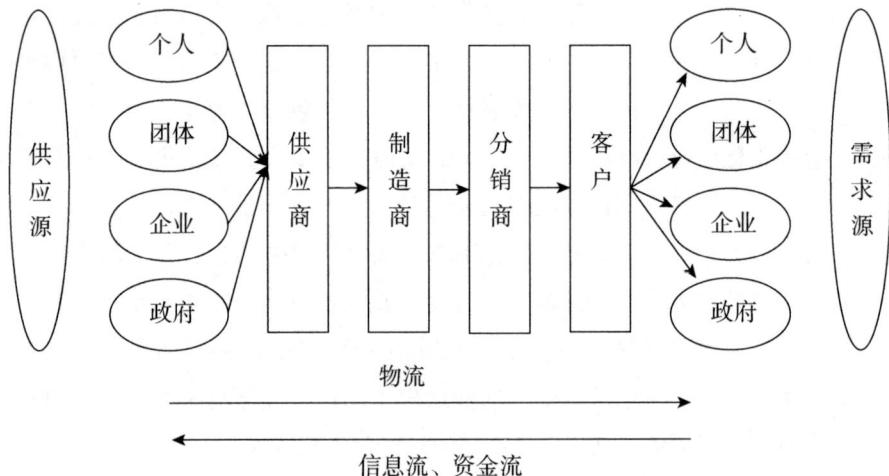

图 7.1　文化产业供应链流程图

7.5.1.3　文化产业供应链金融

供应链金融通过银行、生产企业以及多家经销商的资金流、物流、信息流

---

① 国家统计局最新统计标准：文化产业分为 9 个大类 43 个中类 对照您的业务是否列在其中？[EB/OL]. 搜狐网，2018-05-31.

的互补，突破了传统的地域限制，使厂家、经销商、下游用户和银行之间的资金流、物流与信息流在封闭流程中运作，达到了提高效率、降低经营成本、实现多方赢利的目的①。

基于供应链金融和文化产业供应链的分析，本章简单定义文化产业供应链金融为从金融的角度对整个文化产业的供应链进行系统性和集成化的优化和整合。在文化产业供应链条中金融即资金流主要涉及融资活动、支付结算、采购活动和风险控制等方面，通过对文化产业供应链的整体授信，并非强调主体企业的行业地位和财务特征，不再简单孤立地对单个的授信主体做出信贷决策，而是通过有效控制上下游企业的物流、信息流、资金流来做出对文化产业供应链成员的资金流决策。文化产业供应链金融运作模式的主体简单来说为银行和供应链企业两方，结合文化产品的传统融资模式和供应链金融融资模式的特点，银行供应链金融的融资模式主要包括四大系统：信息管理系统，数据分析系统，投融资管理系统，反馈系统。其简单业务模式如图7.2所示。

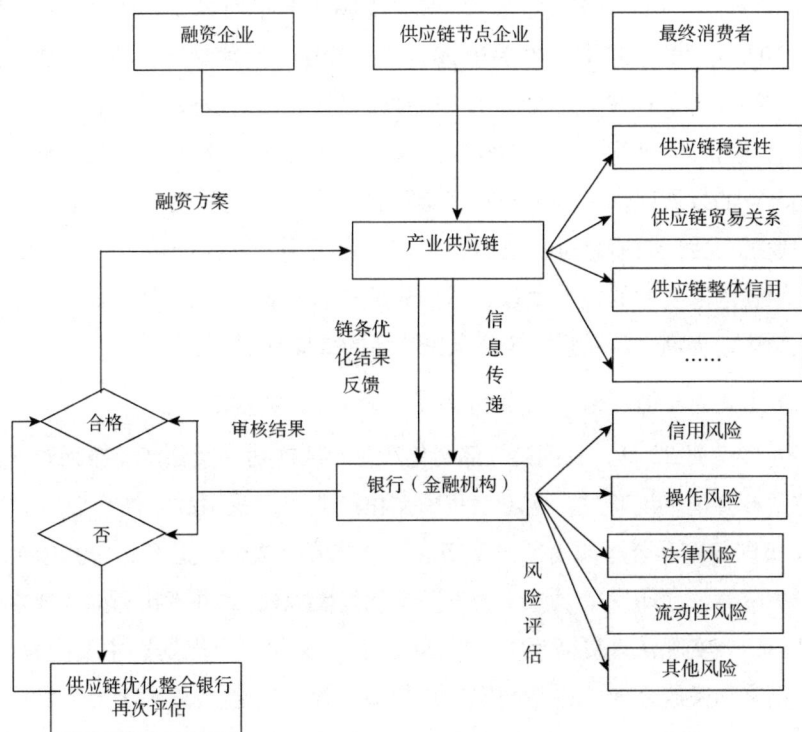

图7.2 文化产业供应链金融流程图

---

① 汤曙光，任建标. 银行供应链金融［M］. 北京：中国财政经济出版社，2010：9-16.

7.5.2 文化产业发展现状

近 10 年来，我国的文化产业得到了快速发展。国家统计局 12 月 30 日发布数据，经核算，2021 年全国文化及相关产业增加值为 52385 亿元，比上年增长 16.6%（未扣除价格因素），占国内生产总值（GDP）的比重为 4.56%，比上年提高 0.13 个百分点。

统计数据显示，分行业看，2021 年，文化服务业增加值为 33508 亿元，占文化及相关产业增加值的比重为 64%，比上年下降 0.2 个百分点；文化制造业增加值为 13687 亿元，占比为 26.1%，与上年持平；文化批发和零售业增加值为 5190 亿元，占比为 9.9%，比上年提高 0.2 个百分点。[①]

7.5.2.1 文化产业发展的宏观环境良好

根据国家统计局统计数据，2012 年我国 GDP 保持 7.8% 的增长速度，居民消费价格指数与 2011 年相比上涨 2.6%，涨幅比上年回落 2.8 个百分点。国家统计局 2022 年 12 月 27 日发布关于 2021 年国内生产总值最终核实的公告，经最终核实，2021 年，GDP 现价总量为 1149237 亿元，比初步核算数增加了 5567 亿元。"国民经济运行缓中企稳，经济社会发展稳中有进"的经济发展形势，为我国文化产业的发展提供了一个相对稳定的良好发展环境和政策。我国重视文化产业的发展。我国政府最近把发展文化产业作为提升我国经济发展水平的重要途径，增强国家实力的重要手段，增强民族凝聚力的重要因素，而且还作为优化就业结构、提高生活质量，丰富人民生活的重要方面。

7.5.2.2 文化产业的发展得到了政府的大力支持

2009 年 7 月 22 日，我国第一部文化产业专项规划《文化产业振兴规划》由国务院常务会议审议通过，标志着我国文化产业成为我国战略性产业。2023 年 8 月 17 日国务院办公厅印发了"十四五"文化发展规划。近日，中共中央办公厅、国务院办公厅印发了《"十四五"文化发展规划》，并发出通知，要求各地区各部门结合实际认真贯彻落实。《"十四五"文化发展规划》主要内容如下：文化是国家和民族之魂，也是国家治理之魂。没有社会主义文化繁荣发展，就没有社会主义现代化。为在新的历史起点上进一步推动社会主义文化繁荣兴盛，

---

① 2021 年全国文化及相关产业增加值占 GDP 比重升至 4.56% [EB/OL]. 新华网，2022-12-30.

建设社会主义文化强国，根据《中华人民共和国国民经济和社会发展第十四个五年规划和 2035 年远景目标纲要》，编制本规划。①

7.5.2.3 文化产业区域发展呈现梯队形发展

目前我国各省份由于资源差异、政策支持、民俗习惯等方面的原因，各省市的文化发展各有不同的着力点，已明显地呈现出梯度发展格局。东部的北京、上海、广东等经济发达省市的文化产业处于领先地位，而中部的湖南，西部的云南等因为依托自然资源发展特色文化产业也步入了第一梯队，中部整体处于第二梯队，西部欠发达地区文化产业只能依托自然资源发展旅游产业，发展相对于东中部地区明显落后，处于第三梯队。因此我国文化产业的发展在我国呈明显梯队形发展。

7.5.2.4 文化产业交流平台增多，交流内容不断丰富

2005 年首次召开的深圳文博会，2006 年发起的中国北京国际文化创意产业博览会，2022 年 12 月 30 日，2022 中国文化金融峰会（简称"峰会"）以元宇宙方式成功举办。本次峰会主题为"以金融推动新时代文化产业高质量发展"。记者从会上获悉，东城区创建"国家文化与金融合作示范区"以来，用金融浇灌文化产业，先后有 254 家文化企业获"文菁计划"补助，支持金额达 8100 余万元。②

7.5.2.5 我国文化产业和科技的关联度逐渐提升

随着当代信息技术、数字技术、网络技术的不断进步发展，科技与文化的关联产品日益丰富，如公共文化服务（物联网环境下的服务、数字化图书馆）、文化新兴产业（手机微动漫运营平台、摄影漫画新艺术研究）、文化遗产保护（文物多维展示系统、数字化保护）和演艺科技（特技化装的材料与运用、移动购检票系统）等。不论是传统文化产业，还是新兴文化产业，都与科技紧密结合，文化与科技关联度产品逐渐丰富发展。

7.5.2.6 我国文化金融需求较大

我国文化产业特别是中小企业资金需求大，但是融资难，供需求严重失衡。首先，我国的文化产业处在蓬勃发展的时期，对资金的需求量极大，其次在文化产业中，大型文化企业因为竞争力较强，规模较大的强势地位，往往在交货、

---

① 国务院办公厅印发了"十四五"文化发展规划，中国经济网［EB/OL］转自新华社 2023-08-17.

② 陈琳.2022 中国文化金融峰会以元宇宙方式举办［EB/OL］.新京报，2022-12-30.

价格、账期等方面有着严格的要求，相应的对上下游文化企业造成相对的压力，从而中小企业融资难，而银行等贷款业务往往青睐于大型企业，因此造成文化产业大部分企业供需求严重失衡。

7.5.3 我国文化产业融资难的原因

如前文所述，我国的文化产业处在发展阶段，但是与发达国家相比，与我国的其他三大产业相比，我国的文化产业还处在初级发展阶段，产业布局相对而言比较分散，物流、信息流、资金流还没有实现系统集成和优化，未形成完整的产业供应链，产业竞争力还比较弱。因为文化产业的特殊性，传统金融服务没有与文化产业形成完整的对接，创新金融服务也落后于文化产业发展的需求。我国文化产业的发展在实践中出现了若干问题，我国文化产业金融的发展目前还存在着若干问题：文化金融需求与供给之间的缺口；我国文化金融产品的流动性低；我国文化金融产品风险性高；市场化水平相对较低，产业集成化程度低；文化金融型复合人才缺乏；相关理论缺乏。这些问题归结起来最主要的就是融资难，本章中我国文化产业融资难主要是从文化企业、金融市场、政策与法律四方面进行分析。

7.5.3.1 企业自身

一是文化产业在我国是一个新兴行业，文化产业发展未成熟。首先文化产业是我国的新兴行业，容易出现概念化、同质化、低端化与快速过剩化等特点，因此需要文化与金融、直接融资与间接融资结合，然后资本市场服务于实体经济的基础条件、能力，支持文化产业发展的环境与机制与过去相比都有很大的改变，因此一个新兴行业的发展在初期会遇到各种问题。其次文化企业自身的特点：文化产业是一种服务形式，文化产品的特质不同于其他物质产品，文化产品具有无形性，大多是以版权、专利、著作权、品牌等无形资产的形式存在，与商业银行体系的金融举措的风险控制和信用评估不相匹配，因此造成了融资难；文化产业发展的规模不利于企业融资，我国文化产业的市场主体多数是中小企业，因为中小企业布局分散、资源少、收益的不确定性等特点使融资难已经成为一个各行各业普遍的问题，文化产业也不例外；文化产业在我国具有双重性质，文化产业在我国分为文化事业和文化企业，文化事业是不以利润为目的，不以市场为导向，如舞台艺术、民族文化，目的是传播和弘扬我国的文化，性质主要是政府部门或者国企单位存在资金来源比较单一，主要是依靠政府专项资金的支持，对企业和民间资本的吸引力低的问题，因此融资难。最后是文化产品的特点，文化产品包括有形产品和无形产品，但大多数文化资产是无形的：我国缺乏对无形文化资产的评估机构，无法正确地估量出准确的价值，因此流动性比较低，而文化企业资产组合中有形资产少、无形资产多，缺乏可供用作银行贷款担保的固定资产，且文化企业无形资产的价值评估中介机构发展滞后，因此转让不是很容易，流通性低。

二是文化产业收益和风险的不确定性。文化产业由于文化产品的无形性和意识形态性等特点，文化产业收益和风险具有不确定性，这种不确定性严重影响了企业的融资时机和融资成本。文化产品不同于其他物质产品，有投入必定会有产出，文化产品的产出会受到主观意念的影响，而且由于市场的需求是多变的，文化产出可能提前也可能滞后，因此造成了极大的收益和风险的不确定性。文化企业因为这种不确定性，企业可能增加融资成本，而投资主体可能评估夸大了投资风险，从而造成了文化企业融资难的局面。中国国画 400 指数的崩盘、泡沫和艺术品份额化充分暴露出了我国文化金融市场的风险。艺术品份额化实施后，文化产权交易所先后出现了近百家，然后却产生了很大的经济泡沫，关键是之前的艺术品价格炒得过高，遗留了一系列的后续问题。中国国画 400 指数的崩盘和艺术品份额化的失败从中暴露出了文化金融市场的高风险性。

三是企业对文化金融市场的认识不足。多数文化企业将文化产业金融的概念主要还是停留在传统融资模式上，融资方式简单，融资渠道单一，缺乏专门的金融部门去处理专门的融资业务，未真正认识到金融市场的魅力，没有将股票、基金、风险投资等金融工具真正融入企业的发展过程中，无法建立多层次的文化金融资本市场。另外，我国的文化产业集成度比较低，因为文化产业自身的特点。中小企业布局广泛，完整的产业链并没有完全形成，因此集成度较低。

四是文化企业复合型人才缺乏。我国文化金融复合型人才缺乏，首先，文化金融是文化和金融市场的结合体，文化产业本来就是一个特殊产业，文化金融更加有别于其他实体金融产业的发展。其次，文化产业与科技逐渐联合，关联产品也逐渐丰富，需要把文化资源转化为文化产品优势，因此文化产业的发展需要既懂得金融投资，懂得文化市场经营管理，又懂得艺术品品鉴的文化金融复合型人才，可是目前我国这种人才比较少。

7.5.3.2 金融市场

一是金融市场的有效性未得到发挥。金融市场的有效性没有得到充分的发挥。文化金融是文化产业和金融市场发展的必然趋势，文化金融首先是一种市场行为，但是目前的文化产业中市场的有效性并没有得到充分的发挥，主要体现在三方面：首先，我国文化产业并非以市场为导向，而主要是以政府为主导，我国文化产业多层次、多方位的资本市场体系并没有完整地建立起来。目前中央和地区的文化产业发展中，政府是文化产业的主导，是文化产业资金的主要来源，企业资金和民间资本并没有过多地涉足于文化产业的发展，因此就投资主体而言，金融市场的作用并没有得到充分的发挥。其次，现有金融产品基本上是服务于传统产业，主要是有形资产，缺乏适用于文化产业投融资的产品，对无形资产没有比较完善的评估体系，因此无法适应与银行相关贷款的抵押或风险控制的要求，在其他金融合作模式上，也面对类似的困境。最后，文化金融市场的信息不对称。

二是文化金融产品的单一性。文化企业分为传统企业和新兴企业，目前的文化金融产品大多是无形产品，由核心产品（增值性、流动性、安全性）和外延产品（传后服务、包装等）构成。金融产品包括质押贷款、股权融资、债权融资、兼并收购等综合金融服务及基础平台服务现有的贴息贷款、融资贷款担保、融资担保、创投基金、版权质押等。但我国的文化金融产品主要是在"抵押为本"的投融资模式上，重视文化企业的第二还款来源，并没有与文化企业的资金需求形成有效的资金对接，并不能充分利用文化企业的资源进行融资。

三是金融市场门槛高。持续盈利能力是决定发行人能否成功登陆 A 股市场的重要标准。"最近两年连续盈利""最近两年净利润累计不少于一千万元且持续增长"的规定都说明金融市场门槛过高，一般来说符合上市条件的只有大型企业，但是对于我国文化产业发展以中小企业为主、布局广泛等特点来说，这种金融市场门槛不适合文化产业的发展，因此在一定程度上限制了文化产业金融的发展，造成了文化产业融资难的困境。

四是缺乏针对文化产业的专门机构。目前，专门为文化产业服务的金融机构主要是文化产权交易所，缺乏市场上普遍认可的关于产品、服务与企业的资产评估机构、艺术品鉴赏机构、信息统计机构等专门为文化产业服务的机构。信息不对称是文化产业中小型企业融资难的最根本原因之一，而融资平台的缺乏正是信息不对称的主要原因。不利于文化产业资产的流通性、价值评估和风险控制，因此在一定程度上造成了文化企业融资难的困境。目前，我国文化金融理论只有政府在政策上对文化金融发展的相关指导和各种交流会的讨论，系统性的文化金融理论知识缺乏，系统性的验证研究缺乏。缺乏专业的理论指导，使得我国文化金融的发展缺乏系统性和集成性，如艺术品份额化交易产生的历史遗留问题将会不利于文化产业的发展，不利于建立文化产业完善的投融资体系。

7.5.3.3　法律制度

当前我国文化产业的发展秩序并不规范，文化法制体系也不完善，文化产业的发展缺乏有力的法律制度的支持，主要表现在资本进入和退出机制的不完善。缺乏法律法规保障，民间资本进入文化产业难。目前，文化资本进入文化产业有很多的限制，缺乏合理的准入法规，规定允许民间资本进入的领域；缺乏法律制度来确定投融资主体平等的法律地位，使得中小型文化产业的投融资受到限制，约束了民间资本进入渠道与吸收机制，不利于文化产业金融资本的资源优化配置。缺乏法律法规保障，退出机制不完善。文化产业投融资是具有高风险影响，相对长期的活动，如果没有法律制度的保障，没有完善的产业退出机制，资本的投资力度相对会减弱，会造成文化产业投融资难的困境。

7.5.3.4　政策的原因

首先我国文化事业单位正处于转型期，在改革前，由政府包办，目前多数文化事业单位仍然属于"事业体制、企业化运作"模式，这种模式一定程度上限制了企业资本、民间资本、国外资本的进入，因此，一定程度上造成了文化事业单位融资难的困境。这是准入政策的限制。其次目前国家提出了"非公有制文化企业在项目审批、资质认定，融资等方面与国有文化企业享有同等待遇"，但是从改革开放的角度来看，这些开放的领域都是市场比较成熟、民间资本已进入或者长期需要补贴、利润很低的文化产业，这些都在一定程度上限制了民间资本的进入，从而造成了一些文化产业融资难的困境。这是缺乏财政税收政策的支持。最后税收优惠的适用范围比较窄，适用文化企业有待进一步扩大，尚没有形成利于文化产业公平竞争、利于全社会资本投资文化产业的强大氛围。同时，与发达国家相比，我国文化产品的增值税和营业税税率过高。缺乏相应的鼓励措施，特别是缺乏文化产品的知识产权转让收入的相关税收优惠政策。

7.6　文化产业融资模式分析

7.6.1　文化产业常见的融资模式

文化产业投融资体系主要由政府拨款、银行贷款、二级市场融资、风险投资和私募股权、债券融资、民营资本进入、信托融资、产权融资和产业引导资金、担保、保险等组成。传统文化产业融资还可以根据不同行业性质、不同的项目选择不同的方式。本章经过归纳整理，主要如表 7.1 所示。

表 7.1　文化产业传统融资模式

融资	融资方式	特点	局限
融资渠道	内部融资	内部性融资主要是企业依靠其本身的积累进行的融资，主要包括资金（除股本）、折旧基金转化为重置资产和留成收益转化为新增投资；内部融资具有原始性、低成本性、自主性和抗风险性等特点但是受企业的资产规模限制	适用范围较小，局限于大型文化企业
	直接融资	直接融资是资金盈余部门通过金融市场购买资金短缺部门的直接证券如商业期票、商业汇票、债券和股票的融资方式。主要适合于大型企业上市发行股票，对于中小型企业主要是证券市场融资和风险投资基金，适合创业性风险投资	风险性高，兑现流通受到限制
	间接融资	间接融资是资金需求者和货币资金所有者之间，通过银行信用活动使资金得以融通实现的。间接融资具有间接性、相对的集中性、可逆性，融资的主动权掌握在金融中介手中	于中小型企业而且质押物难以评估的产品来说这种方式是很难满足融资需求的
	政策性融资	政策性融资一般包括政策性贷款、政策性担保、财政贴息、政策性投资、专项扶持基金等方式；我国的文化公共事业单位一般的资金来源都是政策性融资	政策性融资不能解决永久的问题，只能解决暂时性的问题，因此政策性融资只能作为扶持性手段，不能作为融资性的主要方式

续表

融资	融资方式	特点	局限
项目融资模式	BOT模式	文化产业的BOT融资模式是政府与相关企业签订特许权协议，风险主要是政治风险和商业风险，银行一般在接到融资申请后去实地考察，然后进行项目设施抵押、项目特许权质押，同时要求投资人提供担保	银行风险不易评估；政府的风险容易极端化
	TOT模式	是政府部门将基础设施完善的园区一定期限的产权或经营权，有权转让给投资方	只适用于以政府为主导的模式；易造成文化产业国有资产的流失
	PPP模式	即政府部门与提供贷款的金融机构达成一个直接协议，不是对项目进行担保，而是一个向接待机构承诺按其特殊目的公司签订的合同支付有关费用的协定，这样方便文化企业获得文化企业的贷款	企业间的协调难度大；政府职能需要精确的定位
金融创新模式	股权融资	2012年企业股权融资约为400亿元，比如，在电影行业中，融资时间一般在5~7年，合同规定片商一般会和投资方在特定的时期内回购融资方的股份，这样保证了投资方有完整的退出机制，降低了投资方的风险和企业的经营风险	股权融资的缺陷在于股权融资会容易产生道德风险，因为企业的经营者、股东的委托代理关系
	夹层融资	文化产业的夹层融资是借助于信托方式，满足开发商在项目获利前对自己的迫切需求	文化产业企业的核心价值是拥有无形资产和无形资产转化为产品的能力，上市比较困难
	基金融资	中国文化产业投资基金是由中央财政注资引导，选择文化内容和传播渠道领域中市场条件好、发展潜力大的传统文化及文化创意和新媒体企业，通过主导投资或共同投资等方式进行股权投资。例如，2013年5月中国文化产业投资基金与国内知名民营舞台剧公司"开心麻花"正式签约	只适用于市场条件好，发展潜力大的企业；存在一定的风险性
	产权交易融资	文化产权交易融资是在产权交易中，有形的文化艺术品在鉴定、评估等环节后进行等份分割，变成文化艺术品股票的虚拟凭证，公开向社会发行，使得文化艺术品被若干人拥有。通过对艺术品价值层面的拆分与发行，使得文化产权交易成为我国文化艺术品资本市场的一种大众化的投融资方式，如天津产权交易所	入市的门槛会比股票市场仍高一些；加入份额价格背离艺术品价值，投资风险相对而言比较大。

总结：由现有的文化产业投融资模式可知目前银行提供的服务投融资对象主要是大型文化产业，银行贷款门槛偏高，风险性大，不利于大部分的中小型文化企业，无法解决中小企业融资的问题。

7.6.2　常见的银行供应链金融融资模式

物流金融是从 19 世纪中叶以前的存货质押融资业务发展起来的，随着全球供应链管理的发展，物流金融也逐渐得到了各企业的重视，各大银行根据这一情况在贸易融资的基础上发展了供应链金融融资模式。前文所说供应链金融是银行等金融机构根据企业的供应链运作情况设计出向供应链节点企业提供融资、担保、结算等服务。本章通过资料分析将各大银行的供应链金融的业务模式和特点整理如表 7.2 所示。

表 7.2　现有的供应链金融模式

银行	模式	特点
平安银行（原深圳发展银行）	1999 年供应链贸易融资业务到 2006 年正式推出供应链金融业务	从核心企业入手灵活使用金融产品和服务解决中小企业融资难的问题，已经在能源、钢材、汽车、粮食等一系列核心企业和产业链条明确的行业中成功推行了"供应链金融"
	线上供应链金融	主要通过线上融资平台，展开预付融资、现货线上融资、核心企业协同，增值信息服务，反向保理，电子仓单质押线上融资，公司重组
浦发银行	供应链金融支持方案	提供五个子方案：线上供应链金融、绿色供应链金融、1+N 供应链金融、跨境供应链金融、供应链金融平台
兴业银行	"M+1+N" 供应链金融	结合企业采购、生产和销售各个环节交易特点，主要包括预付、存货、应收三大类标准产品和为客户量身定制的个性化综合服务方案
	国际贸易融资业务	根据进出口企业的需求，基于真实国际贸易背景，利用境内外银行信用，进行出口贸易融资、进口贸易融资、对外担保和为进出口企业提供个性化国际贸易融资解决方案。
	供应链金融服务方案	针对某个行业展开的一系列的供应链融资

银行	模式	特点
交通银行	蕴通供应链金融	多种产品组合的综合解决方案,包括动产、仓单质押融资、保兑仓、厂商银、票据融资、信用保险、买方信贷等
华夏银行	融资共赢链	应收账款、未来货权、货权质押、货物质押、出口票证等融资服务
渣打银行	供应链金融	在中国、印度、马来西亚、泰国、巴基斯坦、斯里兰卡、孟加拉国、越南等主要市场上推行分销商和供应商融资服务,通过国内市场向跨国公司推行融资服务
摩根大通	全球供应链	实现由供应链驱动的供应商和购买方点对点的更有效的跨境贸易流程处理、结算,及对供应商的贸易融资等服务,在中国形成了一个围绕中国企业(国内企业与跨国企业)的高效、全面的供应链网络

7.6.3 供应链金融融资模式与常见融资模式的区别

如前文所言,文化产业供应链金融主要是从金融的角度对整个文化产业的供应链进行系统性和集成化的优化和整合。在文化产业供应链条中金融即资金流主要是涉及融资活动、支付结算、采购活动和风险控制等方面,通过对文化产业供应链的整体授信,并非强调主体企业的行业地位和财务特征,不再简单孤立地对单个的授信主体做出信贷决策,而是通过有效控制上下游企业的物流、信息流、资金流来做出对文化产业供应链成员的资金流决策。文化产业供应链金融与传统投融资模式有以下区别,如表7.3所示。

表7.3 供应链金融与文化产业传统融资模式的区别

基本点	供应链金融融资模式	传统融资模式
贷款评估依据	整个供应链	单个企业
信息透明度	高	低
担保物的选择	交易关系	流通性高的固定资产
客户群体	供应链节点企业	资产价值较好的企业

基本点	供应链金融融资模式	传统融资模式
专业技术	供应链金融复合型人才	金融人才
风险	整体授信	单个企业风险
融资成本	较低	一般
复杂度	复杂	一般
服务范围	投融资服务的扩展延伸	基本投融资服务

一是贷款评估依据不同。传统贷款模式主要是根据单个企业的资产负债表，配合现金流量表、利润表，来判断企业的运营状况，从而判断是否能够给企业贷款。而供应链金融考虑的负债表因为企业本身并不是孤立的，其资产负债表中很多的科目都是随着供应链中的交易而变化的，考虑的是整个供应链条的稳定性，考虑的是整个信用链的传导机制和信息透明度，关注的是供应链中的地位及供应链管理水平，关注的是企业的交易背景、过程及交易记录。因此供应链金融的贷款评估标准更加多样化，需要考虑的东西更多。

二是信息透明度不同。传统融资模式只考虑单个企业，只能看到单方面的信息即该企业给银行或者投资者公布的消息，无法查证其真实性，公开披露的信息也相对比较少，比较单一，参考作用有限。而供应链金融考虑供应链成员的贸易背景和交易关系，必然会有大量的信息交互和共享，而银行等介入到供应链条中，就更容易从共享的信息中获取真实的交易信息，获知企业发展的潜力，更好地对企业进行风险性控制。总的来说，信息量大且真实从而大大降低了信息的不对称。

三是担保物的选择不同。传统贷款模式主要是抵押贷款、保证贷款和信用贷款，担保物主要是流通性较高的固定资产，而供应链金融的担保物大多是存货等流动性资产和知识产权、经营权、收入等无形资产，流通性比较低，依托的是整个供应链条中的交易关系及交易关系相关资产。在信用担保方面，传统贷款模式只是对单个企业或部门进行信用担保，而供应链金融则是将整个供应链的信用捆绑式担保，并非单个企业。

四是客户群体不同。银行贷款的客户群主要是资产价值较好的单个企业，而供应链金融的客户群是考虑某个企业的行业特征，考虑是否有供应链关系的稳定性，考虑供应链的管理水平，考虑产业未来发展是否具有潜力，考虑产业链的未来价值，因此相应的客户群体不同。

五是专业技术要求不同。传统融资模式主要是考虑金融方面的人才，而供应链管理则是要供应链管理和金融方面的复合人才，只有又懂供应链管理又懂金融的专业性人才，才能在供应链金融中找到蓝海市场，找到投融资的资金缺口，才能充分发挥供应链金融的集成整合作用，才能使得文化产业链的资金配置得到优化，促进文化产业的发展，因此对人才的要求不同。

六是考虑的风险不同。在融资过程中，风险是关注的关键问题之一。传统融资模式的风险主要是来自单个企业的风险，风险比较高，相对比较难控制。供应链金融的风险则是来自整个供应链的风险，把供应链的核心企业与中小型企业的风险捆绑起来，对整个供应链进行风险控制，从而使得风险性比较低，容易实现自偿。

七是融资成本不同。供应链金融的融资成本相对传统融资模式来说，融资成本相对较低，因为，银行在贷款时，主要考虑的是整个供应链条中的核心企业，相对于中小型企业来说，在供应链条中的融资成本比单个企业融资成本更低，且审批过程相对简单，门槛也相对较低。总的来说，是利用核心企业较高的信用评级，将低成本的资金引入供应链条中去，从而实现降低融资成本的目的。

八是供应链融资更加复杂。供应链融资相比传统融资而言比较复杂，这种复杂主要体现在两方面，一是考察的企业节点更多，在银行贷款时，需要考虑供应链中所有的企业，需要对其交易关系也考察清楚，因此更加复杂；二是要考察产业供应链中信息流、商流、物流、资金流的整个过程和相互之间的关系，因此供应链融资更加复杂化。

九是提供的服务范围不同。传统的投融资模式提供的服务只是投融资服务，而供应链金融提供的范围比较广，不仅给处于发展阶段、销售网络和物流配送系统尚未成熟的企业提供投融资服务，而且企业还提供资金结算、物流配送、保险等一体化的综合金融服务解决方案，因此供应链金融提供的服务更多，更全面，范围更广。

7.7 文化产业供应链金融模式的构建

文化产业供应链金融的发展是需要一定基础的，并不是一触即发的，根据上述我国文化产业金融发展的现状和供应链金融的理论知识，本章从财务供应链、专业化评估体系和发展模式三个发展层次讲述我国文化产业如何利用供应链金融来解决文化金融的问题，建立我国文化产业供应链金融的发展模式，从而促进我国文化产业的资金流的优化配置，促进我国文化产业的发展。

7.7.1 财务供应链的发展阶段

文化产业的财务供应链管理是基于文化产业供应链的管理模式，从资金流的角度，对文化产业供应链的节点企业进行整合、优化和集成，实现加快资金流的流转、提高资金利用率、降低整个供应链财务成本的目的。如前文所说，文化产业供应链是物流、信息流、资金流"三流"的整合、集成和优化。目前，我国文化产业的供应链模式还未发展到成熟阶段，文化产业中具体的产品供应链还处在创新应用阶段，文化产业供应链的不成熟，使得文化产业财务供应链也未完全成熟。从供应链金融的角度发展文化产业，文化产业首先得建立财务和供应链结合的财务供应链管理。文化产业财务供应链的服务内容主要有供应链融资、供应链财务规划、税收的统筹与运作和提供与其配套的专业服务。主要内容如表 7.4 所示。

表 7.4　文化产业财务供应链的服务内容

供应链融资	订单融资、动产融资、仓单融资、保理、应收账款融资、保单融资、保税仓融资、电子商务融资等
供应链财务规划	财务会计系统、管理会计系统、企业控制系统、信息决策系统
供应链税务统筹与运作	多税种、多环节、多流程的协调；江西税务和法律风险
其他	提供与其专业的配套服务

与传统供应链相比，财务供应链主要有以下几个优势：

（1）优化了供应链管理的模式。财务供应链将财务和传统供应链相结合，不但是从物流的角度优化整合供应链的资金流、信息流、商流，而且是从财务的角度通过物流活动获得资金运营的信息，从财务的角度对物流活动进行整合优化，将被动化为主动，动态性明确地获得一个企业的资金运营情况，从而将更好地分析企业发展的瓶颈，优化供应链运作流程，创新性地提出专业化的财务供应链管理模式。

（2）进一步地降低了企业运营成本。财务供应链是在传统供应链的基础上从财务管理的角度，通过动态性的物流活动即时性地了解供应链网络各个节点之间的资金运营情况，优化资金的支付流程，减少不必要的支付环节，形成以供应商为基础的资金运营网络，提高资金运营效率，降低企业的资金运营成本。

（3）进一步地降低了供应链风险。财务供应链管理从财务管理的角度，通过动态性的物流活动即时性地了解供应链网络各个节点之间的资金运营情况，从而提高了整个供应链流程资金运作情况的透明性，有利于供应链双方在供应链中找到一个利益平衡点，实现供应链的双赢，实现整个供应链的稳定性，从而降低了整个供应链的风险。

7.7.2　专门的风险控制体系

伴随着金融管理和物流管理结合的新业务模式供应链金融出现的是新的风险，新型风险的出现要求商业银行能够动态、系统地控制融资中的风险，能够在业务操作中实现物流、资金流和信息流的高度统一，灵活地控制授信额度，规避中小企业贷款的风险。在本章中，结合文化产业和供应链金融的发展，参考农业供应链、钢铁供应链的风险控制体系，结合供应链金融业务风险，综合分析文化产业的融资企业，供潜在的供应链合作企业、物流企业三方的基本情况，理论性地提出文化产业专门的风险控制体系。

7.7.2.1　基本原则

建立文化产业供应链金融的风险控制体系，总体上要遵守一些基本原则，主要如下：

（1）系统性管理原则；

（2）建立科学的风险管理理念，以文化产业的贸易背景来控制风险、评估企业违约成本；

（3）构建独立的评级系统；

（4）注重对文化产业的监测分析：产业成熟度、市场供求关系、行业垄断程度、产业政策等；

（5）严格控制供应链参与者的结算账户，充分获得资金流状况；

（6）具有反馈机制，对业务和环境的变化信息进行及时反馈；

（7）整个控制系统具有层次性。

7.7.2.2　风险管理流程

文化产业供应链金融风险管理控制系统主要包括风险识别、风险评估和风险控制三方面，其中风险识别是最重要的环境，风险评估是技术手段，风险控制是一个系统。

1. 风险识别

根据巴塞尔银行监管委员会 1997 年公布的《有效银行监管的核心原则》，商业银行面临的主要风险可分为以下八种类型：信用风险、市场风险、利率风险、流动性风险、操作风险、法律风险、国家和转移风险、声誉风险。从供应链运作模式来看，风险识别主要由主体准入为基础的传统目标风险转化为基于供应链价值实现的过程风险。本章中文化产业供应链金融的风险控制体系系统主要针对信用风险、操作风险、法律风险、流动性风险四个风险因子建立。

（1）信用风险。供应链金融的一个重要特点就是基于供应链核心企业的信用给予上下游企业授信，信用风险即找出借款企业不能偿还银行贷款的原因。供应链金融信用风险主要包括企业自身引起的信用风险、供应链环境变化引起的信用风险和道德风险：企业自身引起的，中小企业的管理不规范、信息披露不透明、投资目的不明确、经营不善、卷入债务纠纷、偷税漏税等原因会使得企业资金链断裂，从而直接影响企业的还款能力，给银行引发授信风险；供应链环境变化引发的信用风险，宏观系统环境和宏观行业环境引发的供应链环境或者核心企业的发展环境变化，因为如前文所讲，供应链金融上的各个环节是相互影响、相互联系，核心企业的变化将会影响整个供应链的授信情况，如果影响是不利的，将会导致严重的信用问题；道德风险，道德风险涉及的主体包括中小企业、核心企业、监管公司和第三方管理机构等关联方，如在企业抵押的流动资产质量问题、中小企业隐瞒资金流向等问题。

（2）操作风险。文化产业供应链金融的操作风险是由于供应链金融运作过程中由操作人员的失误、业务流程的漏洞引发的风险。文化产业供应链金融引发操作风险的主要原因有：文化产品的特殊性，文化产业提供的产品包括实体产品和虚拟产品，同时文化产业供应链的供应商、中间商及用户多样化，网络节点相对于一般的制造产品供应链而言，更有层次，更加复杂，银行需要根据提供的产品供应链的具体情况来提供金融服务，设计多产品、多流程、协调性的管理模式，否则容易引发操作风险；供应链层次多，结构复杂，容易引发信息传递错误，供应链不能得到有效的管理和配置，将可能引发操作风险。供应链金融是链式金融，一个节点的操作风险会破坏整个供应链金融的稳定性，引发很多问题甚至造成其他的风险。

（3）法律风险。巴塞尔协议中，定义法律风险为操作风险的一部分，本章中因为文化产业的特殊性，因此将文化产业供应链金融的法律风险单独提取出来作为一个风险因子。文化产业供应链金融法律风险包括直接形成损失和由其他风险转化而成的法律风险。供应链金融法律风险主要是由以下几个原因引起的：知识产权法律文件和其他规章制度还不够完善，《中华人民共和国物权法》虽是我国关于物权的最高法，然而总体上比较笼统，缺乏相应的细则，容易引发法律纠纷；是由操作风险转化而来的，因为文化产业价值的难评估性，容易产生经营、人员配置等方面出现的问题；由信用风险和市场风险转化而来的，包括授信管理制度、准入退出机制、交易性风险、利率风险、流动性风险。

（4）流动性风险。文化产业供应链金融的流动性风险是一种综合性风险。文化产业供应链金融发生的原因主要包括：质单、提货单据、票据是否真实，是否能够得到及时的兑现，是否能够顺畅的流通，货物是否能够得到很好的保持，货物是否能够顺利的交接；信用风险、操作性风险、法律风险的发生会导致商业银行的流动性不足。

2. 风险评估

风险评估是在准确识别风险因子的基础上评估量化该风险因子对银行带来的损失。文化产业的供应链金融因为目前发展还不成熟，是一个比较新的金融服务领域，数据缺乏，很难进行量化处理。因此本章提出的文化产业供应链金融的风险评估主要是定性分析如何评估风险因子，如何建立一个风险损失数据库，建立一个风险评估体系和提高风险评估的效率。

（1）建立一个风险评级体系。风险评级体系在风险评估时能有效地对风险因子进行准确分类和分析。在建立风险评级时针对前文提出的风险因子，主要考虑以下几个问题，如表7.5所示。

表7.5　文化产业供应链金融的风险因子

风险因子	评级标准
信用风险	整个供应链稳定性、成熟性的研究；供应链各主体及相互关系的研究；资金流的流动性的研究；单个企业的研究；外部环境的变动
操作性风险	业务流程分析；供应链金融专业人才的素质；银行与企业的对接
法律风险	产业发展的外部环境；相关法律文件的变动；规章制度的地区差异；政府的执行力
流动性风险	质押物的变现能力；银行的综合实力；企业的综合实力

设定供应链金融风险因素集 $U = \{u_1 \quad u_2 \quad \cdots \quad u_{20}\}$，其中 u_i 表示第 i 个风险因素；在文化产品的供应链金融融资模式中，主要涉及金融机构、供应链融资企业、供应链节点企业、最终消费者。本章中分别选取 U_1，U_2，U_3，U_4 四个风险因素集代表模式中的四个主体，针对不同主体的需要进行相应的风险集选取。具体运算如下：

金融机构 U_1：u_1＝信用风险，u_2＝操作性风险，u_3＝法律风险，u_4＝流动性风险，u_5＝其他风险，用以反映这个金融机构是否值得供应链企业来选择合作；

融资企业 U_2：u_6＝信用风险，u_7＝操作性风险，u_8＝法律风险，u_9＝流动性风险，u_{10}＝其他风险，用以反映这个企业是否值得金融机构来融资和供应链节点企业来合作；

节点企业 U_3：u_{11}＝信用风险，u_{12}＝操作性风险，u_{13}＝法律风险，u_{14}＝流动性风险，u_{15}＝其他风险，用以反映供应链合作企业的稳定性和整个供应链条的实际情况；

最终消费者 U_4：u_{16}＝信用风险，u_{17}＝操作性风险，u_{18}＝法律风险，u_{19}＝流动性风险，u_{20}＝其他风险，从消费者的角度来反映该产品是否值得投资。

（2）根据文化产业具体产品的融资要求进行风险因子的量化分析，分别赋予不同因素相应的权重，评估出供应链金融的风险，为风险控制做准备。

（3）采取专家意见法权衡得出某个风险因素的评定。评定集 $V = \{v_1$ 非常高，v_2 比较高，v_3 中等，v_4 比较低，v_5 非常低$\}$。供应链金融专业性强，因此要选择专业性的人才，该金融机构的专家来源于其他金融机构，文化产业供应链企业的专家则来源于文化产品评估机构和供应链企业成员，第三方监管企业，最终消费者选择典型的消费者，将这些成员组成一个评估小组。根据专家意见法，将所有专家的评价结果统计合成 $[0, 1]$ 的数值，得到各风险因素的模糊向量，u1，u2，u3...u20 根据模糊向量合并成一个矩阵，从而得到 U 到 V 的模糊关系矩阵。

（4）根据专家意见法，将所有专家的评价结果统计合成 $[0, 1]$ 区间的数值，得到供应链金融各风险因子的模糊向量：s_1，s_2，...，s_i，...s_n；依据模糊向量得到从 S 到 C 的模糊关系矩阵：

$$\Pi = \left\{ \begin{matrix} s_1 \\ \cdots \\ s_n \end{matrix} \right\} = \left\{ \begin{matrix} \pi_{11} & \cdots & \pi_{15} \\ \cdots & \cdots & \cdots \\ \pi_{n1} & \cdots & \pi_{n5} \end{matrix} \right\} \qquad \text{式 (7-1)}$$

式中：π_{ij} 表示风险因子 i 的风险程度 j，$i=1，\cdots，20$；$j=1，\cdots，5$。

（5）然后进行模糊综合评价，应用模糊矩阵的复合算法，得风险评定均值矩阵：

$$X = \prod \cdot C = \begin{Bmatrix} \pi_{11} & \cdots & \pi_{15} \\ \cdots & \cdots & \cdots \\ \pi_{n1} & \cdots & \pi_{n5} \end{Bmatrix} \begin{Bmatrix} c_1 \\ \cdots \\ c_5 \end{Bmatrix} = \begin{Bmatrix} x_1 \\ \cdots \\ x_n \end{Bmatrix} \qquad \text{式 (7-2)}$$

（6）将得出的风险评定均值 x_i 与专家设定的相关权重相乘，即可得出风险因子系数：

$$f_i = w_i \cdot x_i \qquad \text{式 (7-3)}$$

（7）则各方企业即可得出自己所需要的风险系数。本文是从银行的视角分析，开展文化产品供应链金融服务时，银行评估供应链金融风险需计算出核心企业、融资企业、物流企业三方的风险系数来评估是否开展活动。考虑到三方企业在文化产品供应链中行业地位的不同，银行在评估供应链金融风险时还需考虑企业在供应链的地位。本章设立一个企业差异因素 Δ_i 对风险因素进行优化，从而得出更准确的风险评估系数。

3. 风险控制

风险控制是在风险识别和风险评估的基础上对潜在的金融风险进行控制。风险管理效率，完善风险控制的目的主要是实现一定的收益，有效地控制成本，在不断地控制中，提高管制体系。本章的风险控制主要是用风险评估出来的风险评估系数调整优化供应链金融融资模式，文化产业供应链金融的风险控制方法主要分为事前、事中、事后控制：事前控制的方法主要有风险的回避与承担、风险转移、准入体系的建立；事中控制的方法主要有风险补偿、风险分散、回馈机制的建立；事后控制的方法主要是通过数据的积累来完善体系。

7.8　文化产业供应链金融发展的对策和建议

建立文化产业供应链金融模式的风险控制体系主要是从以下几方面着手：

首先是建立完善内控体系。文化产品的供应链金融模式针对的是整个供应链，内控体系是基于供应链模式的基础来建立的，这是文化供应链金融内控体系的一个特殊性，又因为文化产品不同于一般的制造产品，其业务流程由于科学技术的发展，处在即时更新优化中，因此风险内控体系需要不断完善，切实把握住风险控制的第一关。

其次是提高业务人员的素质。文化产业供应链金融将文化、供应链、金融、科技四个领域结合起来，从一个新的角度研究文化产业融资路线，因此需要专门化的人才来处理运营中出现的问题。比如，培养审查人员对供应链金融上下链条之间稳定性评估的敏感性，辨别质押单据的真实性、有效性，对文化产品价值以及潜在价值的评估，对文化产业供应链之间竞争性的分析等方面。

再次是加强与第三方的合作。如前文所言，文化供应链金融涉及了多个领域，在供应链中，存在一个特殊的服务模式，即将业务外包，因此银行文化产业供应链金融也可以寻求第三方合作，将部分业务外包出去，从战略上进行风险控制，避免因信息不详细、部分产品专业性强等原因产生的风险，将风险控制在一定的范围内。

结合文化产业发展现状和供应链金融的基础理论知识，本章创造性地提出了怎样构建文化产业供应链金融投融资模式，更是创新性地提出了适合我国文化产业的供应链金融业务模式，总的来说，发展我国文化产业供应链金融的投融资模式主要是从以下几方面着手：

（1）对于商业银行的评价体系：创新性发展金融产品组合，拓展文化产品投融资渠道。将金融文化产品组合创造性地提出，对冲文化产品衍生品的风险性，将会赢得广大投资者的喜爱，加强了投资者的投资信心，拓展文化产品的投融资渠道，解决中小文化企业投资难的困境，促进我国文化金融的发展。设立专门针对文化产品的风险评价体系，降低银行信用风险。具体的做法如前文所阐述的，建立了专门针对文化产品的风险评价体系，更能精准地评价出各融资企业的风险，使得其在可控范围之内，降低了商业银行的信用风险。加强与评估机构的合作，对文化金融产品进行准确定价。建立与多个文化产品评估机构的友好合作关系，准确地评价出文化产品的价值；银行根据文化产品的价值，结合金融学的知识，对金融产品进行准确的金融定价，降低银行的风险。

（2）对于文化企业对策：核心企业积极发挥控制和引导供应链的作用。一是核心企业应该加强对供应商、经销商的筛选，与供应链节点企业建立稳定有效的供应链关系，加强整条文化产业供应链的有效性。二是核心企业应该定期对整条供应链的物流、资金流、信息流进行整合，集成优化供应链，促进供应链与银行的合作关系。中小企业积极配合，提高信息透明度。利用供应链金融解决中小文化企业融资难的问题，中小企业首先得对自身的发展负责。

（3）对于物流公司对策：优化供应链服务方案，提高综合服务能力，为文化产品供应链金融的发展提供基础。首先是完善物流运输和仓储机制，能为文化产品企业提出满意的服务方案，配合建立文化产业供应链；提高技术处理能力，能向银行即时反映物流的追踪信息，提高融资企业的信息透明度，降低商业银行的风险。构建参与方共享的信息平台，降低商业银行的风险。如前文所述，成功构建一个第四方物流平台，能够解决很多文化企业的融资问题，促进文化供应链金融的发展。

（4）对于政府的建议：完善知识产权和担保权等法律法规，为文化产业供应链金融的发展提供法律保障。首先需要完善现有的法律，明确文化产品的所有权、使用权等权利，减少法律纠纷的产生。针对文化产业的供应链金融发展提出政策支持。对于非常有发展价值的文化产业，政府在评估其发展价值的基础后，可以适当地为其提供担保，拓展文化产业的担保体系。

参考文献

一、中文文献

（一）专著

［1］曾毓琳．横店传奇——横店影视城发展的探索［M］．北京：北京大学出版社，2008.

［2］邓林．世界动漫产业发展概论［M］．上海：上海交通大学出版社，2008.

［3］范里安．微观经济学：现代观点［M］．上海：上海三联书社，2006.

［4］弗里德曼．全球化的视角：世界是平的［M］．湖南科学技术出版社，2007.

［5］高鸿业．西方经济学［M］．北京：中国人民大学出版社，2001.

［6］高铁梅等．计量经济学分析方法与建模［M］．北京：清华大学出版社，2011.

［7］何群．文化生产及产品分析［M］．北京：高等教育出版社，2006.

［8］金元浦．文化创意产业概论［M］．北京：高等教育出版社，2010.

［9］孔淑红．时尚消费品产业分析［M］．北京：对外经济贸易大学出版社，2010.

［10］拉奉特．激励理论：委托代理模型（英文）［M］．北京：世界图书出版社北京分公司，2013.

［11］李蔚田，谭恒，杨丽娜．物流金融［M］．北京：北京大学出版社，2013.

［12］李洋．时尚消费品物流管理［M］．北京：对外经济贸易大学出版社，2010.

［13］李耀华．供应链管理［M］．北京：清华大学出版社，2013.

［14］李毅学等．物流与供应链金融创新［M］．北京：科学出版社，2010.

［15］牛维麟．北京市文化创意产业集聚区发展研究报告［M］．北京：中

国人民大学出版社，200．

[16] 欧阳友泉．文化产业通论［M］．长沙：湖南人民出版社．2007．

[17] 深圳发展银行与中欧国际工商管理学院"供应链金融"课题组．供应链金融：新经济下的新金融［M］．上海：上海远东出版社，2009．

[18] 石纯一，张伟．基于 Agent 的计算［M］．北京：清华大学出版社，2007．

[19] 宋华．现代物流与供应链管理机制与发展［M］．经济管理出版社，2003．

[20] 汤曙光等．银行供应链金融［M］．北京：中国财政经济出版社，2010．

[21] 王菲．时尚消费品消费者行为学［M］．北京：对外经济贸易大学出版社，2010．

[22] 王珍．施华洛世奇的水晶世界［M］．北京：对外经济贸易大学出版社，2010．

[23] 吴乾浩．当代戏曲发展学［M］．北京：文化艺术出版社，2007．

[24] 戏曲研究编辑部．戏曲研究：第73辑［M］．北京：文化艺术出版社，2007．

[25] 向勇．中国文化创意产业园区实践与观察［M］．北京：红旗出版社，2012．

[26] 杨清山．中国时尚消费品本土战略［M］．北京：对外经济贸易大学出版社，2010．

[27] 姚韵．时尚消费品网上零售［M］．杭州：浙江人民出版社，2012．

[28] 于平等．中国文化创新报告［M］．北京：社会科学文化出版社，2013．

[29] 张前荣．中国宏观经济模型的研制与应用［M］．北京：经济管理出版社，2012．

[30] 张潜．区域物流配送动态建模与实证研究［M］．北京：科学出版社，2012．

[31] 张维迎．博弈论与信息经济学［M］．上海：上海人民出版社，1996．

[32] 周婷．时尚消费品国际贸易策略［M］．北京：对外经济贸易大学出版社，2010．

[33] 周婷，朱明侠．时尚消费品案例分析［M］．北京：对外经济贸易大学出版社，2010．

[34] 朱明侠．时尚消费品市场营销［M］．北京：对外经济贸易大学出版

社，2010.

　　[35] 资武成. 基于 Multi-Agent 的供应链协商模型研究 [M]. 北京：北京理工大学出版社，2011.

　　（二）期刊

　　[1] 曹永辉. 供应链合作关系对供应链绩效的影响——基于长三角企业的实证研究 [J]. 经济与管理，2013 (2).

　　[2] 陈汉东，马传军. 供应链环境下的战略供应商关系 [J]. 物流技术，2006，9 (12).

　　[3] 陈洁. 提升漳州花卉出口竞争力的对策研究 [J]. 农产品加工，2010 (6).

　　[4] 陈小霖，冯俊文. 农产品供应链风险管理 [J]. 生产力研究，2007 (5).

　　[5] 陈永贵，林德泓. 漳州花卉产业升级的实践与探索 [J]. 台湾农业探索，2007，3 (9).

　　[6] 陈长彬，盛鑫. 供应链金融中信用风险的评价体系构建研究 [J]. 福建师范大学学报（哲学社会科学版），2013 (2).

　　[7] 储洪胜，宋士吉. 反向物流及再制造技术的研究现状和发展趋势 [J]. 计算机集成制造系统—CIMS，2004，10 (1).

　　[8] 丛林，连张飞，苏明华，等. 福建省花卉产业发展研究Ⅱ [J]. 福建农业学报，2007，22 (2).

　　[9] 达庆利，张钦，沈厚才. 供应链中牛鞭效应研究 [J]. 管理科学学报，2003，6 (3).

　　[10] 邓安球. 论文化消费与文化产业发展 [J]. 消费经济，2007 (1).

　　[11] 董玲. 对南省花卉产业供应链结构的思考 [J]. 时代商贸，2008 (6).

　　[12] 杜亚江，刘茜. 基于 Agent 的供应链复杂系统研究 [J]. 物流技术，2011 (17).

　　[13] 樊新海，安钢. 基于马尔科夫链的一种评价方法 [J]. 装甲兵工程学院学报，2001 (6).

　　[14] 冯华，温岳中. 产业链视角下的我国文化产业发展 [N]. 国家行政学院学报，2011，(5).

　　[15] 冯静生. 供应链金融：优势、风险及建议 [J]. 区域金融研究，2009 (2).

　　[16] 傅才武. 论中国文艺表演团体改革的实现途径——兼论中国文化体制

改革的特殊性 [J]. 汉江大学学报 (人文社科版), 2004, 23 (1).

[17] 高阳, 谭阳波. 基于新维无偏灰色马尔科夫预测模型的中长期能源消费预测 [J]. 统计与决策, 2007 (22).

[18] 葛静燕, 黄培清. 价格相依的闭环供应链渠道选择和协调策略 [J]. 工业工程与管理, 2007, 12 (1).

[19] 公彦德, 李邦义, 乐菲菲. 三级闭环供应链下的定价与回购策略整合研究 [J] 工业技术经济, 2008, 27 (2).

[20] 顾巧论, 陈秋双. 再制造/制造系统集成物流网络及信息网络研究 [J]. 计算机集成制造系统—CIMS, 2004, 10 (7).

[21] 管若松. 当前江苏舞台艺术精品创作可持续发展的对策研究 [J]. 艺术百家, 2013 (5).

[22] 郭媛芳, 杨育, 马家齐, 邢青松等, 基于 BSC-AHP 的高新技术企业战略业绩评价研究及应用 [J]. 现代管理技术, 2011, 7 (38).

[23] 海江, 谭翔浔. 对文化产业相关概念的理解 [J]. 学术探索, 2005, 2 (2).

[24] 韩作樑, 张友良, 田晖, 周岸清. 日本家电行业循环制造的机制及对我国的启示 [J]. 家电科技, 2004 (10).

[25] 侯曙光. 延伸花卉产业链的思考 [J]. 经济师, 2009 (12).

[26] 胡跃飞, 黄少卿. 供应链金融: 背景、创新与概念界定 [J]. 财金问题研究, 2009 (8).

[27] 黄菊, 马东晓, 易树平, 等. 基于供应链管理选择供应商的成本计算法 [J]. 重庆大学学报, 2004, 27 (3).

[28] 黄玉兰, 刘诚. 供应链协作管理进展研究 [J]. 铁道科学与工程学报, 2010, 7 (4).

[29] 黄祖庆, 达庆利. 直线型再制造供应链决策结构的效率分析, 2006, 9 (4) 7.

[30] 江宁. 我国供应链金融公司的创立模式研究 [J]. 特区经济, 2011 (2).

[31] 蒋建华, 邱建林. 战略采购影响因素的理论分析与实证研究 [J]. 管理视觉, 2006, 7 (18).

[32] 康志强. 对完善漳州花卉产业链的思考 [J]. 合作经济科技, 2015 (10).

[33] 李钧. 基于供应链合作伙伴关系的供应商选择方法研究 [J]. 北京工商大学学报 (社会科学版), 2006, 21 (6).

[34] 李晓宇, 张明玉. 农产品物流供应链风险生成机制及预警模式 [J]. 管理现代化, 2009 (4).

[35] 林侠, 罗霄峰. 供应链金融主体发展趋势分析 [J]. 经济导刊, 2011 (4).

[36] 林勇, 马士华. 供应链管理环境下供应商的综合评价选择研究 [J]. 物流技术, 2000, 5 (104): 30-32.

[37] 刘冰, 梅光军. 电子废弃物管理中生产者责任延伸制度探讨 [J]. 中国人口·资源与环境, 2006 (2).

[38] 刘莎. 在中国发展供应链金融的探索 [J]. 经济师, 2009 (3).

[39] 刘迎欢, 史臣旭. 线上供应链金融模式探究 [J]. 金融天地, 2012 (3).

[40] 卢正文. 舞台艺术文化的既往开来 [J]. 群文天地, 2013 (2).

[41] 陆忠平. 闭环供应链的渠道选择 [J]. 物流技术, 2002 (11).

[42] 彭建仿. 供应链环境下安全农产品供给的协同机理研究——基于龙头企业与农户共生的理论分析 [J]. 财贸经济, 2011 (3).

[43] 彭建仿. 农产品质量安全路径创新: 供应链协同——基于龙头企业与农户共生合作行为 [J]. 经济体制改革, 2011 (4).

[44] 乔晓宇. 供应链金融模式下成本收益的博弈分析 [J]. 商业经济, 2011 (11).

[45] 任迎伟. 农产品供应链中小型生产组织契约化管理问题研究 [J]. 财经论丛 (浙江财经学院学报), 2005 (5).

[46] 阮平南, 张文婧. 基于融资体系效益最大化的供应链融资模式创新 [J]. 商业时代, 2012 (13).

[47] 谭丹, 朱玉林. 基于协同理论的农产品绿色供应链实现模式 [J]. 经济问题, 2011 (1).

[48] 唐小我, 曾勇. 市场预测中马尔科夫链转移概率的估计 [J]. 电子科技大学学报, 1994 (12).

[49] 万艳春. 供应链资本对供应商响应影响的实证研究 [J]. 河北经贸大学学报, 2013 (2).

[50] 汪普庆, 周德翼, 吕志轩. 农产品供应链的组织模式与食品安全 [J]. 农业经济问题, 2009 (3).

[51] 王国成. 基于 Agent 真实行为揭示社会经济复杂之谜——集成建模与计算实验的实现途径 [J]. 中国社会科学院研究生院学报, 2012 (5).

[52] 王治. 融通仓与物资银行 [J]. 中国物流与采购, 2005 (2).

[53] 魏敏菁,黄沛.80 后生代的行为特征及其营销意义 [J].市场营销导刊,2007 (6).

[54] 吴冲.基于模糊神经网络的商业银行信用风险评估模型研究 [J].系统工程理论与实践,2004 (11).

[55] 吴璠,程国平.汽车产业供应链金融业务及其风险防范研究 [J].当代经济,2013 (7).

[56] 吴福存.供应商评价与选择 [J].合作经济与科技,2008,7 (349).

[57] 吴垠.关于中国消费者分群范式的研究 [J].南开管理评论,2005,8 (2).

[58] 吴志华.基于集群供应链的文化产业园发展路径 [J].南京财经大学学报,2008 (5).

[59] 吴志华.基于集群供应链的文化产业园发展路径 [J].南京财经大学学报,2008 (5).

[60] 夏莉,黄兴洪.马尔可夫链在股票价格预测中的应用 [J].商业研究,2003 (10).

[61] 夏绪辉,刘飞,尹超,等.供应链、逆向供应链管理与企业集成 [J].计算机集成制造系统-CIMS,2003,9 (08).

[62] 肖奎喜,邹宁波.商业银行创新型信贷模式——供应链金融的实质与特点 [J].中国商贸,2013 (8).

[63] 邢华.文化创意产业价值链整合及其发展路径探析 [J].经济管理,2009 (2).

[64] 徐良培,李淑华,陶建平."农户+公司"型农产品供应链协同机制研究 [J].生态经济,2010 (3).

[65] 徐生菊,徐升华,张浩.农产品供应链知识共享的动因分析——以耐储果蔬供应链为例 [J].科技管理研究,2013 (6).

[66] 徐耀新.关于繁荣江苏舞台艺术的对策思考 [J].艺术百家,2013 (1).

[67] 许金立,张明玉.农产品供应链协同机制研究 [J].管理现代化,2011 (2).

[68] 许彦妮.基于博弈论的供应链金融应收账款模式银行检查率的研究 [J].江苏商论,2011 (9).

[69] 许永安.打造横店影视产业链的成功尝试 [J].中国广播电视学刊,2005 (3).

[70] 闫俊宏.基于供应链金融的中小企业融资模式分析 [J].上海金融,

2007（2）.

　　[71] 杨凤梅. 基于博弈论的物流金融违约风险研究 [J]. 山东社会科学，2012（5）.

　　[72] 姚东旭. 文化创意产业的界定及其意义 [J]. 商业时代，2007（8）.

　　[73] 姚卫新. 电子商务环境下闭环供应链的原子模型研究 [J]. 管理科学，2003，16.

　　[74] 于莉. 乡村旅游文化创意产业价值链运作模式研究 [J]. 中国商贸，2010（26）.

　　[75] 于婷. 安徽省文化产业融资模式探讨 [J]. 现代商业，2008（5）.

　　[76] 岳红记. 西安文化产业的融资模式探讨 [J]. 商场现代化，2007（5）.

　　[77] 翟钢军，田丹，刘洪祥. 供应链环境下供应商关系管理研究 [J]. 大连理工大学学报（社会科学版），2006，27（4）.

　　[78] 张斌，何艳. 浅析我国动漫产业的现状及其发展的对策思路 [J]. 特区经济，2007（10）.

　　[79] 张帆. 基于博弈的供应链协作策略决策模型及其在智能 Agent 平台上的实现 [J]. 长沙铁道学院学报（社会科学版），2009（2）.

　　[80] 张慧颖，李巍. 随机需求条件下供应链的补货及折扣策略研究 [J]. 工业工程，2006，9（5）.

　　[81] 张科静，黄朝阳. 云南省花卉产业供应链管理中存在的问题与对策分析 [J]. 安徽农业科学，2011（1）.

　　[82] 张铁男，张亚娟. 基于遗传算法的企业种群进化能力评价 [J]. 哈尔滨工业大学学报，2006，38（12）.

　　[83] 张悦玫，栾庆伟. 基于平衡计分卡的战略实施框架研究 [J]. 中国软科学，2003，167（2）.

　　[84] 郑金英，张小芹，张文棋. 促进福建漳州市花卉产业升级的对策思考 [J]. 科技和产业，2008，8（4）.

　　[85] 郑绍庆. 物流金融：中小企业融资渠道的创新研究 [J]. 浙江金融，2006（8）.

　　[86] 郑怡泓. 加快漳州花卉产业发展的对策 [J]. 福建热作科技，2013，38（2）.

　　[87] 周志中. 生产者责任延伸制度与企业应对策略. 全国生产者责任延伸制度行业标准制定暨电子废弃物资源化与综合利用技术政策研讨会论文集，2004：9-12.

［88］朱道立，林虹，曾宪文．供应商决策——集成化管理软件 ERP 系统供应商选择［J］．物流技术，2000（02）．

［89］祝文峰．商业银行供应链金融业务的发展及对策建议［J］．郑州航空工业管理学院学报（社会科学版），2010（2）．

（三）论文

［1］陈俊杰．漳州市花卉产业发展研究［D］．福建：福建农林大学，2008．

［2］封国江．我国循环经济的发展与对策研究［D］．石家庄：河北师范大学，2006．

［3］胡盛强．商业模式的结构探索与创新研究［D］．南京：东南大学，2007．

［4］廖婷．金融供应链研究［D］．秦皇岛：河北科技师范学院，2011．

［5］刘换花．基于信息共享的供应链协作问题研究［D］．广东江门，五邑大学，2009．

［6］任小龙．供应链中的协作问题研究［D］．西安：西安电子科技大学，2000．

［7］谢清纯．陶瓷产业集群式供应链研究［D］．长沙：中南大学，2010．

［8］张江．基于 Agent 的计算经济学建模方法及其关键技术研究［D］．北京：北京交通大学，2006．

［9］赵莉．供应链金融融资模式及案例分析［D］．济南：山东大学，2010．

［10］郑飞．竞争环境下的供应链协作模式与机制研究［D］．武汉：武汉理工大学，2010．

［11］郑君强．三明花卉生产现状及产业化发展对策［D］．福建：福建农林大学，2011．

二、英文文献

（一）专著

［1］BASTIEN V. The luxury strategy［M］．北京：机械工业出版社，2014．

［2］CHEVALIER M．luxury management［M］．上海：上海人民出版社，2012．

［3］CHEVALIER M. Luxury China［M］．北京：国际文化出版公司，2010．

［4］CHEVALIER M. Luxury retail management［M］．北京：机械工业出版社，2014．

［5］COWEN T. Good and Plenty：The Creative Successes of American Arts Funding［M］．Princeton：Princeton University，2006．

［6］INDERFURTH K，TEUNTER R H. Production planning and control of closed-loop supply chains [M]. London: Econometric Instiute Report EI. , 2001.

[7] MAURO G, RICHIARDI M G. Agent Based Models in Economics and Complexity In Complex Systems in Finance and Econometrics [M]. New York: Springer, 2011.

[8] ROUTIE A. 时尚消费品之王 [M]. 北京：中信出版社, 2013.

[9] Tao Yang. Multi Objective Optimization Models for Managing Supply risk in Supply Chains [M]. Proquest, Umi Dissertation Publishing, 2011.

[10] TAYLOR D A. Supply chain management [M]. 北京：机械工业出版社, 2013.

（二）期刊

[1] ANDERSON A, LEE H. Synchronized supply chains: the new Frontier [J]. ASCET, 1999, 6 (1).

[2] BARNETT W. What's in a name: A brief overview of asset-based lending [J]. The Secured lender, 1997, 53 (6).

[3] BEAMON B M. Supply chain design and analysis: Models and methods [J]. International Journal of Production Economics, 1998, 55.

[4] BERNHARD J O. UML 2.0 and agents: how to build agent-based systems with the new UML standard [J]. Engineering Application Artificial Intelligence, 2005, 18

[5] BLOEMHO-RUWAARD J B , VAN BEEK P, et al. Interactions between Operations Reserch and Environmental Management [J]. European Journal of Operational Reserarch, 1995, 8 (85).

[6] BURMAN R W. Practical Aspects of Inventory and Receivables Financing [J]. Law and Contemporary Problems, 1948, 13 (4).

[7] CLIFT R, WRIGHT L. Relationships between Environmental Impacts and Added Value a long the Supply Chain [J]. Technological forecasting and social change, 2000, 6 (7).

[8] DICKSON G W. Analysis of Vendor Selection Systems and Decisions [J]. Journal of Purchasing. 1966, 12 (1).

[9] FAIRCHILD A. Intelligent Matching: Integrating efciencies in the Financial Supply Chain [J]. Supply Chain Management: An International Journal, 2005, 10 (4).

[10] FENMORE E. Making Purchase Order Financing Work for You [J]. The Secured lender, 2004, 60 (2).

［11］Fleischman M，Ruwaard J M B，Dekker R，et al. Quantitative models for reverse logistics： A review ［J］. European Journal of Operational Research，1997，103（1）.

［12］Fleischmann M. Quantitative models for reverse logistics ［D］. The Netherlands：Erasmus University Rotterdam，2001.

［13］GEYER R.，JACKSON T. Supply loops and their constraints：The industrial ecology of recycling and reuse ［J］. California Management Review，2004，46.

［14］Gonzalo Guillen Mariana Badell：A holistic framework forshort- term supply chain management integrating productionand corporate financial planning ［J］. Production Economics，2006.

［15］HANS-CHRISTIAN P，MORITZ G. Supply chain finance：optimizing financial flows in supply chain ［J］. Logistics Research，2009（1）.

［16］HOFMANN K. Inventory financing in supply chains：A logistics service provider approach ［J］. International journal of Physical Distribution Logistics Management，2009，39（9）.

［17］KIM J. The funding and distribution structure of the British film industry in the 1990s：localization and commercialization of British cinema towards a global audience ［J］. Media，Culture&Society，2003，25（3）.

［18］KLAPPER L，LAEVEN L，RAJAN R. Trade Credit Contracts ［J］. Review of Financial Studies，Society for Financial Studies，2012，25（3）.

［19］KOCH A R. Economic Aspects of Inventory and Receivable Financing ［J］. Law and Contemporary Problems，1948，13（4）.

［20］KUMAR S，MALEGEANT P. Strategic alliance in a closed-loop Supply chain，a case of manufacturer and eco-non-profit organization ［J］. Technoration，2006，26（10）.

［21］LIU X. A Multiple Criteria Decision-Making Method for Enterprise Supply Chain Finance Cooperative Systems. IEEE Xplore Digital Library，2009，9（3）.

［22］PASSI F，LILIANA. CBI's support to the supply china finance ：The I talian experience ［J］. Journal of Payments Strategy & Systems，2012，6（3）.

［23］PETERSEN M A，RAJAN R G. The Benefits of Lending Relationships：Evidence from Small Business Data ［J］. The Journal of Finance，1994，49（1）.

［24］PETRUZZI N C. Maqbool Dada Pricing and the newsvendor problem：A review with extensions ［J］ Operations Research；1999，47（2）.

[25] ROSENBERG J V, SCHUERMANN T. A general approach to integrated risk management with skewed fat-tailed risks [J]. Journal of Financial Economics, 2006, 79.

[26] SAVASKAN R C, BHATTACHARYA S, VAN WASSENHOVEL. Closed-loop supply chain models with product remanufacturing [J]. Management Science, 2004, 50 (2).

[27] SAVASKAN R C, VAN WASSENHOVEL. Reverse channel design: the case of competing retails [J]. Management Science, 2006, 52 (1).

[28] SHIH L H. Reverse logistics system planning for recycling electrical appliances and computers in Taiwan [J]. Resources, Conservation and Recycling, 2001, 32 (1).

[29] SUNIL C, MANMOHAN S. Managing Risk to Avoid Supply Chain Breakdown [J]. MIT Sloam Management review, 2004, 46 (1).

[30] WANG M. On demand E-supply Chain Integration: A Multi-agent Constraint-based Approach [J]. Expert Systems with Applications, 2008, 34 (4).

[31] WANG Y Z, LI J, SHEN Z J. Channel performance under Consignment Contract with Revenue Sharing [J]. Management Science, 2004, 50 (1).

[32] WEBER C A, CURRENT J R, BENTON W C. Vendor Selection Criteria and Methods [J]. European Journal of Operational Research, 1991, 6 (50).

[33] YAHIA Z M. Collaborative Supply Chain Finance. Assembly Automation, 2009, 29 (2).

后　记

本书源于笔者对于供应链管理和增值服务的一种理解与感悟。在国家提出科技创新创业的大环境背景下，本书力求学术创新的精神，将经济量化分析与管理案例作为全书的特质加以把握，并在此基础上深入研究了中小微企业的科技创新规则，总结了供应链管理、供应链增值服务和协作模式来解决我国中小微企业创新创业中供应链管理与增值服务的问题。这也是本书的意义和价值所在。

本书的出版具有前瞻性，它一方面得益于华侨大学对于学科建设和学术出版的支持；另一方面，由于科研工作任务的原因，使得本书的写作能够坚持下来并出版，这是一个马拉松似的挑战性工作。

本书采用了实验案例数据分析和应用统计方法，也采用了优化控制理论与系统科学的研究方法，力图将理论联系实际，深入浅出地解决中小微科技创新企业供应链管理、组织管理效率等问题。在本书的撰写过程中，通过企业实践调研和实验案例数据分析进行探索工作，带领科技部平台支撑计划项目下的科技双创师生团队历时六年半进行实践调研；同时委托中国高新科技园区与深圳科技创新孵化基地示范区的有关人员帮忙协助调研，力图结合国际科技创新企业的供应链管理经验，提出一条适合我国中小微企业科技创新和科技发展的有效途径。

对笔者来说，教学、科研就是一种使命，在这种使命感的驱动下，笔者一直勤勉而为。特别是近年来通过指导硕士和博士研究生，促使笔者能够较为系统地研究与创新性思考，现已指导硕士和博士已毕业研究生合计 19 人。通过指导学位论文的写作、与研究生的讨论以及对相关企业管理领域的实践思考，为本书的写作带来了诸多启示。同时感谢华侨大学科研管理机构与华侨大学工商管理学院给予本书出版的帮助。

　　最后，对于给予曾到访相关国际研究机构提供帮助的老师表示感谢，拓展了笔者创新型科研实践的全球化视野并引发笔者深度思考。同时感谢在北美硅谷工作的同事给予科技创业投资和国际化企业管理提供的参考经验。特别感谢出版社责任编辑老师的辛勤付出与耐心细致的书稿校对，促成了本书的如期出版。再次向在笔者学术与工作成长中提供帮助的师长与家人表示感谢。